다윗과 영적기름부음

이바울 지음

도서출판 조은

다윗과 영적기름부음

초판 : 2012년 5월 31일
2 쇄 : 2014년 5월 10일

지은이 이바울
펴낸이 김화인
펴낸곳 도서출판 조은
편집인 김진순
제작인 박재임
　주소 서울시 중구 인현동1가 19-2번지
　전화 (02)2273-2408
출판등록 1995년 7월 5일 등록번호 제2-1999호

주문처 070-4064-5571, 010-3257-7577
paullee0414@daum.net

ISBN 978-89-94329-54-3
정가 15,000원

※ 잘못된 책은 바꾸어 드리겠습니다. ⓒ

# 서문

　성경은 인간영웅의 출현을 거부한다. 성경은 세상의 첫 용사인 니므롯이나 거인장수 골리앗같은 사람에게 초점을 맞추지 않는다.

　성경은 인간 영웅들의 활동무대가 아니라 역사의 주제자이신 하나님께로부터 강력한 성령의 기름부음을 받은 사람들에 의해 씨줄과 날줄로 촘촘히 짜여진 이야기이다.

　기름 부으심이란?

　세상으로부터 성별되어 부름받은 하나님의 종들이 특정한 사역을 성공적으로 수행하기 위하여 강력한 성령의 능력이 부어지는 것을 뜻한다.

　본질적으로 하나님의 일은 하나님의 영으로 되어지는 것이므로 소명 받은 자에게 여호와의 영이 임하셔야 뛰어난 지혜와 능력이 나타나 맡겨진 사역을 가장 이상적으로 수행하게 된다. 그러므로 하나님의 일을 하는 자들은 반드시 기름 부으심과 함께 가야 한다.

하나님께서 사무엘에게 "내가 너를 베들레헴 사람 이새에게로 보내리니 내가 네게 알게 하는 자에게 나를 위하여 기름을 부을지니라."(삼상 16:3) 고 하셨다.

여호와께서 양을 치던 소년 다윗에게 기름을 부으심으로 다윗에게 쉐키나(shekinah)의 영광이 임하셨다. 그것은 하나님의 위엄과 거룩하신 임재로 하나님이 친히 다스리시는 신정정치의 서막이 올랐음을 의미한다.

기름 부음의 정신은 기름부음 받은 자를 위함이 아니라 기름을 부어주신 하나님을 위하여 부어주신 것이다. 하나님께서 사무엘에게 "내가 네게 알게 하는 자에게 나를 위하여 기름을 부을지니라"(삼상 16:3)하고 말씀하셨다. 하나님이 다윗에게 기름을 부으신 것은 다윗을 위하여 날개를 달아주신 것이 아니라 성령의 주되심과(Leadership of the Holy spirit) 성령의 뜻을 이루기 위하여 다윗을 수종자로 세우신 것이다. 그러므로 기름 부으심은 내가 성령의 능력을 받아 그 은사를 풀어 쓰는 영웅이 되는 것이 아니라 내가 성령의 수종자가 되어 주인되신 성령님께 온전히 순종하여 받드는 사환이 되는 것이다.

이와 같이 기름부음의 세계는 뚜렷하고도 분명한 영적질서가 있다.

만약 주종관계가 뒤바뀌어 내가 주인의 자리에 앉아 성령을 사환으로 부리려면 내가 능력을 행하는 자같이 행세하고 내 이름을 나타내고 내가 영광을 받게 되면 결국 피조된 인간이 창조주의 자리에 앉아 영적질서를 무너뜨리는 자가 된다. 하나님께 영광을 돌려야 하는 피조물이 영광을 받는 자리에 앉는 것은 본질이 타락된 불법임으로 결국 용서받지 못하게 된다. (마 7:22~23)

그러므로 기름 부으심은 뚜렷한 영적질서를 따라 철저히 나를 내려놓고 하나님으로 하나님 되게 해야 한다. 기름 부으심은 내 자아가 깨어지고 철저히 깨어지고 낮아 질 때 하나님께서 "이는 내 마음에 맞는 사람이라 내 뜻을 다 이루리라."(행 13:22)고 하시며 성령께서 그의 몸을 성전 삼고 임하셔서 그와 동거하시며 그를 당신의 동역자로 삼아(고후 6:1) 아름답고도 영광스러운 신정정치를 펼쳐가게 하신다.

신정정치의 본질은 하나님의 영으로 무너진 하나님의 나라(국가, 교회, 가정, 개인)를 다시 일으켜 세우고 이 땅에 하나님의 영광을 드높이는 데 있다.

다윗에게 여호와의 영이 임하여 신정정치가 회복됨으로 그 중심에 선 다윗은 아름다운 사람이 되고 그의 역사는 위대하고 그 시대는 영광스럽게 되었다.

하나님은 구약시대나 신약시대를 막론하고 반드시 기름 부음 받은 자를 쓰신다.

이것은 하나님이 사람을 쓰시는 불변의 인사 기준이며, 오늘날 은혜 시대에도 이 원칙이 그대로 적용되어 하나님의 종들에게 기름 부으심이 임할 때에는 아름답게 쓰여 졌으며 기름 부으심이 멎었을 때에는 휴식했고 기름 부으심이 떠났을 때에는 동시에 그의 사역도 중지되었다. 이와 같이 하나님의 역사는 기름 부으심과 절대적 상관관계가 있다. 기름 부으심은 기독교의 본질이자 생명이며 알파와 오메가이다. 그러므로 하나님의 종들은 포도나무와 가지의 관계와 같이 기름 부으심을 떠나서는 아무것도 할 수 없으며(요 15:50) 자나 깨나 기름 부으심과 함께 가야 한다. 지금은 시대적으로 기름 부으심이 절실한 때이다. 사모하는 자를 만족케 하시는 하나님은 기름 부으심을 애타게 갈구하는 자에게 잔이 넘치도록 성령의 기름을 부어주신다. 주님의 종들과 성도들은 다윗같이 은혜를 사모하여 여호와의 풍성한 기름 부으심을 받고 도전받는 하나님의 나라(국가, 민족, 교회, 가정, 개인)를 구하고 훼손되는 하나님의 영광을 회복하여 그 이름을 드높일 뿐아니라 쓰임 받고 난 후 영광 받기로 예비된 그릇이(롬 9:23) 되시기를 기원한다.

이 책은 다윗의 기름 부으심과 사역을 중심하여 객관적으로 쓰여진 책이며 기름 부으심의 교과서적인 책이라 하겠다. 이 책은 다윗의 사역을 중심하여 쓰여 졌으나 단순히 다윗 이야기만은 아니다.

성경이 주는 메시지는 지나간 과거의 이야기가 아니라 지금도 나에게 다윗같이 신선한 기름이 부어지면 나도 다윗처럼 아름답게 쓰여 질 수 있으며 다윗시대의 영광이 이 시대에도 나타난다는 메시지이다.

그러므로 이 책을 읽을 때 다윗의 이야기로만 볼 것이 아니라 나에게 주시는 말씀으로 받아 주셨으면 한다. 이 책 속에 서술된 다윗의 기름 부음의 역사를 통하여 성령께서 독자들께 주실 레마의 말씀이 있을 것이다.

 능력이 없고 재주가 부족한 사람이 높고도 심오한 기름 부으심의 세계를 제대로 알지도 못하고 표현하지도 못한 점을 아쉽게 생각하며 앞으로 훌륭한 영성 사역자가 배출되어 좋은 글을 써주시기를 기대하면서…….

 끝으로 이 책이 나오도록 늘 성령의 감화로 이끌어 주신 하나님께 진심 어린 감사와 영광을 돌리오며, 그리고 한국 교회를 대표하는 한기총 대표회장과 칼빈대학 총장을 역임하신 존경하는 선배이신 길자연 목사님께서 이 책을 추천해 주신데 대하여 진심으로 감사드리며 또한 이 시대에 성령의 기름부음 사역으로 크게 쓰임 받는 이희준 목사님께서 이 책을 추천해 주신데 대하여 깊이 감사드립니다.

 끝으로 출판을 맡아주신 도서출판 조은 대표이신 김화인 사장님과 편집부 직원들께도 감사드립니다.

 모든 영광을 주님께 !!

2012년 신록으로 물든 5월
지은이

추천서

다윗의 이름은 언제 들어봐도 아름답고 존경심이 가는 것은 하나님을 향한 그의 뜨거운 신앙심과 하나님을 위하여 살아온 영광스러운 이력 때문이다. 그러나 그의 아름다운 신앙과 위대한 업적도 여호와의 기름 부음을 떠나서는 생각할 수 없을 것이다.

주님의 아름다운 신약교회의 탄생과 위대한 역사도 오순절날 강력한 성령의 기름 부음에서 시작된 것이다. 기름이 떨어진 등불은 소용이 없듯이 성령의 기름 부으심이 중지된 교회는 미래가 없다. 그러므로 교회의 존재도 교회의 영광도 성령의 기름 부으심을 떠나서는 생각할 수 없는 일이다.

사안이 이렇게 중대함에도 한국교회 안에는 본질적인 성령의 기름 부으심을 경하게 여기고 비본질적인 방법론에 메달리고 있는 모습을 볼 때 안타깝게 생각한다.

하나님 교회의 영광과 권위를 회복하는 길은 본질로 돌아가는 길밖에 없다. 우리 한국교회가 걸어온 발자취를 보더라도 초대교회의 뜨거웠던 기도와 불같은 성령의 역사로 부흥을 거듭하여 세계교회를 선도하는 위치에 서게 되었다. 그러나 지금 한국교회는 초심을 잃고 편의주의와 세속의 단맛에 취하여 기도하기를 게을리 한 탓에 교회성장의 동력인 성령의 기름이 고갈되어 가고 있다. 그리하여 살아 움직이는 역동성과 영광스러운 교회의 빛된 모습을 잃어가고 있음을 볼 때 염려하지 않을 수 없다. 하나님의 교회는 언제나 역동적인 새로운 꿈을 펼쳐가야 한다. 그러나 그 꿈을 펼칠 수 있는 힘은 여호와의 기름 부으심에서 시작된다는 것을 잊어서는 안 된다.

삼상 3:2절에 보면 "하나님의 등불은 아직 꺼지지 아니하였으며 사무엘은 하나님의 궤 있는 여호와의 전 안에 누웠더니"라고 했다. 이 말씀은 비록 비둔하고 영안이 어두워진 사사 엘리가 다스리던 암흑시대 였어도 아직 희망의 불씨가 꺼지지 않았으니 기름만 치면 얼마든지 살아날 수 있다는 희망적인 메시지를 담고 있다.

원하기는 우리 한국교회에 다시 한 번 초대교회와 같이 성령의 기름이 부어져 생명의 불이 타오르기를 기대해 본다.

감사하게도 금번에 나의 후배인 이바울 목사가 "다윗과 영적기름 부음"이란 책을 저술하여 한국교회 앞에 펴내게 된 것을 기쁘게 여긴다. 이 책은 성령의 인도하심을 따라 성경을 깊이 성찰하여 감추어진 비밀을 풀어냄과 동시에 영적 기름 부으심의 위대한 정신을 담아낸 아름답고도 섬세한 문장으로 펼쳐 놓았다.

그리고 이 책은 미로에서 방황하는 성도들과 종들에게 위대하고도 영광스러운 길을 제시하고 있다.

　이 책이 성령의 기름이 고갈되어 가는 한국교회의 성도들과 주의 종들에게 기름 부으심의 중요성을 일깨우는 자극제가 되기를 바라며 또한 길 잃은 자들에게 한줄기 빛이 되어 영광스러운 미래로 가는 이정표가 되었으면 해서 기쁜 마음으로 추천합니다.

　끝으로 이 책이 성령의 바람을 타고 국내 뿐 아니라 태평양 건너 바다 건너 주님의 은혜를 사모하는 모든 자들에게 널리 읽혀지기를 기원합니다.

한기총 대표회장
왕성교회 당회장

　　　　　　　　　　목사

추천서

    무명의 목동 다윗이 여호와의 기름부음을 받고, 여호와의 영에게 크게 감동되었을 때(삼상 16:13) 개인적으로는 아름답고도 영화로운 사람이 되고, 공적으로는 그의 사역이 승승장구했던 것을 우리는 기억한다.

    기름부으심은 시대를 따라 표현을 다르게 했을 뿐 본질상 성령의 역사를 의미하는 것이므로 성도들이 다윗 같이 성령의 감동을 받고 주의 영에 이끌리면 그의 앞에 시온의 대로가 열리고 하는 모든 일이 평탄하게 될 것이다.

    성령의 역사는 교회의 역사와 뗄 수 없는 절대적인 상관관계에 있다.

    오순절 날 성령이 강림하심으로 교회가 탄생되었고, 성령의 강한 역사로 말미암아 교회가 안으로는 놀라운 부흥의 역사가 일어났고, 밖으로는 복음이 온 세상에 전파되었다. 한국교회가 비교적 짧은 기간에 경이로운 부흥을 이룩한 것도 1907년 평양에서 시작된 강력한 성령운동에서 비롯된 것이며, 일제 강점기에 무서운 박해를 이겨내게 한 힘도 강한 성령의 역사가 있었기 때문이다. 지금 한국교회가 안으로는 부흥이 정체 되고 밖으로는 이단과 비 진리, 종교다원주의와 세속주의의 도전에 직면하게 된 것은 말씀과 성령운동을 게을리 한 데서 찾아야 하지 않을까 생각한다.

우리는 다시 말씀과 성령운동을 지렛대로 삼아 초대교회의 열정과 영성을 회복하여 시대의 방관자가 아니라 시대의 개혁자가 되어 제2의 부흥기를 맞이해야 할 것이다.

금번에 나의 동기인 이바울 목사가 다윗과 영적 기름부음이란 저서를 내 놓게 됨을 퍽 기쁘게 여긴다. 독자들께서 '다윗과 영적 기름부음'이란 책을 통하여 위대하고도 영광스러운 다윗의 역사가 남의 이야기가 아니라 바로 저와 여러분들의 이야기가 될 수 있기를 바라서 이 책을 감히 추천합니다.

감사합니다.

대한예수교 장로회(합동)총회장
수원 명성교회 담임

안 명 환 목사

추천서

먼저 이 책이 나오게 된 것을 주님께 감사와 영광을 돌립니다. 여호와의 기름 부으심은 성경에 흐르는 핵심 사상이다. 성령의 역사가 없이 하나님의 일을 한다는 것은 생각할 수도 없는 일이므로 기름 부으심은 종들의 사역에 있어서 생명 그 자체이다.

다윗을 위대하게 한 것이나 그의 사역을 영광스럽게 한 것도 따지고 보면 여호와의 기름 부으심이 있었기 때문이다. 성령의 기름 부으심이 이렇게 중대함에도 한국교회의 분위기는 기름 부으심을 외면하거나 혹은 신비주의로 치부해 왔다.

그것은 한 때 은사운동을 했던 사람들이 신학부재의 상태에서 은사운동을 균형 잡힌 은혜운동으로 승화시키지 못하고 감정주의로 치우쳐 교회에 덕을 끼치지 못했기 때문이다.

성령운동은 반드시 말씀운동과 함께 가야 교회에 유익을 주는 건전한 은혜운동으로 갈 수 있다. 성령과 말씀은 교회를 떠받치는 양대 기둥이며 교회를 이끌어 가는 두 날개이다.

이 둘 중 어느 하나라도 소홀히 할 수 없다. 성령의 기름부음이 없는 교회는 생명을 잃어버린 교회이며 말씀의 선포가 없는 교회는 자기 사명과 방향감각을 잃어버린 교회이다.

한 때 융성했던 서구교회가 몰락한 것도 기름 부음이 끊어져 생명을 잃어 버렸기 때문이요 말씀이 메말라 교회의 사명과 방향감각을 잃어버렸기 때문이다.

한국교회도 성령운동과 말씀운동을 소홀히 하면 서구교회와 같이 되지 말라는 법이 없다. 그러나 다행스러운 것은 이 땅에 많은 성도들이 주님의 사랑에 목말라하며 성령의 기름 부으심을 사모하며 시대의 부흥을 위한 그루터기로 남아 있다는 사실이다.

한국 교회는 남은 그루터기에 성령의 기름이 부어지기만 하면 다시 불같이 일어날 소망이 있다. 많은 성도들이 성령의 기름 부으심에 대한 관심과 열망은 많았으나 기름 부으심에 대한 안내서가 많지 않아 안타까워 하던 차에 금번 이바울 목사가 "다윗과 영적기름부음"이란 저서를 펴내게 되어 퍽 기쁘게 여긴다.

이 책은 이때까지 베일에 가려져 있던 다윗의 출생의 비밀을 하나님이 주신 지혜로 밝혀내어 그간 성도들이 가졌던 궁금증을 시원하게 풀어줌과 동시에 기름 부음의 원리와 기름부음의 위대성을 다윗의 사역을 통하여 섬세하고도 명쾌하게 풀어놓았다.

이 책을 통하여 기름 부으심에 도전을 받고 강한 기름 부으심 안으로 들어오시는 성도들이 많이 일어나기를 기대해 본다. 목동 다윗에게 기름 부음이 임했을 때 그 시대를 영광스럽게 했듯이 독자들에게도 주님의 영이 임하심으로 아름답고 영광스러운 시대를 만들어 가는 주인공들이 되시기를 기대해 봅니다.

끝으로 이 책이 한국교회 뿐아니라 세계 모든 성도들에게도 읽혀져서 신선한 감동과 함께 마지막 시대에 강한 성령의 기름 부으심을 받는 촉매제가 되었으면 합니다.

감사합니다.

대한예수교장로회(한성) 총회장
온 세 상 교 회 당회장
이 희 준 목사

머릿글

이 책은 저자의 주관적 체험을 배제하고 다윗의 기름 부으심과 그의 사역을 중심으로 객관적인 시각에서 쓴 책이다.

나는 오래전부터 다윗이 기름 부음 받는 영광스러운 자리에 왜 처음부터 참석하지 못했을까 하는 의문을 가졌다. 이 의문은 성경을 읽는 사람이라면 누구나 가졌을 것이다. 더군다나 다윗은 이새의 여덟 아들 중 말째였다.

자식에 대한 사랑과 관심은 아래로 내려 갈수록 더 진한 법인데 왜 다윗의 부모는 기름 부음을 받던 날 위로 일곱 아들은 준비시켜 사무엘 선지자 앞에 세웠으면서 말째인 다윗은 예식에 참석 시키지도 않고 그 시간에 양치기 일을 시켰을까? 그때 다윗의 심정은 어떠 했을까? 당하는 본인이 아니면 그 아픔을 아무도 짐작할 수 없을 것이다.

사무엘 선지자 앞에 서서 기대에 잔뜩 부풀어 있을 형들과는 달리 그 시간에 다윗은 괴로워 하며 분노에 떨고 있지 않았을까?

또 한가지 빼놓을 수 없는 의문은 다윗의 부모는 전쟁터에 간 세 형들을 위문하러 보낼 때 중간에 있는 네 아들은 감싸 안으면서 왜 말째인 다윗만 보냈는가? 이때는 이미 기름 부음을 받고 지존이 된 후가 아닌가? 그럼에도 왜 다윗은 그토록 냉대를 받아야만 했는가? 이것이 내게는 의문이었다.

하나님께서 어느 날 그 의문을 풀어주기 시작하셨다. 성령의 조명을 받아 말씀을 묵상하던 중 하나님께서 3,000년 동안 베일 속에 숨겨 놓으셨던 다윗의 출생의 비밀 코드를 열어 주셨다.

그 비밀을 깨닫는 순간 이때까지 가졌던 모든 의문이 시원하게 풀려 졌으며 다윗이 하나님의 점지를 받고 왕으로 선택된 이유도 깨닫게 되었다. 할렐루야!!

그 비밀은 하나님께서 한 순간에 열어주신 것이 아니라 점진적으로 한 걸음씩 실체에 다가서게 하셨다. 나의 아버지는 아직 코흘리게인 나에게 너는 하나님께 솔로몬같이 지혜와 총명을 구하라고 일러주셨다.

그로부터 어느 듯 50년 세월이 지나갔다. 하나님께서 이 작은 종의 기도를 들으시고 눈을 열어 3,000년 동안 베일 속에 감추어졌던 다윗의 출생의 비밀을 보게 하실뿐 아니라 그 속에 감추어졌던 하나님의 섭리도 깨닫게 해주셔서 이 책을 쓰게 되었다.

부족한 나로서는 분에 넘치는 은혜이면서도 한편으로 두려운 마음도 가졌다. 그러나 하나님의 심부름꾼으로서 시대의 부흥을 꿈꾸며 주님의 거룩하신 영광의 임재를 사모하는 모든 종들과 성도들을 위하여 기쁜 마음으로 이 글을 쓰게 되었다.

부족한 글이나마 이 글을 통하여 감추어 졌던 진리의 말씀이 한 차원 더 깊이 열려지기를 바라며 또한 기름부음의 정신을 이해하고 받아들이는 지침이 되었으면 하는 마음으로 펜을 들었다.

끝으로 오직 나의 나된 것이 하나님의 은혜라고 고백했던 바울 사도와 같이 이 모든 것을 하나님의 은혜로 돌리며 오늘까지 높은 경륜 속에서 섭리하시고 이끌어주신 하나님 내 아버지께 모든 영광을 돌려 드립니다!!

저자 올림.

차 례

서문_ 3

추천서(길자연 목사)_ 8

추천서(안명환 목사)_ 11

추천서(이희준 목사)_ 13

머릿글_ 16

1. 소년 다윗이 기름 부음을 받다 • 23
2. 주빈이 된 다윗 • 27
3. 다윗의 어머니는 친 어머니가 아니었다 • 32
   - 어머니가 죄 중에서 잉태했다고 했다 / 32
   - 내 부모는 나를 버렸다고 했다 / 33
   - 형들을 가리켜 나의 어머니의 자녀라고 했다 / 34
   - 악한 자들에게 조롱당하며 짓밟혔다 / 37
   - 마음에 지워지지 않는 상처가 있었다 / 44
   - 여인들에게서 모성애를 구하였다 / 49
   - 가문에 음란의 쓴 뿌리가 대물림되었다 / 52

4. 다윗이 당한 야만적인 고초 • 59
   - 이 고난은 언제 당했느냐 / 59
   - 누구에게 고난을 당했느냐 / 62
   - 왜 형들이 악한 무리들과 합세하여 다윗을 괴롭혔는가 / 66

5. 오직 기댈 곳은 하나님 뿐 • 70

6. 만남의 복 • 74

7. 여호와의 영이 임했을 때 다윗의 육체에 나타난 변화 • 78
   - 머리에 총기가 흘렀다 / 78
   - 눈에는 정기가 흘렀다 / 82
   - 얼굴에 화기가 흘렀다 / 85
   - 입에는 미기가 흘렀다 / 88
   - 귀에는 청기가 흘렀다 / 94
   - 몸에는 온기가 흘렀다 / 102
   - 가슴에 덕기가 흘렀다 / 109
   - 손에는 묘기가 흘렀다 / 117

8. 기름 부으심과 라마 나욧의 기적 • 122

9. 기름 부으심과 광야의 시련과 연단 • 126

10. 광야의 연단과 자아 • 131

11. 광야의 연단과 육신의 생각 • 137

12. 광야의 연단과 영광 찬탈 • 144

13. 광야의 연단과 겸손한 인격 • 150

14. 광야의 연단과 인내 • 156

15. 광야의 시련과 주님 따라가는 법 • 162

16. 2차 기름 부으심과 유다지파의 왕 • 167

17. 기름 부으심과 영권(영통) • 175

18. 기름 부으심과 인권(인통) • 180

19. 기름 부으심과 물권(물통) • 191

20. 기름 부으심과 영적 장자 • 195

21. 3차 기름 부으심과 이스라엘의 왕 • 206

22. 기름 부으심과 예루살렘 정복 • 210

23. 법궤를 예루살렘으로 모셔오다 • 215

24. 기름 부으심과 정복 전쟁 • 222

25. 기름 부으심과 다윗의 전승기 • 239

26. 기름 부으심과 태왕 • 248

27. 열방을 다스리는 다윗 왕국은 장차 나타날 메시야 왕국의 모형이었다 • 253

28. 기름 부으심과 다윗에게 나타난 은사 • 257

29. 기름 부으심과 죄로 무너지는 거룩성 • 274

30. 기름 부으심과 거룩성의 회복 • 296

31. 기름 부으심과 예배의 회복 • 316

32. 기름 부으심과 이스라엘의 등불 • 328

33. 기름 부으심과 죽어서도 등불이 된 다윗 • 331

34. 기름 부으심과 다윗의 고별사 • 335

쓰고나서_ 342

소년 다윗이
기름 부음을 받다

하나님께서 사울을 위하여 슬퍼하고 있는 사무엘 선지자에게 이르시되 내가 이미 사울을 버려 이스라엘 왕이 되지 못하게 하였거늘 네가 그를 위하여 언제까지 슬퍼하겠느냐 너는 뿔에 기름을 채워 가지고 가라 내가 너를 베들레헴 사람 이새에게로 보내리니 이는 내가 그의 아들 중에서 한 왕을 보았느니라(삼상 16:1)하고 말씀하셨다.

이에 사무엘이 기름 뿔 병을 가지고 베들레헴에 사는 이새에게로 갔다. 사무엘의 갑작스러운 방문에 베들레헴 장로들이 평강을 위하여 오시나이까 하며 떨며 영접했다. 사무엘은 베들레헴 장로들에게 평강을 위함이니라 내가 여호와께 제사하러 왔으니 스스로 성결하게 하고 와서 나와 함께 제사하자 하고 이새와 그의 아들들도 성결하게 하고 그 제사에 청하였다. 그것은 사울의 눈을 피하여 이새의 아들들 가운데 하나를 택하여 왕을 삼고자 함이었다. 제사에 참석한 이새의 아들들 중 먼저 장자 엘리압을 본 사무엘은 그의 신장과 준수한 용모에 마음이 끌려 심중에 이르기를 여호와의 기름 부으실 자가 과연 주님 앞에 있도다 라고 했으나 여호와께서는 그의 용모와 키를 보지 말라 내가 이미 그를 버렸노라 내가 보는 것은 사람과 같지 아니하니 사람은 외모를 보거니와 나 여호와는 중심을 보신다고 하셨다.

그다음 둘째 아들 아비나답을 불러 사무엘 앞을 지나가게 했으나 여호와께서 그도 택하지 아니 하셨다. 그러자 셋째 아들 삼마를 지나가게 했으나 역시 하나님의 응답이 없었다. 이새가 그의 아들 일곱을 다 사무엘 앞을 지나가게 했으나 여호와께서 이들을 택하지 아니하셨다. 사무엘이 이새에게 네 아들들이 다 여기 있느냐고 물으니 아직 막내가 남았는데 그는 양을 지키나이다 하고 대답했다. 사무엘이 말하기를 사람을 보내어 그를 데려오라 그가 여기 오기까지는 우리가 식사 자리에 앉지 아니하겠노라. 이에 사람을 보내어 그를 데려 오니 그의 빛이 붉고 눈이 빼어나고 얼굴이 아름다웠다고 했다.

그의 빛이 붉었다는 것은 홍안의 소년이란 뜻이요 눈이 빼어났다는 것은 눈빛이 유난히 반짝거리는 맑은 영혼의 소유자라는 뜻이다.

그리고 얼굴이 아름다웠다는 것은 그 얼굴에 발랄함과 생기가 충만했다는 뜻이다.

여호와께서 사무엘에게 이르시되 이가 그니 일어나 기름을 부으라고 하셨다.

하나님이 무명의 목동을 택하여 왕으로 기름을 부은 것은 그의 외모가 아름다워서가 아니라 그의 중심이 하나님의 뜻에 맞았기 때문이다. 사도행전 13장 22절에 "다윗을 왕으로 세우시고 증언하여 이르시되 내가 이새의 아들 다윗을 만나니 내 마음에 맞는 사람이라 내 뜻을 다 이루리라"고 하셨다. 그렇다. 다윗은 하나님의 마음에 맞는 사람이었다. 그러므로 그의 일곱 형들을 제치고 여호와의 기름부음을 받고 왕으로 선택되었다. 사무엘상 16장 13절에 "사무엘이 기름 뿔 병을 가져다가 그의 형제 중에서 그에게 부었더니 이 날 이후로 다윗이 여호와의 영에게 크게 감동되니라"고 했다. 그 기름 부으심은 하늘로부터 내려온 항거할 수 없는 하나님의 주권적 은혜였다.

여호와의 기름 부음은 인간이 누릴 수 있는 최고의 은총이요, 최고의 영광이다!

기름을 부었다는 것은 성스러운 외적인 의식이요 내용적으로는 여호와의 거룩하신 쎄기나의 영광(shekinah)이 임재하셨다는 뜻이다. 다윗에게 여호와의 영이 임하시는 순간 비록 소박하게 행해진 의식이었으나 베들레헴 성읍은 거룩한 영광으로 가득했다. 다윗의 몸에 여호와의 기름이 부어짐으로 이제 다윗은 거룩한 몸이 되었다. 다윗이 도덕적으로 거룩해서가 아니라 거룩하신 하나님의 영이 임하셨기 때문이다.

하나님의 영이 다윗의 몸을 성전 삼고 그에게 임재하심으로 다윗은 이제 걸어 다니는 성전이 되었다. 소년 다윗에게 강력한 여호와의 영이 임하신 것은 하나님이 친히 저희 하나님이 되셔서 다윗을 통하여 친히 이스라엘을 다스리시는 신정정치의 서막이 올랐음을 의미한다. 다윗의 양 어깨에는 나라를 다시 새롭게 하고 추락하는 하나님의 영광을 회복하여 영광으로 영광에 이르게 할 신성한 책무가 주어졌다.

이제 다윗은 자기의 뜻과는 상관없이 하나님의 거룩한 부르심 앞에 서약된 사람이 되었다. 그 부르심은 사람으로 말미암음도 아니요 사람에게서 배운 것도 아니라 하나님의 절대 주권으로부터 내려온 신적 권위였다. 시 89:20~24절에 "내가 내 종 다윗을 찾아내어 나의 거룩한 기름을 그에게 부었도다 내 손이 그와 함께하여 견고하게 하고 내 팔이 그를 힘이 있게 하리로다 원수가 그에게서 강탈하지 못하며 악한 자가 그를 곤고하게 못하리로다 내가 그의 앞에서 그 대적들을 박멸하며 그를 미워하는 자들을 치려니와 나의 성실함과 인자함이 그와 함께 하리니 내 이름으로 말미암아 그의 뿔이 높아지리로다."

이제 다윗은 영적 기름부음을 받고 하나님께로부터 신적권위를 부여받아 아무도 그를 범접할 수 없는 지존자가 됨으로 그의 위상이 달라지고 그의 뿔이 높아졌다.

뿔은 권세와 영광을 상징한다.

이 기름 부음의 시효는 다윗이 사울과 같이 여호와를 버리지 않는 한 여호와께서도 하늘의 날과 같이 평생토록 그를 버리지 아니하실 것이다.

2

주빈이 된 다윗

거룩한 예식이 끝난 후 모두 식사 자리에 앉았다. 식탁은 기름지고 풍성했다. 베들레헴 장로들이 사무엘 선지자를 맞아 최고의 예우와 정성으로 준비한 식탁이었다. 그런데 이 자리에서 누가 주빈이 되었을까? 사무엘 선지자? 베들레헴 장로들? 아니면 다윗? 그것은 전임왕 사울이 기름부음을 받을 때 의전상 식사자리에 누가 상석에 앉았는지 확인해 보면 답은 쉽게 나올 것이다.

사무엘상 9장 22~24절에 "사무엘이 사울과 그의 사환을 인도하여 객실로 들어가서 청한 자 중 상석에 앉게 하였는데 객은 삼십명 가량이었더라" 사무엘이 요리인에게 이르되 내가 네게 주며 네게 두라고 말한 그 부분을 가져오라 요리인이 넓적다리와 그것에 붙은 것을 가져다가 사울 앞에 놓는지라 보라 이는 두었던 것이니 네 앞에 놓고 먹으라 내가 백성을 청할 때부터 너를 위하여 이것을 두고 이 때를 기다리게 하였느니라 그날에 사울이 사무엘과 함께 먹으니라." 이와 같이 사울이 기름부음 받을 때 그 자리에서 대원로이신 사무엘이 상석에 앉은 것이 아니라 왕으로 선택된 청년 사울이 주빈이 되어 상석에 앉았다고 했다.

그렇다면 이 날의 주빈도 응당 다윗이 상석에 앉았을 것이다. 무명의 목동이 인간이 누릴 수 있는 최고의 자리에 앉게 된 이 날의 감격은 다윗에게 일생 잊을 수 없는 날이었다.

훗날 왕이 된 다윗은 이 날의 감격을 배경으로 하여 노래한 시가 시편 23편이다. 시편 23편은 세계 모든 사람들에게 가장 사랑받는 다윗의 대표적인 시로서 초원의 정취가 물씬 풍겨나는 신선한 감동을 주는 시이다.

시편 23편

1. 여호와는 나의 목자시니 내가 부족함이 없으리로다.
2. 그가 나를 푸른 풀밭에 누이시며 쉴 만한 물가로 인도하시는 도다.
3. 내 영혼을 소생시키시고 자기 이름을 위하여 의의 길로 인도하시는 도다.
4. 내가 사망의 음침한 골짜기로 다닐지라도 해를 두려워 하지 않을 것은 주께서 나와 함께 하심이라. 주의 지팡이와 막대기가 나를 안위 하시나이다.
5. 주께서 내 원수의 목전에서 내게 상을 차려 주시고 기름을 내 머리에 부으셨으니 내 잔이 넘치나이다.
6. 내 평생에 선하심과 인자하심이 반드시 나를 따르리니 내가 여호와의 집에 영원히 살리로다.

이 시는 왕이된 다윗이 목동시절 베들레헴의 푸른 초원에서 양치기 하던 시절을 회상하며 나와 하나님과의 관계를 양과 목자와의 관계로 비유하여 노래한 시이다. 가장자리에 밀려나 소외받던 무명의 목동을 주께서 푸른 풀밭, 잔잔한 시냇가로 인도해 주시고 사망의 음침한 골짜기 같은 환경 속에서 주의 지팡이와 막대기로 안위해 주셔서 오늘과 같이 하나님의 점지를 받고 영광의 자리에 앉아 풍성한 애찬을 대하고 보니 다윗으로서는 더 이상 바랄 것 없는 분에 넘치는 축복이었다.

그래서 그는 "주께서 내 원수의 목전에서 내게 상을 차려 주시고 기름을 내 머리에 부으셨으니 내 잔이 넘치나이다."(시 23:5) 하고 그날의 감격을 회상한다. 그런데 시 23편 5절 말씀은 삼상 16:13절에서 다윗이 사무엘 앞에서 기름부음을 받던 사건과 같은 시간, 같은 장소 같은 사건이다. 그런데 문제는 다윗이 5절에 "주께서 내 원수의 목전에서 내게 상을 차려 주시고……"(시 23:5)라고 한 것이 무슨 말인가? 지금 다윗이 기름 부음을 받고 애찬을 대하고 있는 곳이 어디인가? 원수인 블레셋 사람들의 목전이 아니지 않은가?

분명히 베들레헴 성읍 중 어느 한 장소였다. 그러면 누구를 가리켜 원수라고 하는가? 지금 식탁에 둘러 앉은 자들을 가리키는 것이 아닌가?

지금 연회석에 둘러 앉은 사람들은 사무엘 선지자, 아버지, 일곱 형들, 그리고 베들레헴 장로들이었다. 이 가운데 사무엘 선지자는 원수일 턱이 없었다. 다윗이 사무엘을 만난 것은 오늘이 처음이요 또 그는 먼 곳에서 기름 뿔병을 가지고 와서 자기에게 기름을 부어 왕으로 세워준 은인이었다. 그러면 누구를 가리켜 원수라고 하는가?

아버지, 일곱 형들 그리고 베들레헴 장로들을 두고 하는 말이 아닌가? 오늘같이 경사스러운 날 가문의 영광이요 국가적인 경축일에 가족이 얼싸안고 기뻐하며 춤이라도 추어야 할 것이 아닌가? 그런데 경사스러운 자리에서 가장 가까운 가족과 장로들을 향하여 왜 가시 돋친 말로 원수라고 하며 분개심을 드러내고 있는가? 다윗이 이 예식에 처음부터 참석하지 못하고 소외된 때문일까? 물론 그것도 한 가지 이유일 수 있다. 그러나 단순히 그 일만으로 그렇게 분개했을까?

다윗이 이런 귀한 자리에 처음부터 참석하지 못하고 소외 당했다면 평소에 가족들로부터 얼마나 심한 냉대를 받아 왔는가를 짐작하고도 남음이 있다. 그래서 그는 쌓인 불만과 상처로 인하여 오래전부터 남 모르는 가슴앓이를 해 온 듯하다. 도대체 다윗에게 무슨 연유로 가슴 깊은 상처가 쌓였을까? 다윗이 처음부터 이 자리에 참석하지 못한 것도 그럴만한 사유가 있었다. 다윗에게는 남 모르는 가슴 아픈 진실이 숨겨져 있었다. 그 진실이란 이 때까지 알려지지 않았던 그의 출생의 비밀이었다.

그 비밀은 그의 어머니는 친어머니가 아니었다. 그는 이새의 본처인 큰어머니 슬하에서 차디찬 냉대와 이복형들의 집단 따돌림을 당하며 자랐다. 자식을 애지중지 하는 것은 어머니의 몫이다.

모성애는 조물주께서 특별히 어머니에게 내리신 선물이다. 그런데 다윗이 털끝만큼도 어머니의 사랑을 받았다는 흔적이 성경 어디에도 없다. 다윗의 부모와 형제들은 가장 아끼고 사랑해야 할 막내를 예식에 참여시키는 대신 양치기 일을 맡길 정도로 그를 냉대 했다.

이 자리가 어떤 자리인가? 이 자리는 친목회하는 자리가 아니었다. 부모의 유산을 나누는 자리도 아니었다. 이 자리는 이새의 아들 중 하나를 택하여 왕으로 세우는 경사스러운 자리가 아닌가? 다윗도 이새의 아들로서 당당하게 이 자리에 참석할 자격이 있었다. 그는 자발적으로 예식에 불참한 것이 아니라 보이지 않는 손에 의해서 견제되었다. 그의 일곱 형들은 성결케 하고 예식에 참석하여 기대감에 부풀어 있을 그 순간에도 그는 예식에 참석하는 것조차도 금지되어 혼자 속을 삭이며 마음에 큰 상처를 입고 있었다.

다윗이라고 왜 속이 없겠는가? 다윗이라고 왜 쓸개가 없겠는가? 철저하게 소외 되었던 자신이 천만 뜻밖에 하나님의 선택을 받고 왕이 되어 연회석 상석에 앉아 좌우를 내려다보니 흥분과 함께 끓어오르는 분노를 감출 수 없었다.

그간 상처 받고 소외당했던 자신이 인생 역전의 주인공이 되어 자신을 냉대했던 자들을 바라보니 주체할 수 없는 감격과 북받치는 서러움이 교차하며 분개심이 터져나왔던 것이다. 그러면 다윗이 친어머니가 아닌 증거가 무엇인가?

3

다윗의 어머니는
친 어머니가 아니었다

성경에는 다윗의 어머니가 친어머니가 아니라고 직접화법을 쓰지 않고 간접화법을 써서 친어머니가 아님을 암시하고 있다.

〈다윗의 어머니가 친 어머니가 아닌 증거〉

- 첫째, 다윗은 시편 51편 5절에서

"내가 죄악 중에서 출생하였음이여 어머니가 죄 중에서 나를 잉태하였나이다"하고 고백한다. 이 말씀은 일반적으로 원죄로 해석되고 있으나 원죄보다 다른 뜻이 있다. 어머니가 죄 중에서 나를 잉태했고 죄악 중에서 출생했다는 것은 부모님이 정상적인 혼인 관계가 아니었음을 암시한다.

말하자면 금지된 사랑에서 태어났다는 뜻이다.

정상적인 혼인 관계에서 나누는 부부의 애정은 죄가 아닐 뿐 아니라 성경적이며 하나님이 허용하신 사랑이다. 그러므로 그 사이에서 태어난 자녀도 내가 죄 중에서 잉태되었느니 죄악 중에서 출생했느니 하는 말은 쓰지 않는다. 그러므로 다윗의 어머니는 적절치 못한 관계 즉 미혼모 상태에서 다윗을 낳았다고 봄이 타당할 것이다.

〈다윗의 어머니가 친 어머니가 아닌 증거〉
• 둘째, 시편 27편 10절에서

다윗은 "내 부모는 나를 버렸으나 여호와는 나를 영접 하시리이다"하고 고백한다. 다윗의 생모는 다윗이 성장하기 전에 다윗의 곁을 떠난 듯하다.

어머니는 다윗을 버려두고 살길을 찾아 갔는지 아니면 죽어서 이 세상을 떠났는지 그 해답은 시편 35편 14절에 있다. "내가 나의 친구와 형제에게 행함같이 그들에게 행하였으며 내가 몸을 굽히고 슬퍼하기를 어머니를 곡함같이 하였나이다." 다윗은 자기를 음해하는 원수들을 대할때 친구와 형제에게 행함같이 하였고 어머니를 곡함같이 몸을 굽히고 슬퍼했다고 말한다.

이 말씀 속에서 묘연한 그의 어머니의 행방을 알 수 있는 단서가 나왔다. 이 말씀에서 어머니를 곡함같이 몸을 굽히고 슬퍼했다고 말한 것을 볼 때 다윗의 어머니는 일찍 세상을 떠난 듯하다.

다윗은 이 세상에서 유일하게 자신을 아끼고 사랑해 주었던 어머니를 잃자 산이 무너져 내리듯 절망 속에서 슬퍼하며 애통했다. 그의 어머니는 아직 미성년자인 다윗을 버려두고 혼자 세상을 떠났다. 그러므로 다윗은 이새의 본처인 큰 어머니 손에 맡겨졌다. 그리고 살아있는 아버지는 어린 다윗을 챙겨주기보다 본처의 눈치에 눌려 냉대와 무관심으로 일관했다.

아버지는 기름부음을 받던 날에도 위로 일곱 아들은 성결케 하여 사무엘 선지자 앞에 세웠으나 말째인 다윗은 제외시키고 대신 양치기 일을 맡길 정도로 심하게 차별했다. 그러므로 다윗은 시편 27편 10절에서 내 부모는 나를 버렸다고 말한다. 다윗이 여호와의 기름부으심을 받고 왕으로 선택된 후에도 아버지는 전쟁터에 간 세 아들을 위문하기 위하여 볶은 곡식과 떡과 치즈를 다윗에게 지워 주면서 네 형들의 안부를 살피고 증표를 가져 오라고 했다. 중간에 있는 네 아들은 감싸 안으면서 다윗 혼자 험지에 보내는 것을 보면(삼상 17:17~18) 평소에 다윗에 대한 냉대의 골이 얼마나 깊었는가를 짐작하고도 남는다.

〈다윗의 어머니가 친 어머니가 아닌 증거〉
- 셋째, 시편 69편 8절이다.

시편 69편도 시편 22편과 같이 다윗 자신이 몸소 사악한 자들로부터 당한 고난을 하나님께 호소하며 고발하는 내용이다. 머리털보다 많은 원수들이 다윗을 미워하며 그의 목숨을 끊으려 하는 와중에서 다윗은 시편 69편 8절에서 "내가 나의 형제에게는 객이 되고 나의 어머니의 자녀에게는 낯선 사람이 되었나이다"라고 한다.

여기에서 나의 형제와 나의 어머니의 자녀는 동의어로서 같은 뜻이다. 다윗은 형제를 가리켜 나의 어머니의 자녀라고 표현한다. 이런 어법은 배가 다른 계모의 자식을 가리킬 때 쓰는 어법이다.

다윗이 자기 형제를 가리켜 "나의 어머니의 자녀"라고 하는 말 속에는 일체감이 없고 어딘가 모르게 거리감이 있다. 같은 아버지 같은 어머니의 태에서 난 자식들은 동질감이 있다. 그래서 동복형제를 말할 때에는 나의 형제라고 하여 친근감을 드러낸다.

동복형제는 절대로 "나의 어머니의 자녀"라고 하여 이질감을 드러내지 않는다. "내 어머니의 자녀라는 말은 다윗이 친어머니가 아니라는 사실을 뒷받침하는 결정적인 단서이다.

똑같은 어법이 아가서 1:6절에 나타난다. "내가 햇볕에 쬐여서 거므스름 할지라도 흘겨보지 말 것은 내 어머니의 아들들이 나에게 노하여 포도원 지기로 삼았음이라 나의 포도원을 내가 지키지 못하였구나" '내 어머니의 아들들'이란 배가 다른 계모의 자식들을 가리켜 하는 말이다. 술람미 여인이 계모의 자식들에게 구박을 받아 가냘픈 처녀의 몸으로 감당하기 힘든 포도원 시기로 쫓겨났다. 원래 술람미 여인은 그 어머니의 외딸이요. 그 낳은 자가 귀중히 여기는 자였다.(아 6:9)

외딸을 애지중지 사랑했던 친 어머니는 어디로 가고 모진 계모 밑에서 혼기가 찬 처녀가 외모를 가꿀 여유도 없이 일터로 쫓겨나 얼굴이 햇볕에 검게 타 버렸다. 술람미 여인이 이렇게 외롭고 힘든 인생을 산 이유는 단 하나 그의 어머니가 친어머니가 아닌 계모라는 이유 때문이었다.

술람미 여인이 계모와 그의 자식들로부터 냉대 받은 것처럼 다윗도 큰 어머니와 그의 자식들의 심한 냉대로 인하여 양치기로 밀려나 외롭고도 힘든 성장기를 보냈다.

그에게는 풀밭에서 뛰노는 새끼 양들이 유일한 죽마지우였고 여호와 하나님만이 유일한 말 벗이었다. 소년 다윗은 혼자서 감당할 수 없는 외로움을 참고 인내하며 오로지 하나님 한 분으로 희망을 삼고 하나님 한 분 만으로 위안을 삼았다.

시편 37편 4~8절에 "또 여호와를 기뻐하라 그가 네 마음의 소원을 네게 이루어 주시리로다 네 길을 여호와께 맡기라 그를 의지하면 그가 이루시고 네 의를 정오의 빛같이 나타내시며 네 공의를 정오의 빛같이 하시리로다 여호와 앞에 잠잠하고 참고 기다리라 자기 길이 형통하며 악한 꾀를 이루는 자 때문에 불평하지 말지어다 분을 그치고 노를 버리며 불평하지 말라 오히려 악을 만들 뿐이라".

다윗이 지은 이런 아름답고도 심오한 시들이 그냥 지어진 것이 아니다 외로운 초원에서 인내하며 하나님 한 분만을 의지하며 바라보았던 깊은 체험에서 나온 시들이었다.

다윗은 부모와 형제들의 사랑과 관심 속에서 자라난 화초가 아니었다. 버려진 야생화 같은 존재였다. 야생화는 사람이 기르는 꽃이 아니다. 하나님이 친히 기르시는 꽃이다. 외로운 산골에 저 홀로 피어 있는 야생화의 모습은 온유하고도 낮아진 모습 화려하지 않고 소박한 모습이다. 아무도 봐 주는 이가 없건만 저만치 혼자서 외롭게 피어 향기를 날리고 있다. 혼자서 외롭게 피어있는 야생화는 철저하게 홀로된 다윗의 모습이다. 하나님은 외로운 다윗을 찾아 그에게 사랑의 기름을 잔에 가득 넘치도록 부어 주셨다.

〈다윗의 어머니가 친 어머니가 아닌 증거〉

• 넷째, 다윗이 성장기에 당한 처절한 고문은 그를 지켜줄 보호막인 친어머니가 없었다는 증거다.

구약성경에서 수난의 메시야를 예언한 대표적인 말씀이 이사야 53장과 시편 22편과 시편 69편이다. 이사야 53장 5절을 보면 "그가 찔림은 우리의 허물 때문이요 그가 상함은 우리의 죄악 때문이라 그가 징계를 받으므로 우리는 평화를 누리고 그가 채찍에 맞음으로 우리는 나음을 받았도다" 여기서 이사야는 '그가 찔림은' '그가 상함은' '그가 징계를 받으므로' '그가 채찍에 맞으므로' 하고 3인칭 단수를 써서 고난받는 주체가 자신이 아닌 제3자인 예수님을 가리켰다. 그러나 시편 22편과 시편 69편의 다윗의 수난의 메시야 예언은 성격이 다르다. 시편 22편 16~18절에 "개들이 나를 에워쌌으며 악한 무리가 나를 둘러 내 수족을 찔렀나이다 내가 내 모든 뼈를 셀 수 있나이다 그들이 나를 주목하여 보고 내 겉옷을 나누며 속옷을 제비 뽑나이다" 위의 말씀에서 '나를 에워쌌으며' '나를 둘러 내 수족을 찔렀나이다' '내 겉옷을 나누며 속옷을 제비 뽑나이다' 하고 1인칭을 써서 고난받는 주체가 저자인 다윗 자신을 가리키고 있다. 시편 69편 21절에도 "그들이 쓸개를 나의 음식물로 주며 목마를 때에는 초를 마시게 하였사오니" 하고 1인칭을 써서 고난 받는 주체가 저자인 다윗 자신을 가리키고 있다.

그러므로 시편 22편과 69편은 이사야 53장과 같이 단순히 영감으로 받은 예언시가 아니라 마치 욥이 고난 받는 메시야의 모형이 되어 원수들에게 실제로 뺨을 맞고(욥 16:10), 얼굴에 침 뱉음을(욥 17:6) 당했던 것 같이 다윗 자신이 고난 받는 메시야의 모형이 되어 개들과 악한 무리들에게 에워싸여 실제로 당한 처절한 고난이 예언이 된 말씀이다.

> **시편 22편**
>
> 6. 나는 벌레요 사람이 아니라 사람의 비방거리요 백성의 조롱거리니이다.
> 7. 나를 보는 자는 다 나를 비웃으며 입술을 삐죽거리고 머리를 흔들며 말하되
> 8. 그가 여호와께 의탁하니 구원 하실걸, 그를 기뻐하시니 건지실 걸 하나이다.
> 9. 오직 주께서 나를 모태에서 나오게 하시고 내 어머니의 젖을 먹을 때에 의지하게 하셨나이다.
> 10. 내가 날 때부터 주께 맡긴바 되었고 모태에서 나올 때부터 주는 나의 하나님이 되셨나이다.
> 11. 나를 멀리 하지 마옵소서 환란이 가까우나 도울 자 없나이다.
> 12. 많은 황소가 나를 에워싸며 바산의 힘센 소들이 나를 둘러 쌌으며
> 13. 내게 그 입을 벌림이 찢으며 부르짖는 사자 같으니이다.
> 14. 나는 물 같이 쏟아졌으며 내 모든 뼈는 어그러졌으며 내 마음은 밀랍 같아서 내 속에서 녹았으며
> 15. 내 힘이 말라 질그릇 조각 같고 내 혀가 입천장에 붙었나이다. 주께서 또 나를 죽음의 진토 속에 두셨나이다.

> 16. 개들이 나를 에워 쌌으며 악한 무리가 나를 둘러 내 수족을 찔렀나이다.
> 17. 내가 내 모든 뼈를 셀 수 있나이다 그들이 나를 주목하여 보고
> 18. 내 겉옷을 나누며 속옷을 제비 뽑나이다."

위의 말씀은 다윗이 개들과 악한 무리들에게 둘러싸여 괴롭힘과 조롱당하는 것을 하나님께 호소하는 내용이다.

6~8절 "나는 벌레요 사람이 아니라 사람의 비방거리요 백성의 조롱 거리니이다

나를 보는 자는 다 나를 비웃으며 입술을 삐죽거리고 머리를 흔들며 말하되 그가 여호와께 의탁하니 구원하실 걸, 그를 기뻐하시니 건지실 걸, 하나이다"

이 말씀은 아이들이 벌레를 잡아 눌러싸고 괴롭히며 슬기늦이 악한 무리들이 다윗을 에워싸고 집단 악으로 모욕하며 괴롭히는 것을 하나님께 호소하는 내용이다.

악한 무리들이 다윗을 에워싸고 괴롭힐 때 벌레를 괴롭히듯 했으며, 입술을 삐죽거리고 머리를 흔들며 희롱했을 뿐 아니라, 그가 여호와께 의탁하니 구원하실 걸, 그를 기뻐하시니 건지실 걸, 하며 그의 신앙까지도 빈정대며 조롱하였다.

다윗이 악동들에게 당한 처절한 고문이 수난의 메시야 예언이 되

어 후에 예수님께 그대로 이루어지는 것을 보게 된다.

사악한 무리로 비유되는 로마 군병들이 "그의 옷을 벗기고 홍포를 입히며 가시관을 엮어 그 머리에 씌우고 갈대를 그 오른손에 들리고 그 앞에서 무릎을 꿇고 유대인의 왕이여 평안할지어다 하며 그에게 침을 뱉고 갈대를 빼앗아 그의 머리를 치며 희롱하였다"(마 27:28~30) 이 때 예수님의 모습은 흡사 다윗이 당하는 고통으로 인하여 "나는 벌레요 사람이 아니라 사람의 비방거리요 백성의 조롱거리니이다" 하고 고백한 것처럼 그의 존엄은 땅에 떨어져 벌레같이 짓밟혔고 백성의 비방거리와 조롱거리가 되었다.

희롱을 다 한 후에 예수님을 십자가에 못을 박았을 때 악한 무리들이 십자가를 에워싸고 자기 머리를 흔들며 성전을 헐고 사흘에 짓는 자여 네가 만일 하나님의 아들이어든 자기를 구원하고 십자가에서 내려오라 그러면 우리가 믿겠노라 그가 하나님을 신뢰하니 하나님이 원하시면 이제 그를 구원하실지라(마 27:39~43) 하며 다윗에게 했던 것처럼 그의 신앙에 대하여 빈정대며 조롱하는 것을 보게 된다.

12~13절 "많은 황소가 나를 에워싸며 바산의 힘센 소들이 나를 둘러쌌으며 내게 그 입을 벌림이 찢으며 부르짖는 사자 같으니이다"

이 말씀은 다윗을 괴롭히는 자들이 많은 황소와 바산의 소같이 떼로 몰려와 찢고 부르짖는 사자 같이 날카로운 잇빨로 물어뜯으며 잔인하게 괴롭히는 것을 고발하는 내용이다.

이 예언의 말씀도 고난 받는 메시야께 그대로 이루어지는 것을 보게 된다.

악한 무리들이 황소와 같이 바산의 힘센 소같이 떼로 몰려와 십자가를 에워싸고 기세등등하게 예수님을 향하여 악담하며 독설을 내뱉는 모습은 마치 찢으며 부르짖는 사자 같이 무자비하고도 비열했다.

14~15절 "나는 물 같이 쏟아졌으며 내 마음은 밀랍 같아서 내 속에서 녹았으며 내 힘이 말라 질그릇 조각 같고 내 혀가 입천장에 붙었나이다 주께서도 나를 죽음의 진토에 두셨나이다"

이 말씀은 다윗의 내면의 심령상태와 외부의 육체의 고통을 대변해주는 말씀이다.

원수들이 집단적으로 다윗에게 악담하며 괴롭혔으므로 그의 마음은 물같이 쏟아져 낙담이 되었고, 밀랍 같이 녹아 무너졌으며, 몸은 진액이 다 빠져 질그릇 조각 같이 말랐고, 혀는 입천장에 붙어 숨조차도 쉴 수 없는 최악의 상태에서 고통을 호소하는 내용이다.

다윗의 이 체험시도 예언이 되어 수난의 메시야께 그대로 이루어지는 것을 보게 된다.

예수님은 악한 무리들이 십자가를 에워싸고 악담하며 독설을 내뱉는 소리는 화살이 되어 그의 마음을 찔렀으므로 주님의 마음은 물같이 쏟아져 낙담이 되었고, 밀랍 같이 녹아 무너졌으며, 그의 육체는 뼈가 어그러지고 살은 갈기갈기 찢겨져 질그릇 조각 같이 말랐고, 혀는 입천장에 붙어 숨조차 제대로 쉴 수 없는 극한 고통을 당하시게 된다.

16~18절 "개들이 나를 에워쌌으며 악한 무리가 나를 둘러 내 수족을 찔렀나이다 내가 내 모든 뼈를 셀 수 있나이다 그들이 나를 주목하여 보고 내 겉옷을 나누며 속옷을 제비뽑나이다"

이 말씀은 개들과 악한 무리들이 다윗을 둘러싸고 그의 수족을 찌르고, 옷도 빼앗아 가고 마지막 남은 속옷도 제비를 뽑아 가져갔으므로 다윗은 발가벗긴 상태에서 당하는 수치와 처절한 고문을 하나님께 호소하는 내용이다. 다윗은 성장기에 원수들 앞에서 실오라기 하나 걸치지 못한 알몸상태에서 피가 거꾸로 흐르고 숨이 멎는 듯한 수치와 고문을 당하였다.

다윗의 이 체험적인 예언도 고난 받는 예수님께 그대로 이루어지는 것을 보게 된다.

예수님은 인간의 허물과 죄를 대신하여 악한 무리로 비유되는 군병들에게 손과 발이 찔리셨고, 옷도 벗겨져 빼앗겨버렸고, 마지막 남은 속옷도 누가 얻나 하고 제비를 뽑아 가져갔으므로(요 19:23~24) 예수님은 실오라기 하나 걸치지 못한 상태에서 마지막 남은 존엄까지도 짓밟히며 모멸과 수치 속에서 십자가를 지셨다.

화가 들이 십자가에 달리신 예수님의 성화를 그릴 때 수건으로 앞이 가리어진 그림을 그렸다. 그것은 너무나 민망해서 차마 그대로 그릴 수 없었기 때문이다.

  다윗의 고문은 여기서 끝나지 않고 시편 69편 21절에 "그들이 쓸개를 나의 음식물로 주며 목마를 때에 초를 마시게 하였사오니"하는 것을 보면 다윗은 악한 무리들에게 쓰디쓴 쓸개와 시어서 마실 수 없는 초를 마시게 하는 부도덕하고 무자비한 고문을 당하였다.
  악한 무리들이 다윗에게 쓸개를 음식물로 주며 초를 마시게 한 것은 짐승에게도 할 수 없는 잔인한 고문이었다. 다윗이 성장기에 악한 무리들에게 이러한 고문을 받고 자랐다고 생각하니 충격을 넘어 경악할 일이다.
  다윗이 당한 이 고문도 예언이 되어 고난 받는 예수께 그대로 이루어지는 것을 보게 된다.
  예수님은 군병들에게 온갖 희롱과 살인적인 매질을 당한 후 십자가를 지셨으므로 뼈가 어그러지고 살은 갈기갈기 찢겨져 물과 피를 다 쏟으신 고로 혀가 입천장에 붙고 목이 말라 견딜 수 없었다. 그 때 신음하는 소리로 "내가 목마르다"고 하셨을 때 군병들은 써서 먹을 수 없는 쓸개를 주었고, 변질되어 신 맛으로 인하여 마실 수 없는 초인 신 포도주를 주었다.(마 27:34, 요 19:30)

  위의 말씀과 같이 다윗이 당한 부도덕하고 야만적인 고문은 상징적인 것이 아니라 다윗 자신이 고난 받는 메시야의 모형이 되어 몸소 체험한 것이었다.

그러므로 시편 22편과 시편 69편의 수난의 메시야 예언은 이사야 53장의 일반적인 수난의 메시야 예언과는 성격이 다르다.

악한 무리들이 다윗을 에워싸고 집단적으로 악담하며 괴롭히고, 수족을 찌르며 옷을 빼앗고 발가벗겨 쓸개를 음식물로 주며 초를 마시게 한 고문은 반문명적인 범죄행위요 인류의 공분을 사고도 남을 만행이었다.

다윗이 이러한 야만적인 고문을 당하고도 미치지 않고 살아있는 것이 기적이었다. 보호막이 없는 집은 바람이 치고 비가 새듯 성장기에 친어머니라는 보호막이 없는 다윗은 주위로부터 따돌림과 괴롭힘이 심하였으나 그 찬바람을 막아줄 언덕이 없었다. 만약 다윗에게 어머니가 곁에 계셨다면 이렇게까지 짓밟히게 버려두지는 않았을 것이다. 다윗은 가족들의 관심과 사랑을 받으며 자라난 화초가 아니었다. 그는 가시에 찔리며 자라난 야생화였다. 다윗이 토해낸 호소와 절규는 가시에 찔려 상처 난 마음에서 하나님께 올려드린 부르짖음이었다. 자비로우신 하나님은 다윗의 애처로운 호소를 들으시고 그의 빈 잔을 은혜로 가득히 채워주셨다.

〈다윗의 어머니가 친 어머니가 아닌 증거〉
- 다섯째, 그에게 지워지지 않는 마음의 상처가 남아 있었다.

다윗은 성장기에 받은 심적 육체적 고문으로 인하여 마음에 지워지지 않는 깊은 상처가 남아 있었다. 성장기에 화목한 가정에서 사랑을 받으며 성장한 사람은 성격형성 과정에서 원만한 성품이 형성되어 남을 미워하거나 증오할 이유가 없다. 그러나 성장기에 주위 사람들로부터 멸시와 고문을 당하며 자라난 사람은 그 마음에 평생 지워지지 않는 상처가 남게 된다.

몸에 난 상처는 시간이 지나면 아물지만 마음의 상처는 심적 자극을 받을 때마다 아픈 기억이 되살아나 주체할 수 없는 증오심과 분개심이 터져 나오게 된다. 다윗이 지은 시편 중에서 그의 아픈 상처로 인하여 원수들에 대한 적개심으로 분노를 폭발하는 장면들을 보게 된다. 그 대표적인 시가 시편 69편과 109편이다.

시편 69편과 109편은 다윗이 힘없고 가난한 시절 대적들로부터 받은 악랄한 중상모략과 잔인한 고문으로 인하여 뼈 속까지 새겨질 정도로 깊은 상처가 남아있음을 보여 주는 시이다.

시편 69편

21절 "그들이 쓸개를 나의 음식물로 주며 목마를 때에는 초를 마시게 하였사오니
22절 그들의 밥상이 올무가 되게 하시며 그들의 평안이 덫이 되게 하소서
23절 그들의 눈이 어두워 보지 못하게 하시며 그들의 허리가 항상 떨리게 하소서
24절 주의 분노를 그들의 위에 부으시며 주의 맹렬하신 노가 그들에게 미치게 하소서

> 25절 그들의 거처가 황폐하게 하시며 그들의 장막에 사는 자가 없게
> 하소서
> 26절 무릇 그들이 주께서 치신 기를 핍박하며 주께서 상하게 하신 자
> 의 슬픔을 말하였사오니
> 27절 그들의 죄악에 죄악을 더 하사 주의 공의에 들어오지 못하게 하
> 소서
> 28절 그들을 생명책에서 지우사 의인들과 함께 기록되지 말게 하소서
> 29절 오직 나는 가난하고 슬프오니 하나님이여 주의 구원으로 나를
> 높이소서"

 위의 시는 다윗이 힘없고 가난한 성장기에 주위에 악한 자들로부터 받은 마음의 상처가 자극을 받아 분노심이 폭발하는 장면이다. 여기서 끝나지 않고 시편 109편은 적개심과 복수심이 한층 더 강하게 표현되어 있다.

> **시편 109편**
>
> 1절 내가 찬양하는 하나님이여 잠잠하지 마옵소서
> 2절 그들이 악한 입과 거짓된 입을 열어 나를 치며 속이는 혀로 내게
> 말하며
> 3절 또 미워하는 말로 나를 두르고 까닭 없이 나를 공격 하였음이니
> 이다
> 4절 나는 사랑하나 그들은 도리어 나를 대적하니 나는 기도할 뿐이라
> 5절 그들이 악으로 나의 선을 갚으며 미워함으로 나의 사랑을 갚았사
> 오니

6절 악인이 그를 다스리게 하시며 사탄이 그의 오른쪽에 서게 하소서
7절 그가 심판을 받을 때에 죄인이 되어 나오게 하시며 그의 기도가 죄로 변하게 하시며
8절 그의 연수를 짧게 하시며 그의 직분을 타인이 빼앗게 하시며
9절 그의 자녀는 고아가 되고 그의 아내는 과부가 되며
10절 그의 자녀들은 유리하며 구걸하고 그들의 황폐한 집을 떠나 빌어먹게 하소서
11절 고리대금하는 자가 그의 소유를 다 빼앗게 하시며 그가 수고한 것을 낯선 사람이 탈취하게 하시며
12절 그에게 인애를 베풀 자도 없게 하시며 그의 고아에게 은혜를 베풀 자도 없게 하시며
13절 그의 자손이 끊어지게 하시며 후대에 그들의 이름이 지워지게 하소서
14절 여호와는 그의 조상들의 죄악을 기억하시며 그의 어머니의 죄를 지워 버리지 마시고
15절 그 죄악을 항상 여호와 앞에 있게 하사 그들의 기억을 땅에서 끊으소서
16절 그가 인자를 베풀 일을 생각하지 아니하고 가난하고 궁핍한 자와 마음이 상한 자를 핍박하여 죽이려 하였기 때문 이니이다
17절 그가 저주하기를 좋아하더니 그것이 자기에게 임하고 축복하기를 기뻐하지 아니하더니 복이 그를 멀리 떠났으며
18절 또 저주하기를 옷 입듯 하더니 저주가 물같이 그의 몸속으로 들어가며 기름같이 그의 뼈 속으로 들어갔나이다
19절 저주가 그에게는 입는 옷같고 항상 띠는 띠와 같게 하소서
20절 이는 나의 대적들이 곧 내 영혼을 대적하여 악담하는 자들이 여호와께 받는 보응이니이다

위의 말씀에서 다윗은 외롭고도 가난한 성장기에 자기를 핍박하며 죽이려고 했던 원수들에게 당한 마음의 상처로 인하여 땅속에서 용암이 끓어오르듯 깊은 상처에서 분개심이 끓어오르고 있음을 보게 된다.

그가 원수들을 향하여 증오심을 토해 내는 것은 아직도 그의 마음속에 치유받지 못한 내적 상처와 아픔의 쓴 뿌리가 남아있었기 때문이다.

사람이 힘을 가졌을 때에는 상처를 받지 않는다. 힘으로 대항하여 복수를 하든지 아니면 용서를 하면 상처는 사라진다. 원수를 용서할 힘을 가진 사람이라면 상처도 날려버릴 힘이 있다.

시편 69편과 109편에 기록된 다윗의 마음에 지워지지 않는 아픈 상처는 분명히 힘없고 외롭던 성장기에 대적들에게 일방적으로 인격적인 모욕과 육체에 고문을 당할 때 받은 상처이다.

사람이 항거할 힘이 없는 무방비 상태에서 일방적으로 고문을 당할 때 가장 큰 수치심과 치욕을 느끼며 그 아픈 기억은 가슴에 피맹이 되어 평생 지워지지 않는 상처가 된다. 이렇게 고문은 사람을 가장 비참하게 만든다. 다윗의 가슴속에 이렇게 많은 상처가 남아 있음을 볼 때 그의 성장 과정은 결코 화목하고 순탄한 환경이 아니었다. 다윗이 친어머니의 보호와 사랑을 받고 자랐다면 마음에 상처 받을 일도 없었을 것이며 누구를 미워하거나 증오할 이유도 없었을 것이다. 혹 상처를 받았더라도 나를 위로하며 어루만져주는 어머니의 따뜻한 사랑이 훈풍에 눈을 녹이듯 상처를 녹였을 것이다. 그러나 유일한 보호막이었던 친어머니가 없는 다윗은 어린가슴에 악동들에게 받은 상처가 고스란히 쌓일 수밖에 없었다.

사람이 사람을 미워한다는 것은 불편하고도 괴로운 일이다. 그는 어머니의 사랑으로 멍든 가슴의 상처를 씻어내지 못했으므로 자극을 받을 때마다 뼈 속에서 금창이 터지면서 원수들에 대하여 죽이고 싶도록 분개하며 증오심에 몸을 떨고 있다.

시편 69편과 109편은 원수들에게 하나님의 공의로운 심판이 그들과 그 자손들에게 가해지기를 하나님께 호소하며 원수들을 증오하며 독설을 토해내는 시이다.

다윗은 가난하고 외로운 시절에 원수들의 악행으로 뼈에 사무치도록 아픈 상처를 입었다. 그것은 나를 보호해 줄 유일한 보호막인 어머니가 없었기 때문이었다.

〈다윗의 어머니가 친 어머니가 아닌 증거〉

• 여섯째, 다윗은 많은 여인들을 아내로 맞아들여 결핍된 모성애를 구하고자 했다.

일부다처 주의는 하나님의 뜻에 합당치 않았으나 그러나 그것은 그 시대의 상황이었고 사회적 풍습이었다. 뿐만 아니라 많은 아내를 두는 것은 그 시대의 남성들의 능력을 상징하기도 했다. 위대한 신앙인이었던 다윗도 그 시대 상황과 관습을 비켜가지 못했다.

어린 자식들에게는 어머니의 따뜻한 사랑과 섬세한 보살핌이 절대 필요하다. 따뜻한 어머니의 사랑을 받지 못한 사람은 언제나 따뜻한 모성애가 그리운 법이다. 일찍 어머니를 잃은 다윗의 마음은 언제나 공허했고 포근하고도 넉넉한 어머니의 사랑이 그리웠다. 평소에 어머니의 사랑이 결핍했던 그는 여인들의 품속에서 어머니의 췌취를 느끼고자 많은 여인들을 얻은 듯하다.

다윗의 아내들 중 특히 사무엘상 25장 1절 이하에 소개된 아비가일은 다윗의 연상의 여인일 가능성이 높다. 아비가일의 전 남편이었던 나발은 갈멜에 사는 거부였으며 나이가 많았다.

다윗이 광야에 있을 때 나발의 양떼를 지켜주었으므로 양털 깍는 날에 자기 소년들을 나발에게 보내어 다윗의 이름으로 문안하게 하고 "내 소년들이 네게 은혜를 얻게 하라 우리가 좋은 날에 왔은즉 네 손에 있는 대로 네 종들과 네 아들 다윗에게 주기를 원하노라"(삼상 25:8)하고 청했다.

그러나 나발은 다윗을 조롱하며 소년들을 빈손으로 되돌려 보냈다. 이로 인하여 다윗은 악으로 선을 갚는 나발에게 복수하고자 칼을 차고 군사를 몰아 가는 도중에 나발의 아내 아비가일을 만나게 된다.

아비가일은 총명하고 지혜 있는 여자로서 주인이 다윗의 소년들을 조롱하며 빈손으로 돌려보냈다는 종들의 말을 듣고 급히 식물을 준비하여 나귀에 싣고 종들을 앞세우고 달려 나와 다윗 앞에 엎드려 용서를 구함으로 화를 면하게 된다.

그로부터 한 열흘 후에 여호와께서 나발의 악행을 그의 머리로 돌리셔서 나발을 치시매 그가 죽었다. 나발이 죽은 후 다윗이 사람을 보내어 나발의 아내였던 아비가일에게 구애를 하게 된다. 다윗은 어떻게 나발의 아내였던 아비가일에게 매력을 느끼게 되었는가. 아비가일은 보통 여자가 아닌 지혜와 기지가 뛰어났을 뿐 아니라 그녀의 아름답고 예의 바른 모습과 논리 정연한 말솜씨는 다윗의 마음을 사로잡았다. 그리하여 다윗은 나발에 대한 복수심을 접고 군사를 되돌렸다.

아비가일의 민첩한 기지와 뛰어난 언변은 인생경험이 풍부한 성숙된 여자가 아니면 할 수 없는 일이다.

다윗의 청혼을 받은 아비가일은 내 주의 여종은 내 주의 전령들의 발 씻길 종이니이다 하고 급히 일어나 나귀를 타고 다윗의 전령들을 따라와 다윗의 아내가 되었다.

다윗이 양털 깎는 날에 소년들을 보내어 나발에게 문안할 때 "네 종들과 네 아들 다윗에게 주기를 원하노라" 하고 나발에게 자기를 아들이라고 한 것을 보면 나발은 다윗의 아버지뻘 되는 나이가 많은 사람이었다. 그렇다면 나발의 아내였던 아비가일이 나발의 본처가 아닌 첩이라고 할지라도 나이가 상당했을 것이다. 다윗이 여러 해 후 헤브론으로 올라가 유다 지파의 왕이 되었을 때 나이가 30세였으므로(삼하 5:4) 아비가일을 만났을 때 다윗은 아직 광야에서 연단 받는 20대 혈기왕성한 청년이었다. 그러므로 아비가일은 다윗보다 연상일 가능성이 매우 높다. 그렇다면 다윗이 연상의 여인 아비가일을 아내로 맞아들이게 된 이유는 그녀에게서 뛰어난 기지와 예의 바르고 성숙된 모습을 발견하고 이 때까지 느껴보지 못했던 결핍된 모성애를 느꼈기 때문이었을 것이다.

〈다윗의 어머니가 친 어머니가 아닌 증거〉

• 일곱째, 다윗의 가문에 음란의 쓴 뿌리가 대물림되고 있음을 보아서 알 수 있다,

다윗의 가계에는 아브라함의 가계와 같이 거짓말하는 쓴 뿌리나 사울의 가계같이 명예욕같은 쓴 뿌리가 없는 대신 음란의 쓴 뿌리가 대물림되는 것을 볼 수 있다. 다윗가문에 흐르는 음란의 쓴 뿌리가 어디서부터 시작되었는가? 전술한 바와 같이 다윗의 어머니는 비정상적인 혼인 관계에서 다윗을 낳았다고 했다.

시편 51편 5절에서 "내가 죄악 중에서 출생하였음이여 어머니가 죄 중에서 나를 잉태 하였나이다."이 말씀 한 구절만 보면 원죄로 해석할 수도 있으나 위에서 서술한 바와 같이 여러 정황들을 살펴 볼 때 원죄라고 해석하기보다 그의 부모는 정상적인 혼인 관계가 아니었음을 암시한다. 그러므로 다윗은 음란한 중에서 태어났으며 이후로 다윗의 가계는 부모로부터 대물림된 음란의 쓴 뿌리가 약점이 되어 자신은 물론 자식들에게 또다시 대물림되는 것을 보게 된다.

가계의 쓴 뿌리의 대물림이 어느 자식에게는 비켜가기도 하고 한 대를 건너뛰어 후대에 나타날 수도 있다. 어느 날 다윗이 침상에서 일어나 왕궁 지붕을 거닐다가 목욕하는 여인을 발견하게 된다. 그 때 다윗은 그 자리를 피하지 못하고 음란한 생각에 끌려 음란한 눈으로 바라보게 되었고 자기도 모르는 사이 미혹에 빠져 들어 갔다.

마귀를 헬라어로 디아볼로스(διαβολοs)라고 한다. 디아는 틈새 혹은 사이라는 뜻이며 볼로스는 '던지는 자' 혹은 '공격하는

자'라는 뜻이다. 그러니까 마귀는 틈새가 보이면 놓치지 않고 공격하는 존재다. 마귀는 공격할 때 대상을 가리지 않고 공격한다. 기름부음 받은 자도 예외가 아니다. 사울왕도 기름부음 받은 상태에서 마귀의 미혹을 받아 넘어졌고 삼손도 기름부음 받은 상태에서 미혹의 마수에 걸려들었다. 무엇보다 음란죄는 정면으로 대적할 것이 아니라 현장을 피해야 이길 수 있는 죄이다.

음란영의 쓴 뿌리가 발동하면 스스로의 힘으로 음란한 생각을 떨쳐버리기란 거의 불가능하다. 더군다나 다윗은 태생적으로 음란이라는 약점을 안고 태어났다. 그러므로 마귀의 유혹을 뿌리치지 못하고 생각보다 쉽게 빠져들고 말았다. 다윗이 사람을 보내어 그 여인의 신상을 알아본 결과 우리야의 아내 밧세바였다. 다윗은 통제력을 잃고 밧세바를 데려와 동침하게 된다. 다윗은 밧세바의 남편 우리야를 사지로 내 몰아 죽게 하고 그의 아내를 빼앗아 자기 아내로 삼는다.

다윗은 하나님을 향한 충성심이 특심했으나 그의 약점인 음란영에 발목이 잡혀 결국 호색을 뛰어넘지 못했다. 다윗은 대물림된 음란의 쓴 뿌리를 자기 대에서 끊지 못함으로 자신뿐 아니라 자식들에게 불행이 이어진다. 다윗의 가문은 연이어 터져 나오는 음란 사건들이 도마 위에 오르면서 세인들의 조롱거리가 된다.

〈다윗의 자식들에게 대물림된 음란영〉

• 암논은 다윗과 이스르엘 여인 아히노암 사이에서 태어난 다윗의 맏아들이었다,

암논은 이복누이 다말을 연모하게 된다. 이것은 이룰 수 없는 금지된 사랑이다. 모세의 율법은 근친혼을 금하고 있다. "너는 네 자매 곧 네 아버지의 딸이나 네 어머니의 딸이나 집에서나 다른 곳에서 출생하였음을 막론하고 그들의 하체를 범하지 말찌니라."(레 18:9) 가나안 족속들이 근친혼과 난잡한 성문화로 인하여 땅이 그 거민을 토해 버렸다. 하나님은 이스라엘 백성들에게 근친혼과 음란한 행위를 하면 땅이 가나안 족속을 토함같이 너희도 토할까 하노라 하고 경고하셨다.(레 18:28)

암논은 하나님의 경고의 말씀을 듣지 않고 다말에게 음심을 품고 병을 가장하고 다말을 유인하였다. 다말은 순수한 마음으로 오라비의 병문안 하러 왔다가 침실로 끌려가 야수로 돌변한 암논에게 유린당하게 된다. 변태적 욕심을 채우고 난 암논은 태도가 돌변하여 다말을 심히 미워하여 거친 말로 소리치며 하인들을 시켜 다말을 대문 밖으로 밀어내고 문빗장을 질러버렸다. 이에 쫓겨난 다말은 재를 머리에 뒤집어쓰고 공주가 입는 채색 옷을 찢고 손을 머리위에 얹고 울부짖으며 갔다. 그리하여 다말은 무지갯빛 꿈으로 가득했던 공주의 행복은 날아가고 일생을 처량하게 지내는 비련의 공주가 되고 말았다.

- 압살롬은 다윗과 그술 왕 달매의 딸 마아가 사이에서 난 아들이며 다말의 친 오라비다.

압살롬은 아버지께 역심을 품고 계획적으로 백성들의 마음을 도적하고 세를 규합하여 반역을 일으켰다. 다윗은 생각지도 못한 곳에서 반역이 일어나자 황급히 일어나 피난길에 올랐다. 그는 피난길에 오르면서 10명의 후궁들을 남겨두어 궁을 지키게 하였다. 압살롬은 반역에 그치지 않고 다윗이 목욕하는 밧세바의 여체를 정욕의 눈으로 바라보았던 그 왕궁 옥상에 장막을 치고 이스라엘 온 무리의 목전에서 아버지의 후궁들과 동침하는 패륜을 저질렀다. 이러한 만행은 예절이 무너졌던 사사시대 말기 암흑기에도 없었던 만행이었다. 이렇듯 다윗의 가계에 음란의 쓴 뿌리가 대물림됨으로 우울하고도 수치스러운 일들이 연이어 일어났다.

- 아도니야는 다윗과 학깃 사이에서 태어난 아들로 다윗의 넷째 아들이었다.

그의 형 암논과 길르압과 압살롬은 일찍 죽고 생존자 중에서 가장 연장자였다. 아도니야가 스스로 높여 왕이 되고자 군대장관 요압과 제사장 아비아달과 모의하여 세를 규합하고 거사를 준비했으나 다윗왕이 솔로몬에게 서둘러 양위함으로 그의 꿈은 무산되고 만다. 다윗이 세상을 떠난 후 아도니야는 솔로몬왕의 어머니 밧세바를 통하여 수넴 여인 아비삭을 자기 아내로 줄 것을 요구한다.

아비삭은 다윗왕이 늙어 이불을 덮어도 따뜻하지 아니함으로 왕께 시중들며 왕의 품에 누워 왕의 몸을 따뜻하게 하려고 구한 동녀였다. 그는 수넴에 사는 처녀로 심히 아리따웠다. 그러나 아비삭은 어디까지나 다윗왕의 후궁 자격으로 궁에 들어 왔다. 아들이 아버지의 후궁을 탐내는 것은 윤리적으로나 율법적으로나 있을 수 없는 일이다.

모세 율법은 아버지의 아내를 취하는 것을 금지 할뿐 아니라 저주하고 있다. "그의 아버지의 아내와 동침하는 자는 그의 아버지의 하체를 드러냈으니 저주를 받을 것이라 할 것이요, 모든 백성은 아멘 할 찌니라."(신 27:20)

아도니야가 아비삭을 구한 것은 마각을 숨긴채 왕위를 노리고 정통성을 확보하려는 속샘이었으나 근본적으로 그는 음란의 쓴 뿌리에 사로잡혀 인간의 도리를 벗어난 무리한 요구를 하였다. 솔로몬은 어머니의 청을 듣고 분노하여 즉시로 브나야를 보내어 아도니야를 쳐서 죽였다. 아도니야는 음란한 마음으로 금지된 사랑을 구하다 결국 비명에 죽음을 맞았다.

- **솔로몬은 다윗과 밧세바 사이에서 태어난 아들이다.**

솔로몬은 왕으로 기름 부음을 받고 먼저 기브아 산당에 나아가 여호와께 일천번제를 드린다. 하나님께서 기뻐 받으시고 솔로몬의 꿈 속에 나타나셔서 내가 네게 무엇하여 주기를 원하느냐 하고 물으셨다. 그때 솔로몬은 이 많은 백성을 재판할 때 선악을 분별하도록 지혜를 주옵소서 하고 지혜를 구했다. 이 기도가 하나님 마음에 맞았다고 했다. 지혜를 구한 자체가 하나님 마음에 맞은 것이 아니라 지혜를 구하게 된 동기가 하나님의 뜻에 맞았다는 뜻이다.

솔로몬이 지혜를 구한 동기는 백성을 사랑하고 백성들의 인권을 존중하여 단 한 사람이라도 재판에서 억울한 사람이 없도록 하기 위하여 지혜를 구한 것이었다. 하나님은 솔로몬의 중심을 받으시고 지혜와 총명을 주시되 전무후무한 지혜를 주실 뿐 아니라 구하지 아니한 부귀와 영화도 함께 주셨다. 그러나 솔로몬은 초심을 잃고 하나님과 백성들의 기대를 저버리고 가계의 쓴 뿌리인 음란영에 사로잡혀 광란의 질주를 벌였다.

"왕은 후궁이 700명이요 첩이 300명이라 그 여인들이 왕의 마음을 돌아 서게 하였다."(왕상 11:3) 일찍이 하나님께서 모세를 통하여 왕이 된 자는 병마를 많이 두지 말 것이며 아내를 많이 두어 그의 마음이 미혹되게 하지 말 것이며 자기를 위하여 은금을 많이 쌓지 말 것을 명하셨다.(신 17:16~17) 그러나 솔로몬은 왕이 금해야 할 3대 금기 사항을 깨고 수많은 처첩들을 거느려 육신의 즐거움 속으로 빠져 들어갔다.

한번 쾌락의 단맛을 본 솔로몬은 여인들의 치맛자락에 휘감겨 헤어나지 못하고 주색에 빠져 정신을 놓고 말았다. 더군다나 하나님이 금하신 이방 여인들을 처첩으로 맞아들여 그 여인들이 섬기는 신당들을 성전 뜰에 세워 섬기게 할 뿐아니라 솔로몬 자신도 이방 신을 섬김으로 목숨 바쳐 지켜야 할 신앙의 지조 마저도 팔아 버리고 말았다. 하나님께서는 이런 일을 우려하여 선민들은 이방인과의 혼인하는 것을 금하셨다.

"또 그들과 혼인하지도 말찌니 네 딸을 그들의 아들에게 주지 말 것이요 그들의 딸도 네 며느리로 삼지 말 것은 그가 네 아들을 유혹하여 그가 여호와를 떠나고 다른 신들을 섬기게 하므로 여호와께서 너희에게 진노하사 갑자기 너희를 멸하실 것임이니라."(신 7:3~4)

솔로몬은 이렇게 음란의 쓴 뿌리에 사로잡혀 영적 육적 간음을 행함으로 사람 막대기와 인생 채찍으로 하나님의 징계를 받게 된다, 그는 하나님의 은혜로 지혜와 총명이 충만했으나 가계의 쓴 뿌리인 음란을 경계하지 아니하고 건전한 상식인으로서는 상상할 수도 없는 여색과 주흥에 빠져 건설적이고 창조적인 삶을 살지 못하고 결국 자기인생과 나라를 망가뜨렸다.

이렇게 다윗의 가문은 다윗의 부모로부터 대물림된 음란의 쓴 뿌리를 끊지 못함으로 다윗과 그의 자손들은 음란영에 사로잡혀 음란의 진흙탕 속에 빠져 망가지는 것을 보게 된다. 이와 같이 가계에 음란의 쓴 뿌리가 있었음에도 다윗과 그의 아들들은 그 약점이 있다는 사실 조차도 모르고 욕정이 끄는 대로 인생의 쾌락을 즐기다 역사에 되돌릴 수 없는 오욕을 남기고 말았다.

위와 같이 다윗의 친어머니는 아버지와의 불륜 관계에서 다윗을 낳은 후 다윗이 성장하기도 전에 다윗의 곁을 떠났으므로 다윗은 아버지의 본처인 큰 어머니 손에 맡겨져 냉대를 받으며 불우한 성장기를 보내게 된 것이다.

4

다윗이 당한 야만적인 고초

• 이 고문은 언제 당했느냐?

시편 22편과 69편에 기록된 다윗이 당한 야만적인 고문과 괴롭힘은 기름부음 받기 이전에 있었던 사건으로 봐야 한다. 왜냐하면 다윗이 여호와의 기름부음 받은 사건은 그의 인생에서 명암이 교차하는 분수령이다. 그 이전은 외롭고도 가난한 시절이었냐면 그 이후는 하나님의 보호를 받으며 두 날개로 날아오르듯 영광의 시대로 진입하는 단계였기 때문이다.

다윗이 기름부음 받고난 이후부터는 하나님께서 돕는 손길을 붙여주신다. 다윗이 비록 사울왕에게 쫓겨 동굴로 광야로 숲속으로 이방땅으로 유랑하는 망명객에 불과했으나 여호와께서 돕는 손길을 붙여 주셔서 물질도 풀리고 환경도 풀리기 시작한다.

하나님은 왕자 요나단도 다윗을 돕게 하셨고 사울의 딸 미갈도 다윗을 사랑하여 다윗이 피신할 때 결정적인 도움을 주게 하셨고 또한 놉 땅의 제사장 아히멜렉도 다윗을 돕게 하셨다.

그때 다윗을 도와준 사람들은 사울에게 잔인한 보복을 당했으므로 사람들은 다윗 돕기를 기피하고 외면했으나 하나님께서는 두 마음을 품지 아니하고 다윗을 돕고자 하는 사람들을 붙여 주셨다. 하나님 도움의 손길이 처음에는 미미했으나 나중에는 눈덩이 같이 불어나 아무도 무시 못할 세력으로 성장하게 된다.

그의 명령 한마디면 목숨도 내놓을 충성스러운 군사들이 사방에서 모여들어 400명에서 600명으로 불어났다. 이때부터 다윗은 비록 제한적이기는 하나 함부로 대할 수 없는 권력을 손에 넣게 된다.

다윗이 힘을 가졌을 때에는 힘이 없어 일방적으로 짓밟히던 이전과는 완전히 다른 모습을 보여주고 있다. 다윗이 광야에 있을 때 나발의 양떼를 보호해준 일이 있었으므로 나발이 양털 깎는 날에 도움을 얻고자 기대를 걸고 소년들을 보냈으나 나발은 "다윗은 누구며 이새의 아들은 누구냐 요즈음에 각기 주인에게서 억지로 떠나는 종이 많도다 내가 어찌 내 떡과 물과 내 양털 깎는 자를 위하여 잡은 고기를 가져다가 어디서 왔는지도 알지 못하는 자들에게 주겠느냐"(삼상 25:10~11) 하고 다윗을 조롱하며 빈손으로 돌려보냈다. 이때 다윗은 자신을 모욕하며 악으로 선을 갚는 나발을 응징하고자 너희는 모두 칼을 차라 "내가 이 자의 소유물을 광야에서 지켜 그 모든 것을 하나도 손실이 없게 한 것이 진실로 허사라 그가 악으로 나의 선을 갚는 도다 내가 그에게 속한 모든 남자 가운데 한 사람이라도 아침까지 남겨두면 하나님은 다윗에게 벌을 내리시고 또 내리시기를 원하노라"(삼상 25:21~22)고 맹세하며 결연히 복수하고자 하였다.

이것을 보면 다윗이 힘이 없던 시절은 어쩔 수 없이 고문과 조롱을 당했지만 힘을 가졌을 때에는 불의를 보고 그냥 넘기지 않고 단호히 응징하고자 하는 모습을 보게 된다. 다윗의 군사가 600명에 머무르지 않고 이후로도 다윗을 돕고자 하는 자들이 벌떼같이 구름떼같이 몰려와 다윗의 군세는 날이 갈수록 폭발적으로 불어났다.

역대상 12장 1절 이하의 말씀을 보면 다윗이 사울을 피하여 시글락에 숨어 있을 때에 사울의 동족인 베냐민 지파에서 그에게로 와서 싸움을 도운 용사들이 있었으니 그들은 활을 가지며 좌우 손을 놀려 물매도 던지며 화살도 쏘는 자들이었고, 갓 사람 중에서 광야에 있는 요새에 이르러 다윗에게 돌아온 자가 있었으니 다 용사요 싸움에 익숙하여 방패와 창을 능히 쓰는 자라 그의 얼굴은 사자 같고 빠르기는 산의 사슴 같았다고 했다. 또한 므낫세 지파의 천부장들이 광야로 나아와 다윗에게 가세하니 다윗의 군세는 아무도 넘볼 수 없는 큰 세력으로 성장하였다. "그 때에 사람들이 날마다 다윗에게로 돌아와서 돕고자 하매 큰 군대를 이루어 하나님의 군대와 같았더라"(대상 12:22절)고 했다.

뿐만 아니라 기름부음 받고난 이후는 요압과 아비새 같은 장수들이 다윗을 그림자같이 호위했으므로 아무도 다윗을 범접할 수 없었다.

이제 다윗은 베들레헴 골짜기에서 짓밟히고 조롱당하던 힘없고 외로운 사람이 아니라 여호와의 영이 함께 하심으로 구심점이 된 다윗에게 돕고자 하는 사람들이 몰려들어 아무나 넘볼 수 없는 한 무리의 우두머리가 되었다. 물론 다윗이 기름부음 받은 이후에도 고난과 수모가 아주 없었던 것은 아니다.

그러나 기름 부음을 받은 이후는 근본적으로 그의 손에 권력이 쥐어졌으므로 무방비 상태에서 사악한 무리들에게 에워싸여 이빨로 물어뜯기고 수족이 찔리고 발가벗겨진 알몸 상태에서 일방적으로 괴롭힘을 당한다는 것은 상상할 수도 없는 일이다. 또한 그의 밥상에 쓸개를 올려 식물로 주며 초를 마시게 하는 잔인한 고문같은 것은 생각할 수도 없었다. 만약 힘을 가진 다윗에게 그런 짓을 시도했다간 살아남지 못했을 것이다. 그러므로 시편 22편 6~18절과 시편 69편 1~21절에 다윗이 당한 야만적인 고문과 치욕스러운 수모는 기름부음 받기 이전 힘없고 가난한 시절 그의 성장기에 있었던 사건으로 봐야 할 것이다.

- 누구에게 고초를 당했느냐?

다윗의 소년 시절 주위 사람들의 집단 따돌림과 괴롭힘에 힘없고 외로운 그에게 아무도 우군이 되어 주는 사람이 없었다. 그의 아버지도 큰어머니도 그의 형들도 마찬가지였다. 원래 형들은 어린 아우의 바람막이요 울타리이다.

다윗에게 사자 같은 일곱 형들이 존재하는 것만으로도 위협적이어서 어느 누구도 그를 함부로 해칠 수 없었을 것이다. 그런데 다윗이 누군가에게 괴롭힘과 따돌림 당한 것을 볼 때 다윗을 괴롭히는 자들이 바로 그의 형들이었거나 형들과 동조하는 악한 무리들이 자행한 것으로 볼 수밖에 없다. 다윗과 배다른 형들 사이에는 무엇으로도 매울 수 없는 골이 있어 다윗은 형들의 보호를 받지 못하였다. 만약 형들이 다윗의 울타리가 되어 주었더라면 어느 누구도 감히 다윗을 괴롭히지 못했을 것이다.

시편 69편 1~3절 말씀을 보면 "하나님이여 나를 구원 하소서. 물들이 내 영혼까지 흘러 들어 왔나이다. 나는 설 곳이 없는 깊은 수렁에 빠지며 깊은 물에 들어가니 큰 물이 내게 넘치나이다. 내가 부르짖음으로 피곤하여 나의 목이 마르며 나의 하나님을 바라서 나의 눈이 쇠하였나이다."

이 말씀은 지금 다윗이 원수들에게 당하는 고통과 절박함이 물이 차올라 목구멍까지 채우고 이제 입속까지 가득 찼으니 숨조차 쉬지 못할 만큼 다급하게 되었다는 뜻이다. 지금 다윗은 원수들에게 숨통이 끊어질 정도로 견디기 힘든 고통을 당하고 있다.

그러면 다윗을 괴롭힌 원수들이 누구인가? 시편 69편 4절에 보니 "까닭없이 나를 미워하는 자가 나의 머리털보다도 많고 부당하게 나의 원수가 되어 나를 끊으려 하는 자가 강하였으니 내가 빼앗지 아니한 것도 물어주게 되었나이다." 한 것을 보면 까닭없이 다윗을 미워하고 부당하게 원수된 자들이 집단악을 만들어 떼로 몰려와 다윗을 괴롭혔다. 그들은 다윗이 빼앗지 아니한 것도 물어내라고 억지를 부렸다. 이렇게 떼로 몰려와 다윗이 숨조차 쉴 수 없을 정도로 괴롭힌 원수들이 누구인가? 시편 69편 8절에 "내가 나의 형제에게는 객이 되고 나의 어머니의 자녀에게는 낯선 사람이 되었나이다"라고 했다. 이 말씀은 악한 자들이 떼를 지어 다윗을 괴롭힐때 그의 형들도 다윗에게 객을 대하듯 방조했으며 낯선 사람 대하듯 안면몰수하고 냉대했음을 알 수 있다.

다윗과 그의 형들 사이에는 어머니가 다르다는 이유때문에 좁혀질 수 없는 간격이 있었다. 그러므로 형들은 다윗이 집단 괴롭힘을 당할때 객을 보듯 방관했으며 낯선 사람대하듯 함께 괴롭혔다. 영어성경(NASB)에는 "I have become estranged from my brothers And an alien to my mother,s sons"

"내가 나의 형제에게는 소외되고 나의 어머니의 아들들에게는 이방인이 되었나이다"라고 했다. 이스라엘 백성들은 이방인들을 어떻게 대했는가? 그들은 이방인들을 짐승같이 여기며 상종도 하지 않았다.

그러므로 다윗은 머릿털보다 많은 악동들에게 에워싸여 괴롭힘을 당할때 그의 형들에게도 이방인 취급을 받았다는 것을 알 수 있다. 다윗의 형들이 다윗을 이방인 취급하며 짐승같이 여겼으므로 사악한 무리와 함께 다윗에게 쓸개를 음식물로 주며 목마를 때는 초를 마시게 하는 만행도 서슴치 않았다.(시 69:21)

시편 22편도 다윗의 수난사이다.

시편 22편 16~21절 말씀에서 "개들이 나를 에워쌌으며 악한 무리가 나를 둘러 내 수족을 찔렀나이다. 내가 내 모든 뼈를 셀 수 있나이다. 그들이 나를 주목하여 보고 내 겉옷을 나누며 속옷을 제비 뽑나이다. 여호와여 멀리 하지 마옵소서 나의 힘이시여 속히 나를 도우소서 내 생명을 칼에서 건지시며 내 유일한 것을 개의 세력에서 구하소서, 나를 사자의 입에서 구하소서 주께서 내게 응답하시고 들소의 뿔에서 구원 하셨나이다."

다윗은 자기를 물어뜯고 해치는 악한 무리들로 인하여 가슴을 쥐어짜며 피를 토하는 심정으로 속히 구원해 주시기를 하나님께 호소하고 있다.

하나님께서 위경에서 도움을 호소하며 부르짖는 다윗의 기도를 들으시고 그를 사망의 음침한 골짜기에서 당한 반인륜적인 고통에서 구원해 주셨다. 다윗은 시편 22편 22절에서 "내 생명을 파멸에서 구원해 주신 주님의 이름을 형제에게 선포하고 회중 가운데서 주를 찬송하리이다" 하고 자신을 파멸에서 구해주신 하나님께 영광을 돌린다.

이 구절은 승리의 개가이다. 승리의 개가는 원수를 꺼꾸러 뜨리고 난후 쓰러진 원수 앞에서 부르는 승전가이다. 여기서 다윗이 왜 내가 주의 이름을 형제에게 선포하고 회중 가운데에서 주를 찬송하리로다 라고 하는가?

이들이 바로 오늘까지 집단 악을 만들어 자신을 괴롭혔던 자들이기 때문이다. 다윗의 원수는 여기서 그치지 않고 성읍의 장로들까지도 그를 괴롭혔다. 시편 69편 12절에 "성문에 앉은 자가 나를 비난하며 독주에 취한 무리가 나를 두고 노래 하나이다"라고 했다.

성문에 앉은 자는 성읍의 장로들을 말한다. 유대인들은 전통적으로 성읍의 장로들이 성문에 앉아 재판에 관여하여 억울한 일 당한 자를 신원해 주며, 젊은 자들을 훈도하고 성읍의 질서와 미풍양속을 위하여 중요한 역할을 맡았다.

그런데 성읍 장로들은 억울한 다윗을 신원해 주기보다 그들도 다윗을 괴롭히는 무리에 가담하여 다윗을 비난하며 노래삼아 씹었다. 그래서 사무엘 선지자 앞에서 왕으로 기름부음을 받고 설레임과 흥분 속에서 만찬석에 둘러앉았을 때 잔인하고 부도덕한 아버지와 형들 그리고 자신을 괴롭혔던 장로들을 바라보자 화가 치밀어 올라 그들을 원수라고 하며 각을 세우며 분개했던 것이다.

"주께서 내 원수의 목전에서 내게 상을 차려주시고 기름으로 내 머리에 바르셨으니 내 잔이 넘치나이다."(시 23:5) 이 대목에서 특별히 다윗의 몸집에 힘이 들어간다. 그 힘은 분노고 저항이었다. 하나님은 다윗의 기도를 들으시고 원수를 이기게 하시고 꺼꾸러진 원수 앞에서 승리의 축배를 들어 올리게 하셨다.

- 왜 형들이 악한 무리들과 합세하여 다윗을 괴롭혔는가?

그 이유는 어머니가 다르다는 이유 때문이었다. 다윗은 어머니가 다르다는 이유로 형들에게 까닭없이 미움을 받았다. 그래서 하나님께 "부당하게 나의 원수 된 자가 나로 말미암아 기뻐하지 못하게 하시며 까닭 없이 나를 미워하는 자들이 서로 눈짓 하지 못하게 하소서(시 35:19)라고 기도한다.

형들이 왜 부당하게 다윗의 원수가 되고 까닭없이 미워하며 서로 눈짓하는 것을 신호로 삼아 괴롭혔느냐? 형제간이라도 어머니가 다르면 골이 생기게 마련이다.

고대 사회에서는 어머니가 다르다는 이유 하나만으로도 미움과 반목의 도를 넘어 원수가 되기도 했다.

요셉이 왜 형들에게 까닭없이 미움을 당하여 그의 채색 옷은 벗겨져 찢겨지고 물없는 구덩이에 던져졌는가? 요셉을 애지중지했던 어머니 라헬이 베냐민을 해산하다가 난산 끝에 죽었으므로(창 35:19) 요셉을 지켜줄 보호막이 없었다. 그러므로 그는 이복형들에게 따돌림 당하다가 급기야 구덩이에 버려지게 되었다. 요셉은 살려 달라고 애걸했으나 형들은 외면한 채 요셉을 끌어 내어 미디안 상인들에게 팔아 버렸으므로(창 42:21) 요셉은 벗은 몸으로 애굽으로 끌려가 노예로 팔렸다. 만약 요셉이 형들과 어머니가 같은 동복형들이었다면 그렇게 무자비하게 팔려 가지는 않았을 것이다.

사사시대에 입다는 길르앗이 기생의 몸에서 얻은 아들이었나. 그의 이복형제들이 "너는 다른 여인의 자식이니 우리 아버지의 집에서 기업을 잇지 못하리라"(삿 11:2) 하고 그 집에서 쫓아 버렸다. 그래서 입다는 그들을 피하여 돕 땅으로 거처를 옮겨 갔다. 입다가 당한 고통도 단순히 어머니가 다르다는 이유 때문이었다.

모세의 율법에 어머니가 다르더라도 자식들에게 부모의 유산을 같이 나누어 주라고 했다. 어머니가 다른 자식에게 유산을 나누어 주면 내게 돌아올 분깃이 그만큼 줄어든다. 이렇게 이권 관계가 걸려 있는 까닭에 고대사회에서 배다른 형제를 미워하고 냉대했다.

술람미 여인도 어머니가 다르다는 이유로 배다른 오라비들로부터 미움을 받았고 부당하게 포도원 지기로 밀려났다. 다윗 역시 어머니가 다르다는 이유로 형들로부터 부당한 대우를 받았고 까닭 없이 미움을 당했다.

이스라엘과 블레셋과의 전쟁이 났을 때 사울왕과 온 이스라엘은 적장 골리앗 앞에서 떨고만 있었다. 그때 사울왕은 상금을 내걸어 적장 골리앗을 죽이는 자는 많은 재물로 부하게 하고 왕의 딸을 그에게 주고 그 집을 이스라엘 중에서 세금을 면제 하리라고 했다.(삼상 17:26)

그때 다윗이 아버지의 심부름으로 먹을 것을 지고 전쟁에 나간 형들을 위문하러 엘라 골짜기에 왔다. 다윗은 할례 받지 못한 블레셋 사람이 사시는 하나님의 군대를 모욕하는 것을 보고 의분에 떨었다. 다윗이 곁에 있는 사람들에게 이 블레셋 사람을 죽여 이스라엘의 치욕을 제거하는 사람에게 어떠한 대우를 하겠느냐? 하고 물었을 때, 장형 엘리압이 듣고 다윗에게 노를 발하면서 "네가 어찌하여 이리로 내려왔느냐 들에 있는 양들을 누구에게 맡겼느냐 나는 네 교만과 네 마음의 완악함을 아노니 네가 전쟁을 구경하러 왔도다."(삼상 17:28) 고 하며 다윗에게 면박을 주었다.

엘리압은 거인장수 골리앗에게 도전하려는 아우의 모습을 보고 대견하게 여기기 보다 오히려 곱지 않은 시선으로 바라보며 시기심을 들어내고 있다. 뿐만 아니라 엘리압은 무거운 짐을 지고 이곳까지 찾아온 아우를 안스러워 하는 모습이 전혀 없다. 이때 다윗은 이미 기름 부음을 받고 지존의 자리에 올랐음에도 차갑게 대하는 것을 볼 때 평소에 다윗과 형들사이에 좁혀질 수 없는 거리감이 있었음을 알 수 있다.

  왠지 모르게 다윗과 형들사이는 사랑하며 아껴주는 사이라기 보다 시기하며 견제하는 상극관계로 비춰진다. 그러므로 이들 사이는 동복형제가 아니라 골이 깊은 이복 형제로 볼 수 밖에 없다.

5

오직 기댈 곳은 하나님 뿐

 철저히 홀로 된 다윗에게 그 누구도 다윗의 우군이 되어 줄 사람이 없었다. 세상으로부터 소외되고 부모로부터도 사랑받지 못하고 형들로부터 따돌림 당한 다윗이 의지할 곳은 오직 하나님 한 분 뿐이었다.
 가시밭길 같은 다윗의 인생행로에 한 가닥 위안이 있었다면 여호와 하나님이 목자가 되어 주셨다는 것이다. 그는 오로지 하나님 한 분으로 기뻐하며 하나님 한 분으로 만족했다.
 외로이 홀로 핀 한 송이 백합화가 가시에 찔려 상처를 받고 있다. 그 백합화는 아픈 상처에서 향기를 발하고 있다. 상처 난 백합화는 외로운 다윗의 모습이며 그 향기는 상처 난 마음에서 호소하는 다윗의 기도였다.
 하나님은 상처 난 마음에서 드리는 그의 애처로운 기도를 들으시고 의지할 곳 없는 가련한 다윗을 돌아 보셨다. 그리하여 다윗은

"나를 사자의 입에서 구하소서 주께서 내게 응답하시고 들소의 뿔에서 구원하셨나이다."(시 22:21)하고 고백한다. 하나님은 목마른 자에게 마실 물을 주시고 홀로된 과부를 기억하시며 외로운 고아를 버리지 아니하신다. 하나님은 고아와 같이 버려져 광야에서 애 타게 애 타게 하나님의 사랑을 찾아 갈구하는 다윗을 찾아 축복의 기름을 부으셨다.

"내가 내 종 다윗을 찾아내어 나의 거룩한 기름을 그에게 부었도다."(시 89:20)

하나님이 다윗을 찾아 기름을 부으신 것은 결코 우연이 아니었다. 잠언 8:17절에 "나를 사랑하는 자들이 나의 사랑을 입으며 나를 간절히 찾는 자가 나를 만날 것이라고" 했다.

하나님을 향한 다윗의 뜨거운 신앙심과 뜨거운 열정은 어린 시절 베들레헴 초원에서부터 싹 텄다. "주 여호와여 주는 나의 소망이시요 내가 어릴 때부터 신뢰한 이시라(시 71;5)고 고백할 만큼 하나님을 향한 그의 신앙은 소숙했다. 아니 그 이전 태어나서 젖을 먹을 때부터 하나님을 의지했고(시 22:9) 날 때부터 주께 맡긴 바 되었고 모태에서 나올 때부터 주는 나의 하나님이라고 했다.(시 22:10)

하나님을 향한 다윗의 신앙은 악한 무리들이 "그가 여호와께 의탁하니 구원하실 걸 그를 기뻐하시니 건지실 걸"(시 22:8)하며 조롱거리로 삼을 정도로 독실했으며 뜨거웠다.

다윗은 성장하면서 가계의 내력과 갈등의 사연들이 조금씩 감지되면서 가족의 냉대가 피부에 와닿기 시작했다. 그는 가족 간의 갈

등에서 오는 핍박이 심하면 심할수록 하나님의 품 안으로 파고들어 하나님만을 의지하는 절대 신앙으로 승화 되었다." 나의 힘이 되신 여호와여 내가 주를 사랑하나이다. 여호와는 나의 반석이시요 나의 요새시요 나를 건지시는 이시요 나의 하나님 이시요 내가 그 안에 피할 나의 바위시요 나의 방패시요 나의 구원의 뿔이시요 나의 산성이시로다."(시 18:1~2)라고 한 것은 다윗의 하나님을 향한 뜨거운 신앙 고백이었다.

하나님이 찾으시는 믿음은 하나님을 절대 신뢰하는 믿음이다. "여호와의 눈은 온 땅을 두루 감찰하사 전심으로 자기에게 향하는 자들을 위하여 능력을 베푸신다"고 했다.(대하 16:9) 다윗은 100% 하나님만 온전히 신뢰했으므로 하나님의 점지를 받게 되었다. 만약 다윗이 어머니가 같은 동복 형제였다면 그 형들과 어울려 세상 재미에 푹 빠져 살았을 것이고 그렇게 되었으면 하나님을 만날 기회가 없었을 것이다. 그러므로 큰 어머니 밑에서 보낸 불우한 환경이 오히려 다윗을 위대하게 만든 토양이 되었고 하나님을 만나는 디딤돌이 되었다.

여호와께서 사무엘에게 "내가 이새의 아들 다윗을 만나니 내 마음에 맞는 사람이라 내 뜻을 다 이루리라"(행 13: 22)고 말씀하셨다. 여호와께서 다윗을 가리켜 "내 마음에 맞는 사람"이라고 하신 뜻이 무엇인가 그것은 다윗의 믿음이 하나님의 마음에 맞았다는 뜻이다. 하나님의 세계는 눈에 보이지 않지만 확실한 법칙이 있고 질서가 있다. 하나님이 쓰시는 사람은 외모나 신분의 귀천을 따지지 않는다. 하나님이 찾아서 쓰시는 사람은 오직 믿음이 있는 사람을 쓰신다는 것은 불변의 법칙이다.

하나님은 하나님을 절대 신뢰하고 의지하는 믿음의 사람, 하나님의 뜻이라면 목숨 걸고 순종하는 믿음의 사람, 하나님의 일이라면 거룩한 정열에 불타는 믿음의 사람을 찾으신다. 신앙의 절개를 위하여 풀무불 속이라도 기꺼이 뛰어들었던 사드락과 메삭과 아벳느고의 불같은 믿음이 하나님을 감동시켰고, 간절하고도 뜨거운 믿음을 지키기 위하여 사자굴도 마다하지 않았던 다니엘의 불굴의 믿음이 하나님을 감동시켰듯이 불같은 시련 속에서도 믿음이 약하여지지 않고 시련이 클수록 하나님만 더욱 의지했던 다윗의 그러한 믿음이 하나님의 기쁨이 되었고 그 믿음이 하나님을 감동시켰다. 절대적 믿음이 있는 자가 하나님의 뜻을 이루게 된다. 그러므로 하나님께서 다윗의 믿음을 보시고 "내가 이새의 아들 다윗을 만나니 내 마음에 맞는 사람이라 내 뜻을 다 이루리라"(행 13:22)고 하셨다.

하나님의 세계는 믿음의 세계이다. 하나님은 그의 믿음을 보시고 은혜를 베푸시며, 그의 믿음을 보시고 구원해 주시며, 하나님은 그의 믿음을 보시고 일을 맡기신다. 하나님이 아브라함을 쓰신 것도 그의 믿음을 보시고 쓰셨고, 요셉을 쓰신 것도 그의 믿음을 보시고 쓰셨다. 하나님이 다윗을 택하여 쓰신 것도 오로지 그의 믿음 때문이었다. 하나님의 세계는 근본적으로 "믿음이 없이는 하나님을 기쁘시게 할 수 없다."(히 11:6)

하나님은 순백의 믿음을 가진 사람을 통하여 당신을 나타내시고 당신의 뜻을 이루시기를 기뻐하신다.

만남의 복

노예로 팔려갔던 요셉이 바로왕을 만남으로 애굽의 총리가 되었고, 이방 여인 룻이 보아스를 만남으로 다윗왕의 조상이 되었으며, 냉대 받던 술람미 여인이 솔로몬 왕을 만남으로 왕의 총애를 받는 특별한 사람이 되었고, 힘없고 외롭던 다윗이 하나님을 만남으로 한 시대를 풍요롭게 하는 위대한 사람이 되었다. 다윗이 하나님을 만나게 된 것은 결코 우연이 아니었다. 간절이 찾는 자에게 만나 주시는 하나님의 섭리안에서 찾아온 필연이었다. 만남은 기회이다. 특별히 하나님과의 만남은 새로운 기회의 문이 열리게 된다.

다윗은 원수들의 발아래 짓밟혀 힘없고 외로운 자가 당하는 고통을 당했으나 하나님을 만남으로 하나님은 그에게 기름을 부어 원수들 앞에 당당히 머리를 들게 하시고 영광과 존귀로 관을 씌워 주셨다.

"이제 내 머리가 나를 둘러싼 내 원수위에 들리리니 내가 그의 장막에서 즐거운 제사를 드리겠고 노래하며 여호와를 찬송하리로다."(시 27:6)

이제 다윗은 하나님을 만나 사무엘 선지자 앞에서 기름부음을 받음으로 그의 목동의 지팡이는 군왕의 규가 되었고, 그의 위상은 삼군(전군, 중군, 후군)을 질타하는 상장군이 되고, 천하를 호령하는 일국의 원수가 되었다.

아담에게 생기를 불어넣으셨던 하나님께서 다윗에게 당신의 영으로 생기를 불어 넣으심으로 다윗의 모습은 이제 막 망울을 터뜨린 꽃봉오리처럼 영롱한 아름다움으로 빛났다. 사울왕의 파행으로 시름에 잠겨있던 이스라엘은 생기발랄한 다윗의 등장으로 시대의 부흥을 꿈꾸며 새로운 기회를 맞게 되었다.

사무엘 선지자 앞에 서서 기름부음을 받는 패기에 차고 위풍당당한 다윗의 모습은 이스라엘 국가의 희망을 보는 듯했고 그의 눈에서 뿜어져 나오는 강렬한 눈빛은 그의 가슴속에 숨겨진 비젼을 보는 듯했다.

이제 다윗은 흩어진 이스라엘의 힘을 하나로 결집하여 영광의 시대를 열어갈 역사의 구심점에 서게 되었다.

요셉이 바로왕을 만나 애굽의 총리가 됨으로 바로왕의 인장반지를 요셉의 손에 끼우고 금사슬을 목에 드리우고 버금수레를 태우매 온 백성들은 요셉의 수레가 지나갈 때에 엎드리라고 하는 전령의 호통 소리에 놀라 그 앞에 엎드렸다.

이와 같이 다윗이 하나님을 만나 군왕이 됨으로 그를 냉대하고 따돌렸던 비열한 형들, 사자같이 입을 벌려 찢고 부르짖으며 악담하던 치사한 무리들, 개들 같이 에워싸고 수족을 찔렀던 잔인한 인간들, 쓸개를 식물로 주며 초를 마시게 했든 야박한 자들, 입술을 비쭉이며 머리를 흔들며 조롱했던 야비한 인간들, 발가벗겨 옷을 제비뽑아 나누며 치욕을 안겨 주었던 사악한 자들은 이제 국가 원수가 된 다윗왕 앞에 꿇어 엎드려 목숨을 구걸해야 할 판이었다.

그의 부모도 베들레헴 장로들도 이제 그의 신하가 되었고 아니 그에게 기름을 부었던 사무엘 선지자까지도 왕 앞에 예를 갖추어야만 했다. 여호와의 기름 부음을 받으므로 하나님께서 다윗의 뿔을 들소의 뿔 같이 높이셨고 그의 위상을 멸시받던 자리에서 한 순간 온 백성이 우러러 보는 지존의 자리로 비약시켜 놓았다.

사람의 가치는 하나님의 은혜에 있다. 사도행전 7장 46절에 "다윗이 하나님의 은혜를 받았다"고 했다. 하나님의 은혜는 그를 짓밟히던 자리에서 영광의 자리로 뒤바꾸어 놓았다.

다윗의 어머니가 친 어머니가 맞느냐? 아니냐? 하는 것은 논쟁거리가 아니다. 다윗이 성장기에 외롭고 고독한 삶을 보내게 된 것은 두말할 것도 없이 그를 돌봐줄 친 어머니가 없었다는 방증이다. 발붙일 곳 없는 다윗의 환경은 사면으로 갇혀 희망이 보이지 않았으나 유일하게 열려진 하늘을 향해 하나님께 호소함으로 하나님을 만나는 기회가 되었다. 친 어머니가 없어 외롭게 성장한 다윗은 오히려 전화위복이 되어 하나님을 만나는 기회가 되었다.

다윗이 하나님을 만난 사건은 개인적으로는 인생 역전의 주인공이 되게 하였고 국가적으로는 이스라엘의 황금시대를 건설한 위대한 여정의 시작이 되었다. 다윗이 하나님을 만나게 된 배경은 특이하다. 그는 말로 다 할 수 없는 고난과 깊은 고독 속에서 절묘한 지혜로 위기를 기회로 삼아 하나님을 만나게 된다.

다윗은 고난 중에서 하나님을 만났으므로 고난 당한 것이 내게 유익이라고 고백한다.(시 119:17) 분주하고 복잡한 사람은 하나님을 만날 수 없다. 어느 시대를 막론하고 인간적으로 외롭고 고독한 사람이 하나님을 만나는 법이다. 다윗이 고독 속에서 하나님을 만남으로 그의 생애는 더할 나위없는 축복된 생애가 되었을 뿐 아니라 한 시대를 담당할 역사의 중심인물로 떠올랐다. 만남의 축복은 위대하다! 특히 인생이 벼랑 끝에서 하나님을 만났을 때에는 평생 그 감동을 잊지 못한다. 사람이 하나님을 만나면 내 인생길에서 기회가 되어 하늘 문이 열리고 시온의 대로가 열리게 된다.

7

여호와의 영이 임했을 때 다윗의 육체에 나타난 변화

여호와의 생명의 영이 다윗의 육체에 부어졌을 때 그를 묶고 있던 어둠의 사슬들이 모두 벗어져 자유함을 얻게 되고, 예수 그리스도의 아름다운 품성과 나타나는 능력이 그에게 실체화되어 영적으로는 성결하며, 정신적으로는 맑고도 총명하며, 육체적으로는 아름답고도 강건해지는 전인적인 구원이 이루어져 하나님이 쓰시기에 가장 합당하고 더 이상 바랄 것이 없는 이상적인 인간형으로 바꾸어지게 되었다.

〈여호와의 영이 다윗에게 임하셨을 때,〉

- 다윗의 머리에 - 총기가 흘렀다

여호와의 생명의 영이 임하시면 머리에 지혜와 총명이 흐르게 된다.

특히 지도자가 되고 통치자가 될 사람은 두뇌가 명석하고 총명해야 한다. 머리가 머리되어야 우두머리가 될 수 있다. 여호와의 영은 본질상 지혜와 총명의 영이요 모략과 재능의 영이요 지식과 여호와를 경외하는 영이시다.(사 11:2)

그러므로 여호와의 영이 임하시면 먼저 머리가 밝고도 명석하여 뇌의 기능이 최고조에 이르러 뛰어난 두뇌의 소유자가 된다.

다윗에게 여호와의 기름이 부어졌을 때 지혜와 총명이 임했다. 다윗이 골리앗을 죽인 후 사울의 눈에 들어 천부장의 소임을 맡게 된다. 그는 백성 앞에 출입하며 크게 지혜롭게 행하였으므로 백성들에게는 사랑을 받았으나 사울왕에게는 경계의 대상이 되었다고 했다. "사울은 다윗이 크게 지혜롭게 행함을 보고 그를 두려워 하였으나 온 이스라엘과 유다는 다윗을 사랑하였으니 그가 자기들 앞에 출입하기 때문이었더라."(삼상 18:15~16)

하나님이 인간을 창조하실 때 동물과는 차별화 되는 뛰어난 두뇌를 주셨다.

인간의 두뇌는 만물 중 하나님 다음으로 위대하게 창조되었다. 아담이 타락하기 전에는 지혜와 총명이 충만했다.

하나님이 창조하신 그 많은 동물들의 이름을 아담이 지었다. 아담은 배우지 않았어도 인지능력과 깨닫는 지각이 뛰어났다. 그러나 인간이 타락함으로 두뇌의 기능이 마모되어 원래의 기능을 상당부분 상실했다.

죄로 인하여 제 기능을 발휘하지 못하던 뇌의 기능이 여호와의 강력한 기름 부으심이 임하면 모든 기능이 회복되어 탁월한 지혜와 능력을 발휘하게 된다.

　모세에게 여호와의 영이 임하셨을 때 그의 나이 120세가 되어도 눈이 흐려지지 않았고 기력이 쇠하여 지지 않았다고 했다.(신 34;7) 이 말씀은 모세의 총명이 조금도 흐리지 아니했다는 뜻이다.

　다니엘과 세 친구에게 여호와의 영이 임하셨을 때 그들에게 지혜와 총명이 바벨론 온 나라의 박수와 술객들보다 열 배나 나았다고 했다. (단 1:20)

　하나님이 지혜를 부어주시면 사람이 능히 당하지 못한다. "하나님의 어리석음이 사람보다 지혜롭고 하나님의 약하심이 사람보다 강하니라"(고전 1:25)고 했다. 하나님이 주신 지혜는 그의 피조물인 인간이 당할 수 없다. 스데반이 성령의 기름부음을 받아 말할 때 유대인들이 능히 그 지혜를 당하지 못했다.

　두뇌는 우리 몸의 모든 지체와 기능을 통제하고 조절하는 기관이다. 두뇌가 뛰어나야 머리가 될 수 있고 리더가 될 수 있다. 리더는 반드시 명석한 두뇌와 민첩한 행동과 뛰어난 판단력이 있어야 한다. 다윗이 두뇌가 민첩하다는 것을 보여주는 한 예로서 사울왕에게 악신이 내렸을 때 다윗이 쫓아내고자 수금을 탔다. 그때 사울이 그를 벽에 박으려고 단창을 집어던지는 순간 다윗은 동물적 감각으로 피하여 위기를 모면했다. 이렇게 그의 민첩한 행동은 두뇌 회전이 빠르고 운동 신경이 예민했기 때문이었다. 뇌의 기능은 혼적인 기능으로서 깊고도 오묘하다.

인간의 두뇌 속에 내장된 기능은 시각력, 청각력, 후각력, 미각력, 촉각력, 암기력, 기억력, 지각력, 창조력, 관찰력, 통찰력, 절제력, 통솔력, 결단력, 설득력, 지도력, 처세력, 예지력, 감지력, 운동력, 종합력 등…… 그 기능은 이루다 열거할 수 없을 만큼 깊고도 오묘하다.

사람이 동물보다 뛰어나 만물의 영장이 될 수 있었던 것도 우수한 두뇌 때문이었다. 두뇌가 발달한 인간일수록 우수한 인간이 된다. 우수한 두뇌의 기능을 총명이라고 하며 그 모든 기능을 종합적으로 생활에 응용하고 활용할 줄 아는 능력을 지혜라고 한다.

특히 두뇌는 하나님의 환상과 계시를 받는 기관이기도 하다. 모든 선지자들이 뇌를 통하여 여호와의 환상과 계시를 받았다.(단 7:1)

그러므로 뇌는 최고로 맑은 상태를 유지해야 한다. 그렇지 않으면 사탄이 틈 탈 수 있다.

거짓 선지자에게 임한 거짓 영은 맑지 못한 혼탁한 뇌를 통하여 잘못된 계시가 들어왔기 때문이다. 이와 같이 두뇌는 하나님과 교통하는 기관이며 계시를 받는 기관이다.

그러므로 하나님께 소명받은 종들은 반드시 총명하고도 맑은 두뇌의 소유자여야 한다.

특히 신정국가에서는 하나님의 거룩한 뜻이 이 땅에 시현되어야 함으로 통치자는 반드시 하나님의 계시를 받을 수 있도록 그 머리에 지혜와 계시의 정신이 충만해야 현명한 군주가 될 수 있다. 그러므로 여호와께서 추락하는 하나님의 영광을 회복하시고자 다윗에게 지혜와 총명의 영이요 모략과 재능의 영이요 지식과 여호와를 경외하는 영을 넘치도록 부어 주셨다.

〈여호와의 영이 다윗에게 임하셨을 때.〉
• 눈에는 - 정기가 흘렀다

얼굴에서 가장 중요한 부분은 눈이다. 얼굴이 왕관이라면 눈은 왕관에 박힌 보석에 비유할 수 있다. 보석이 왕관을 빛나게 하듯 반짝이는 눈은 얼굴을 돋보이게 한다

눈은 그 사람의 마음의 거울이다. 눈동자에 빛이 없고 초점이 흐리면 그는 중독자이거나 심령이 죽은 자이다. 반면 눈동자에 초점이 확실하고 기운찬 빛이 있다면 그는 살아 있는 사람이다. 솔로몬 왕은 술람미 여인의 호수같이 잔잔하고 해맑은 눈동자에 마음이 끌렸고(아 7:4) 비둘기 같이 순결하고 은은한 눈길에 결국 마음이 빼앗겨 버렸다.

"내 누이 내 신부야 네가 내 마음을 빼앗았구나! 네 눈으로 한번 보는 것과 네 목의 구슬 한 꿰미로 내 마음을 빼앗았구나!"(아 4:9) 술람미 여인 또한 솔로몬왕의 우유로 씻은듯 맑고도 빛난 눈빛에 매료되어 그의 품안으로 빨려 들어갔다.(아 5:12) 솔로몬 왕과 술람미 여인 간의 사랑은 눈빛만 봐도 상대가 무엇을 원하는지 서로의 마음을 읽을 수 있게 되었다. 이렇듯 눈은 마음속을 들여다 볼 수 있는 마음의 창이요 거울이다.

아름다운 눈빛은 정기가 충만하고 내일에 대한 희망으로 차있는

눈빛이다.

  다윗이 기름부음을 받음으로 그의 눈에 나타난 강렬한 눈빛은 무엇을 말해주고 있는가?

  태양같이 강렬한 그의 눈빛은 이 땅에 하나님의 영광을 시현하겠다는 비젼(vision)을 가슴에 품고 시대의 부흥을 꿈꾸며 주님의 사랑을 갈구하는 눈빛이었다.

  무엇이 그토록 다윗으로 하여금 진리에 목말라 하며 하나님의 사랑을 갈구하게 했는가?

  하나님의 사랑이 아니면 사람을 감동시킬 수 없고, 하나님의 사랑이 아니면 사람을 변화시킬 수 없으며, 하나님의 사랑이 아니면 사람을 행복하게 할 수 없기 때문이었다. 하나님 없는 인생은 공허할 뿐이며, 하나님 없는 행복은 생명이 아니며, 하나님 없는 성공은 주께서 참으로 그들을 미끄러운 곳에 두시며 파멸에 던지신 것이므로(시 73:18~19) 그는 그토록 애타게 진리에 목말라 하며 하나님의 사랑을 갈망했던 것이다.

  이제 기름부음을 받고 하나님의 사랑을 갈구하는 다윗의 눈빛은 누구를 원망하는 눈빛도 아니며 더더욱 누구를 증오하는 눈빛도 아니었다. 이제 그의 눈빛은 독기의 비늘은 벗어지고 목자의 심정으로 돌아가 긍휼한 마음과 따뜻한 눈길로 백성들을 응시하는 애정 어린 눈빛이었다. 이 눈빛은 흡사 우리의 목자되신 예수께서 방황하는 무리들을 보셨을 때 목자 잃은 양을 애처롭게 바라보시던 긍휼의 눈빛과도 같은 것이었다.

"무리를 보시고 불쌍히 여기시니 이는 그들이 목자 없는 양과 같이 고생하며 기진함이라."(마 9:36) 이와 같이 다윗의 눈빛은 생기에 차있고 비둘기 같이 세상에 물들지 않고 깨끗하고 겸손하며 사랑이 차 있는 은혜가 충만한 눈빛이었다. 비둘기의 눈은 무해하고 악의가 없으며 눈에는 항상 이슬이 맺혀있다. 그러므로 그의 눈은 그릇 보거나 그릇 판단할 염려가 없으며 누구를 음해하거나 정죄하는 눈도 아니었다.

비둘기 같은 다윗의 눈은 구원을 애타게 갈망하는 자를 알아 보았고, 약한 자와 병든 자와 가난한 자를 불쌍이 여기는 긍휼의 눈빛이었으며, 지치고 탈진하여 쓰러진 자를 애타하는 사랑의 눈빛이었다.

일찍이 솔로몬왕은 너울 속에 가리워진 술람미 여인의 눈을 비둘기 같다고 예찬한 바 있다.

"내 사랑 너는 어여쁘고 어여쁘다 너울 속에 있는 네 눈이 비둘기 같고……"(아 4:1) 수줍은 듯 너울 속에 가리워진 술람미 여인은 오로지 솔로몬 왕만 바라보고자 그 시야를 너울로 제한하고 있듯 다윗은 방황하지 않고 오직 주님만 바라보고자 스스로 시야를 제한하고 있다.

오직 주님만 바라보는 다윗의 눈에 주님께서는 시대를 보는 예리한 통찰력과 미래를 보는 초월적인 눈을 열어 주셨다. 유난히 반짝거리는 영롱한 그의 눈빛은 감추어진 세계를 보는 영안이 열려 지식 너머에 있는 보이지 않는 초월 세계를 보게 되었다.

모세는 믿음의 눈으로 현세의 화려함 뒤에 감추어진 미래의 세계를 바라보았듯이,(히 11:27) 다윗은 믿음의 눈으로 과거와 현재와 미래를 동시에 볼 수 있는 선지자의 눈이 열렸다. 그는 모세와 사무엘 선지자같이 미래를 보는 눈으로 천년 후에 이루어질 예수 그리스도의 고난과 부활을 미리 보게 된다.

"범인으로서는 상상할 수도 없는 초월적인 눈으로 장차 십자가 상에서 고난 당하실 예수님의 모습을 실물을 보듯 섬세하고도 세밀한 부분까지 보게 된다.(시 22:1~18, 시 69:1~21) 다윗이 보았던 메시야의 수난은 천년 후에 이루어질 역사적 사실이었다. 뿐만 아니라 그의 깊고 예리한 통찰력으로 그리스도께서 음부에 버림이 되지 않고 그의 육신이 썩음을 당하지 아니하고 부활하실 것을 미리 보게 된다.(시 16:10, 행 2:31)

이렇듯 여호와의 기름부음을 받고 정기가 흐르는 다윗의 눈빛 속에는 미래를 보는 심오한 지식과 지혜의 온갖 보화가 감추어져 있었다.

〈여호와의 영이 다윗에게 임하셨을 때,〉
• 얼굴에 - 화기가 흘렀다

사무엘 선지자가 다윗을 처음 만났을 때 그의 얼굴은 붉고 아름다웠다고 했다. 그러한 가운데 여호와의 기름부음을 받은 다윗의 얼굴은 윤택하여져(시 104:15) 더 이상 바랄 수 없는 달빛같이 아름답고 해같이 빛나는 얼굴이 되었다.

예수님이 변화산에서 기도하실 때 그 얼굴이 해같이 빛나며 옷이 빛과 같이 희어졌다(마 17:2)고 했다. 예수님의 해같이 빛나는 아름다운 얼굴은 "하나님이 나사렛 예수에게 성령과 능력을 기름 붓듯 하셨으므로(행 10:38) 그 얼굴에 화기가 흘렀기 때문이다.

모세가 시내산에서 하나님께 두 돌판을 받아 내려왔을 때 얼굴에 영광의 광채가 빛났다. 그리하여 아론과 온 이스라엘이 모세의 얼굴에 나타난 광채를 보고 두려워하여 가까이 오지 못했다.(출 34:29~33) 모세의 얼굴에 나타난 빛난 광채는 모세가 세속과 단절하고 40주 40야를 거기 있어 떡도 먹지 아니하고 물도 마시지 아니하고 하나님과의 꿈같은 만남 속에서 강한 기름부음이 임했기 때문이다.

스데반의 얼굴은 그를 증오하고 죽이려는 원수들에게도 천사의 얼굴로 보여질 만큼 아름답고 평화로웠던 것은(행 6:15) 그에게 성령의 강한 임재가 있었기 때문이다.

다니엘과 세 친구의 얼굴도 채소와 물만 먹었어도 기름진 음식을 먹은 친구들보다 더욱 윤기나고 아름다웠던 것은(단 1:15) 여호와의 영이 임재하셨기 때문이다.

여호와의 영은 창조의 영이시다.(시 104:30) 창조의 영이 피조된 생명체에 임하시면 창조적인 기운으로 그의 얼굴을 아름답고도 건강미 넘치는 얼굴로 변화시킨다. 이것을 거룩한 아름다움이라고 한다.

반대로 사악한 영은 그의 종들의 얼굴을 가장 흉한 모습으로 파괴한다. 무저갱의 사자인 사악한 영을 헬라어로 아볼루온(Απολλυω v)이라고 하며 그 뜻은 파괴자란 뜻이다. 사악한 영은 그를 섬기는 자의 얼굴뿐 아니라 그의 가정과 주위환경도 파괴한다.

하나님이 기뻐 받으시는 제물은 양이나 소 중에서 가장 아름답고 윤기 나는 것을 받으셨다. 마찬가지로 하나님이 쓰시고자 하는 자는 여호와의 기름을 부어 그의 얼굴에서 독기를 뽑아내고 선하고 부드러운 모습, 밝고도 아름다운 모습으로 재창조하신다.

밝은 해가 어둠을 몰아내듯 밝고도 빛이 나는 얼굴은 주위에 기생하는 수심을 몰아내며 밝은 해가 초목에 결실하는 힘을 불어 넣듯 밝고도 빛이 나는 얼굴은 하나님의 역사를 아름다운 결실에 이르게 한다. 밝은 얼굴은 그 사람을 성공자로 만들고 많은 사람을 따르게 하며 많은 사람을 행복하게 한다. 그러므로 밝은 얼굴의 소유자는 축복받은 얼굴이요 하나님의 선택 받은 얼굴이다. 대추빛 같이 붉고도 빛이 나는 다윗의 얼굴은 정녕 하나님의 선택받은 얼굴이었다.

다윗의 얼굴은 밝은 빛이 날뿐 아니라 온화함과 유연함이 묻어났다. 그 모습은 상대를 압도하는 위압감을 주는 모습도 아니며 그렇다고 비굴한 모습도 아니었다. 어디까지나 상대를 배려하고 편하게 해주는 따뜻한 모습이었으며 그러면서도 기품있고 당찬 그에게는 아무도 범접할 수 없는 거룩한 두려움도 있었다. 어찌하여 다윗의 모습에서 밝고도 힘찬 빛이 났는가? 그것은 주의 영이 임하심으로 속으로부터 주체할 수 없는 기쁨이 솟아났기 때문이다.

얼굴에 나타나는 빛이 밖으로 나타나는 현상이라면 그 실체는 마음속에 있는 기쁨이다. 마음의 즐거움은 가식적으로 위장할 수도 없고 그렇다고 조작할 수도 없다. 마음의 즐거움은 내 영혼에 의해 지배받는 까닭에 내 영혼이 소생되어야 얻을 수 있는 것이다.

얼굴은 내적인 심령상태와 외적인 면모와 활동의 아름다움이 모두 나타나는 마음의 창이다. 그러므로 얼굴은 그 사람의 인격이자 그 사람의 실체이다. 이제 아름다운 영을 담은 다윗의 빛이 나는 얼굴은 한 개인의 얼굴이 아니라 이스라엘 국가의 상징이자 국가의 얼굴이 되었다. 그 얼굴에 기백이 차고 태양같이 강렬한 빛이 나는 다윗의 등장으로 긴 그림자가 드리워졌던 이스라엘은 구름을 걷어주는 바람이 불자 햇빛이 모습을 드러내기 시작했다.

〈여호와의 영이 다윗에게 임하셨을 때,〉

- 입에는 - 미기가 흘렀다

말은 조물주께서 인간에게만 주신 특별한 선물이다. 인간이 만물의 영장이 된 것도 말을 하기 때문이다. 원래 인간은 수준 있고 고상한 언어를 사용하도록 지음 받았다. 그러나 인간이 타락함으로 언어도 동시에 타락하게 되었다. 하나님은 만물 중 인간에게만 말을 할 수 있는 특권을 주신만큼 그 책임도 물으신다.

"내가 너희에게 이르노니 사람이 무슨 무익한 말을 하든지 심판날에 이에 대하여 심문을 받으리니 네 말로 의롭다 함을 받고 네 말로 정죄함을 받으리라"(마 12:36~37)고 했다.

그러므로 사람이 말을 할 때에는 언제나 하나님이 듣고 계신다는 것을 잊지 말아야 하며 절대로 입술을 무절제하게 사용해서는 안 된다. 말은 그 사람의 인격이자 지성의 수준이다. 그러므로 언제나 아름답고 반듯한 언어 습관을 길러 하나님의 형상대로 지음 받은 인간의 존엄을 지켜야 한다. 그러나 입술을 아름답게 사용하는 것도 내 마음 대로 혹은 인간 수양으로 되는 것이 아니라 여호와께서 내 입술에 기름을 부어 주시고 파수꾼을 세워 내 입을 지켜주셔야 가능하다.(시 141:3)

다윗이 "여호와의 영이 나를 통하여 말씀하심이여 여호와의 말씀이 내 혀에 있도다."(삼하 23:2) 고 하신 바와 같이 그의 입술은 기름부음으로 여호와의 영이 말씀하심으로 미기가 흘러 무절제한 말은 사라지고 아름답고 생명력 있는 말들이 쏟아져 나오게 된 것이다. 입술에 미기가 흐르면 그 입에서 나오는 말은 이전과는 확연히 다른 수준 있고 영적인 말이 나오게 된다. 과거에는 내 마음대로 내 생각대로 말을 했을 지라도 이제는 절제된 입술로 하나님의 나라와 그 의를 이루어 가는 차원 높은 말을 하게 된다. 특히 아름다운 말은 깊은 마음에서 나온다. 영혼 깊은 곳에서 걸러져 나오는 말은 아름답다. 주님은 영혼 깊은 곳에서 아름다운 말을 하는 성도의 입술을 주목하신다. 주님의 종과 성도들은 그 입술로 그리스도의 생명의 덕과 순결의 덕을 나타내야 한다.

"내 신부야 네 입술에는 꿀방울이 떨어지고 네 혀 밑에는 꿀과 젖이 있고 네 의복의 향기는 레바논의 향기 같구나!"(아 4:11) 이 말씀은 솔로몬 왕이 술람미 여인의 입술을 칭찬하는 말이다. 그녀의 입술에서 나오는 말은 꿀과 젖에 비유할 정도로 감미롭고도 부드러웠다는 뜻이다.

이 말씀을 영적으로 다윗에게 적용하면 여호와께서 미기가 흐르는 다윗의 아름다운 입술을 칭찬하는 말씀으로 보아도 무방할 것이다. 다윗의 입술에는 꿀과 송이 꿀보다 더 단 오묘한 말씀이 떨어지고, 그 혀 밑에는 젖과 같이 부드럽고 순전한 교훈이 가득히 저장되어 있음을 말해주고 있다.

꿀은 한 순간에 만들어 지지 않는다. 벌들의 부지런한 활동과 끈질긴 채집 끝에 만들어 지는 것이다. 이와 같이 다윗의 아름다운 입술과 그 마음속 깊은 곳에서 나오는 오묘한 말씀은 한 순간에 만들어 진 것이 아니다. 나무는 침묵의 겨울이 오면 대지의 기운을 뿌리에 모아 두었다가 때가 되면 꼭 필요한 곳으로 올려 보내어 꽃이 피고 열매를 맺게 한다.

이와 같이 다윗도 광야의 고요 속에서 꼭 필요한 때를 위하여 침묵하며 그의 혀 밑에 생명의 말씀들을 저장하였다. 침묵 속에서 다듬어진 입술은 아름다운 입술이다.

다윗은 그 혀 밑에서 꿀과 같고 젖과 같은 말씀이 찰 때까지 침묵하며 기다렸다. 때가 차매 다윗의 입술은 미기가 흐르는 아름다운 입술이 되어 그 어떤 저속한 말이나 농담이나 헛된 말이나 정직하지 못한 말이 나오지 아니하고 달고도 시원하며 덕을 세우는 말이 흘러나오게 되었다. 헛된 말은 영력을 소진시킨다. 영력은 채우는 것도 중요하지만 누수를 막는 것은 더 중요하다. 다윗은 어렵게 채운 영력을 쓰잘데 없는 말로 헛되게 흘려 보내지 않고 한마디 말이라도 생명의 씨앗이 되도록 아름답게 사용하였다. 그러므로 그의 입술에서 나오는 말씀은 한 말씀도 그릇되거나 잘못됨도 없는 꿀보다 달고 송이 꿀보다 심오하여 먹기에도 좋으니 그 말씀은 영혼을 소성시키며 우둔한 자로 지혜롭게 하며 그 말씀은 정직하여 마음을 기쁘게 하고 그 말씀은 순결하여 눈을 밝게 하였다.

이제 미기가 흐르는 그의 입술에서 나오는 말은 감사의 말, 찬양의 말, 소망의 말, 위로의 말, 은혜의 말, 진리의 말, 사랑의 말, 축복의 말, 축원의 말, 치료의 말, 회복의 말, 권세있는 말, 능력의 말, 긍정의 말, 창조적인 말, 건설적인 말, 품어주는 말, 세워주는 말, 생산적인 말, 아름다운 말, 황홀한 말, 주옥같은 말, 오묘한 말, 부드러운 말, 유순한 말, 따사로운 말, 너그러운 말들이 한도 끝도 없이 쏟아져 나왔다. 그러므로 그의 입술은 황금의 입이라 해도 역사 앞에 결코 부끄럽지 아니할 것이다.

하나님께서 이사야 선지자의 입술에 학자의 기름을 부으셨다. 하나님께서 이사야 선지자의 부정한 입술에 부젓가락으로 제단에서 집은 바 핀 숯을 그의 입술에 대며 이르시되 보라 이것이 네 입에 닿았으니 네 악이 제하여 졌고 네 죄가 사하여 졌다고 말씀하셨다.(사 6:5~7)

여호와께서 이사야의 입술에 성결한 기름을 부으심으로 부정한 입술이 변하여 거룩한 입술이 되었다. 이때까지 백성들을 허물진 백성이요 행악의 종자요 행위가 부패한 자식이라고 질타하는 대신 학자의 혀로서 곤고한 자를 위로하며 말로 어떻게 도와 줄줄 알게 되었다.

"주 여호와께서 학자들의 혀를 내게 주사 나로 곤고한 자를 말로 어떻게 도와 줄줄을 알게 하시고 아침마다 깨우치시되 나의 귀를 깨우치사 학자들같이 알아듣게 하시도다.(사 50:4)

하나님께서 이사야의 입술에 학자의 기름을 부으신 것같이 다윗의 입술에 학자의 기름을 부으심으로 아름답고도 황홀한 말씀으로 곤고한 자를 깨우치며 말로 어떻게 도와 줄줄을 알게 하셨다.

인간의 두뇌는 논리적인 말이 아니면 받아들이지 않고 거부하며 인간의 마음은 감동적인 말이 아니면 담아 두지 않는다. 학자 같은 다윗의 입술을 통하여 나오는 말씀은 조용하면서도 논리정연하고, 우아하면서도 핵심이 뚜렷하고, 교훈적이면서도 감화력이 있는 말씀이었다. 그러므로 그 말씀은 금 곧 많은 정금보다 사모할 것이며 꿀과 송이 꿀보다 더 단 말씀이었다.(시 19:10)

시편에 소개된 하나님을 향한 그의 간절한 영혼의 소리인 기도문과 경배와 찬양시 그리고 성도를 향한 깊은 교훈의 말씀들은 여호와의 신의 감동이 없이는 할 수 없는 천상의 언어였다. 그 말씀은 읽을 때마다 그 속에 빨려 들어가 나와 세상은 간곳없고 감동된 말씀만이 내 속에서 불이 되어 내 가슴은 주체할 수 없는 흥분과 감동의 도가니 속으로 빨려 들어간다. 그러므로 "하늘이 하나님의 영광을 선포하고 궁창이 그의 손으로 하신 일을 나타내는도다 날은 날에게 말하고 밤은 밤에게 지식을 전하니 언어도 없고 말씀도 없으며 들리는 소리도 없으나 그의 소리가 온 땅에 통하고 그의 말씀이 세상 끝까지 이르도다"(시 19:1~4) 하고 소리치지 아니하고는 빛으로 가득한 감동을 주체할 수 없을 것이다.

"네 혀 밑에는 꿀과 젖이 있고"(아 4:11) 술람미 여인의 혀 밑에는 꿀과 같이 감미롭고 젖과 같이 부드러운 말들이 저장되어 있듯이 다윗의 혀 밑에는 꿀과 같이 달고 오묘한 말씀과 젖과 같이 부드럽고 순전한 말씀이 저장되어 있었다. 꿀은 아름다운 꽃에서 뽑아낸 영양소가 가득한 엑기스이며 약한 자를 강건하게 하는 강장제이다.

젖은 부드럽고 순하여 어린 자를 기르는 보양식이다. 이와 같이 그의 혀 밑에 저장되어 있는 꿀같이 달고 오묘한 말씀은 장성한 성도의 삶에 활력이 되는 생명의 양식이며 젖과 같은 말씀은 신앙 연조가 어린 신자들을 위한 부드러운 말씀이다. 꼭 필요한 자에게 마시우기 위하여 우물을 덮고 샘을 봉하여 물을 저장하듯 다윗은 꼭 필요한 자에게 나누어 주기 위하여 그의 혀 밑에 깊고 오묘한 말씀들을 차곡차곡 저장하였다.

그는 언제 이 많은 말씀들을 혀 밑에 저장하였는가 그는 광야에서 하나님 앞에 엎드려 고요하고 깊은 침묵 속에서 내면을 채우는 시간을 가졌다. 침묵 속에서 그의 혀 밑에 채워진 말씀은 얼마나 아름답고 고상하며 소망이 되는 말씀이 아닌가? 여호와의 영이 그를 통하여 하신(삼하 23:2) 말씀들은 동산의 샘처럼 생수의 우물처럼 레바논에서 흐르는 시원한 시내처럼 그것을 받아들일 주인을 기다리고 있다.

봉한 샘에 가득히 담긴 물이 갈한 자의 목을 시원케 하듯 그의 혀 밑에서 나오는 말씀은 주린 영혼에게 생명의 양식이 되고 목마른 영혼에겐 시원한 생수가 되었다. 다윗의 혀 밑에서 터져 나오는 말씀은 붉은 포도주 같이 아름답고 부드러워 그것을 보는 자를 흥겹게 하며 그것을 마시는 자를 기쁘게 한다. 그러므로 다윗은 시 141:6절에서 "내 말이 달므로 무리가 들으리로다"라고 했다. 포도주 같은 달고도 오묘한 여호와의 말씀을 그 입에 가득히 머금는 자는 복된 자이다.

〈여호와의 영이 다윗에게 임하셨을 때,〉
- 귀에는 - 청기가 흘렀다

이 땅에 하나님의 통치가 미치게 하려면 먼저 하나님의 종이 하나님의 뜻을 알고 그 뜻을 받들 수 있어야 한다. 그렇게 할려면 하나님과 나 사이에 소통이 이루어 져야 한다. 소통이란 일방적으로 하나님께 여쭙기만 하는 것이 아니라 여쭙고 난 후 하나님으로부터 비답을 받아 내는 것이다. 그러므로 소통은 일방통행이 아니라 쌍방통행이며 하나님과 나 사이에 오고가는 유기적 관계이다.

하나님과 나 사이에 진정한 소통이 이루어 지려면 내게 여호와의 기름이 부어짐으로 내 귀에 청기가 흘러야 비로서 유기적인 소통이 이루어 진다. 신정 정치는 곧 하나님과의 소통에서 시작되고 소통에서 진행된다.

사울왕은 하나님과 소통이 끊어짐으로 결정적인 순간에 하나님의 도움을 얻지 못했다. 블레셋 사람들이 이스라엘을 침략함으로 이스라엘 군대가 길보아산에 진을 쳤다. 사울이 두려워하여 여호와께

도움을 얻기 위하여 물었으나 "여호와께서는 꿈으로도 우림으로도 선지자로도 그에게 대답하지 아니하심으로 벼랑 끝에서 마지막 희망을 걸고 엔돌에 있는 신접한 여인을 찾아가 해답을 구했으나 이 전쟁에서 이스라엘이 패하고 왕 자신도 죽는다는 절망적인 말을 듣고 두려워 심히 떨었다고 했다.(삼상 28:5~20)

사울은 하나님과의 소통이 단절된 이래로 모든 일이 뒤틀리고 꼬이기만 했다. 그는 앞이 보이지 않는 죽음의 미로를 헤매다가 마침내 미래가 없는 죽음으로 달려가는 하루살이 같이 길보아산에서 초라하고 불행했던 그의 생을 마감하게 된다. 사울이 왜 결정적인 순간에 하나님의 도움을 받지 못했는가? 그 이유는 여호와께 범죄함으로 하나님과 소통이 막혔기 때문이다. "사울이 죽은 것은 여호와께 범죄하였기 때문이라 그가 여호와의 말씀을 지키지 아니하고 또 신접한 자에게 가르치기를 청하고 여호와께 묻지 아니하였으므로 여호와께서 그를 죽이시고 그 나라를 이새의 아들 다윗에게 넘겨주시니라"(대상 10:13~14)고 했다.

사울은 하나님과 소통이 끊겨 영음을 듣지 못하여 갈 바를 알지 못하고 방황하다 끝내 비극을 맞고 말았다. 하나님의 종은 하나님과의 소통이 끊어지면 곧 죽음이다.

사울과는 달리 다윗은 여호와의 기름부음으로 영안이 열려 남이 보지 못하는 초월 세계를 보았고 남이 듣지 못하는 깊고도 세미한 영음을 듣게 되었다.

다윗에게 처음 하나님의 세미한 음성이 들리는 순간 신비하고도 놀라운 하늘의 빛으로 가득한 감동을 느꼈다. 하나님이 나를 버리지 아니하시고 사랑하신다는 사실을 피부로 느끼며 미물 같은 피조물이 조물주의 세미한 음성을 들을 수 있다는 사실에 황홀했다. 그는 하나님과 소통의 길이 열려 문제에 부딪칠 때마다 하나님께 물었고 하나님은 그때마다 비답을 내려 주셨다. 다윗이 사울의 박해를 피하여 광야로 도망쳐 힘겹게 살아갈 때 사울왕이 다윗을 잡으려고 3,000명의 군사를 동원하여 메추라기를 사냥하듯 집요하게 다윗을 뒤쫓았다. 그때마다 다윗은 하나님의 세미한 레마의 음성을 들음으로 사울의 움직임을 손바닥 들여다보듯 미리 보고 한발 앞서 피함으로 사울의 손에서 여유 있게 벗어날 수 있었다.

  삼상 23:1절 이하의 말씀을 보면 블레셋 사람들이 그일라를 쳐서 타작 마당을 탈취하였다. 이 소식을 들은 다윗은 젊은 혈기를 앞세우지 않고 침착하게 먼저 "내가 가서 블레셋을 치리이까"하고 여호와께 물었다. 그때 여호와께서 다윗에게 이르시되 블레셋 사람들을 치고 그일라를 구원하라고 하셨다. 이에 다윗이 군사 600명과 더불어 블레셋을 치고 그일라성을 멸망에서 구해 주었다.

  다윗이 그일라에 숨어 있다는 소식을 들은 사울이 또다시 다윗을 잡으러 왔다. 그때 다윗이 또 여호와께 묻기를 그일라 사람들이 나와 내 사람들을 사울의 손에 넘기겠나이까 하고 물었더니(삼상 23:12) 여호와께서 대답하시기를 그들이 너를 넘기리라 하고 미리 알려 주셨다. 그리하여 다윗과 그의 사람 600명의 군사들이 일어나 그곳을 피함으로 화를 면할 수 있었다.

만약에 다윗이 내가 그일라 사람들을 구해 주었으니 그들이 나를 보호해 줄 것이라고 생각하고 그일라 사람들을 믿고 여호와께 묻지 않았다면 영락없이 사울에게 잡혔을 것이다.

이렇게 다윗은 인간 생각을 배제하고 사건이 있을 때마다 여호와께 물었다. 다윗이 광야의 요새에도 있었고 또 십광야 산골에도 머물렀으므로 사울이 매일 찾되 하나님이 그를 그의 손에 넘기지 아니하셨다고 했다.(삼상 23:14) 이와 같이 쫓고 쫓기는 운명의 갈림길에서 다윗에게 들려오는 세미한 레마의 음성은 어두운 밤하늘에 한줄기 빛이 되어 탈출구를 열어주었다.

다윗이 사울을 영구히 따돌리기 위하여 국경을 넘어 블레셋 땅으로 망명했다. 블레셋 왕 아기스가 다윗을 자기의 심복을 삼으려고 환대하며 시글락성을 거주지로 주었다. 다윗이 자리를 비운 사이 아말렉 사람들이 침노하여 성을 불태우고 사람과 재물을 남김없이 약탈해 갔다. 다윗과 600명의 군사들이 도착해보니 시글락성은 폐허가 되었고 가족들은 어떻게 되었는지 생사도 알 수 없고 행방도 묘연했다. 그래서 다윗과 그의 군사들이 울 기력이 없도록 울었다고 했다.

군사들 중 사나운 사람들이 이 책임을 다윗에게 돌려 다윗을 돌로 치자고 선동했다. 이 절체절명의 위기의 순간에 다윗은 하나님께 묻는다. "내가 이 군대를 추격하면 따라 잡겠나이까 하니 여호와께서 그에게 대답하시되 그를 쫓아가라 네가 반드시 따라 잡겠고 도로 찾으리라"고 하셨다.(삼상 30:8)

다윗은 하나님의 음성을 듣고 고무되어 600명의 군사와 함께 아말렉인들을 추격하여 밤을 새워 달려가 새벽부터 이튿날 저물 때까지 아말렉을 쳐서 이기고 잃었던 모든 사람과 재물을 남김없이 찾아오게 되었다.

만약 다윗이 청기가 열리지 않아 하나님의 음성을 들을 수 없었다면 이러한 난제를 어떻게 해결할 수 있었을까 생각만 해도 아찔하다. 그러므로 하나님과의 소통은 위대한 것이다. 결국 하나님과의 소통이 기가 막힐 웅덩이와 수렁에서 살아서 나오게 한 길잡이가 되었다.

다윗이 사울을 피하여 거처를 옮겨 다닐 때 유일하게 여호와께 묻지 아니하고 자기 생각대로 자기 마음대로 떠난 것이 블레셋 땅으로 갔을 때였다.

"다윗이 그 마음에 생각하기를 내가 후일에는 사울의 손에 붙잡히리니 블레셋 사람들의 땅으로 피하여 들어가는 것이 좋으리로다" (삼상 27:1) 하고 그는 하나님께 묻지 아니하고 자기 생각대로 자기 마음대로 움직인 결과 혹독한 댓가를 치루어야만 했다.

다윗은 시글락 사건을 통하여 하나님과 소통없이 움직인 것이 얼마나 위험하다는 것을 뼈에 사무치도록 경험했으므로 이때까지 육으로 길들여진 옛사람을 벗고 영적인 안목을 갖는 새 사람으로 거듭났다. 이후부터 그는 쓰라린 실패를 반면 교사로 삼아 진퇴를 결정할 때에도 여호와께 물었고 앉고 일어서는 것도 여호와께 물었다. 하나님과 나 사이에 담이 생겨 소통이 막히면 결정적인 순간에 하나님의 도움을 얻지 못한다.

사울이 죽은 후 블레셋 땅에서 1년 4개월 동안 망명 생활하던 다윗이 거취문제를 놓고 하나님께 여쭙는다. "그 후에 다윗이 여호와께 여쭈어 이르되 내가 유다 한 성읍으로 올라 가리이까 여호와께서 이르시되 올라가라 다윗이 이르되 어디로 가리이까 이르시되 헤브론으로 갈지니라.(삼하 2:1) 다윗이 하나님의 지시를 따라 유다지파의 영지인 헤브론으로 올라갔다. 아직도 내 지혜가 쓸만하고 내 능력이 대단하다고 생각하는 사람은 하나님께 묻기보다 자기 생각대로 행동하게 된다. 자기 생각대로 행동하는 사람은 많은 시행착오와 함께 연단이 길어진다.

여호와의 기름 부으심은 내 주권을 내려놓고 하나님께 주권을 내어 드리는 것이다. 일을 행하시는 여호와 그것을 만들어 성취하시는 여호와 그분께 맡겨드리면 인간의 상상을 뛰어넘는 놀라운 일을 행하신다. 그러므로 기름 부으심은 내가 전면에 나서는 것이 아니라 여호와께서 여호와의 열심으로 일하시도록 자리를 내어 드리는 것이다. 다윗이 이 원리를 터득할 때까지는 상당기간 연단이 필요했다. 다윗이 시글락에서 헤브론으로 올라오니 유다지파의 장로들이 헤브론으로 나아와 다윗에게 기름을 부어 유다지파의 왕으로 삼았다.

헤브론에서 다윗은 7년 6개월동안 유다지파를 다스린다. 같은 시기에 사울왕의 아들 이스보셋이 이스라엘 왕이 되어 11지파를 다스렸다. 이스보셋이 침상에서 낮잠 자다가 브에롯 사람 레갑과 그의 형제 바아나에게 살해 당한 후 이스라엘 모든 장로가 헤브론으로 나아와 다윗에게 기름을 부어 이스라엘왕으로 삼았다. 이 소식을 들은 블레셋 사람들이 르바임 골짜기에 가득히 올라와서 전쟁을 설어 왔다. 이때 다윗은 조용히 여호와께 여쭙는다. "내가 블레셋 사람에게로 올라 가리이까 여호와께서 그들을 내손에 넘기시겠나이까 하고 물었을때 여호와께서 말씀하시기를 올라가라 내가 반드시 블레셋 사람을 네 손에 넘기리라"고 하셨다.

다윗이 바알브라심에 이르러 그들을 치고 말하되 여호와께서 물을 흩음 같이 내 앞에서 내 대적을 흩으셨다 함으로 그곳 이름을 바알브라심이라 불렀다.(삼하 5:19~22)

이와같이 하나님과 소통이 열리면 내가 할 일은 없어지고 대신 하나님이 하실 일이 많아지며 내가 바빠지는 것이 아니라 하나님이 바쁘시게 된다. 사람이 바쁘면 소득이 없어도 하나님이 바쁘시면 절대적으로 많은 소득을 얻게 된다. 사울왕이 휘젓고 돌아다녀도 아무 소득이 없었고 에서가 활과 전통을 가지고 광야를 돌아다녀보아도 별반 소득이 없었다.

"너는 마음을 다하여 여호와를 신뢰하고 네 명철을 의지하지 말라 너는 범사에 그를 인정하라 그리하면 네 길을 지도 하시리라."(잠언 3:5~7)

바알브라심에서 참패하고 돌아갔던 블레셋 사람들이 다시 올라와 르바임 골짜기에 가득했다. 그때 다윗은 시글락 사건때 뼈저린 경험을 거울삼아 조급하게 서두르지 않고 먼저 여호와께 물었다. "다윗이 여호와께 여쭈니 이르시되 올라가지 말고 그들 뒤로 돌아서 뽕나무 수풀 맞은편에서 그들을 기습하되 뽕나무 꼭대기에서 걸음 걷는 소리가 들리거든 곧 공격하라 그 때에 여호와가 너보다 앞서 나아가서 블레셋 군대를 치리라 하신지라 이에 다윗이 여호와의 명령대로 행하여 블레셋 사람을 쳐서 게바에서 게셀까지 이르니라."
(삼하 5:23~25)

다윗이 먼저 하나님께 여쭈었더니 여호와께서 이길 수 있도록 자상하게 작전까지 일러주시고 친히 이 전쟁에 개입하여 앞장서 주시겠다고 약속해 주신다. 하나님은 좋으신 하나님이시다. 우리가 하나님께 여쭈면 언제 어디서나 마다하지 않으시고 부드러운 음성으로 따뜻한 손길로 응답해 주신다. 하나님의 종은 절대로 하나님과 소통이 끊어지면 안된다. 소통은 곧 생명이다. 하나님은 언제, 어디서나 개의치 아니하시고 우리와 소통하기를 기뻐하신다.

바쁘다는 핑계로 하나님께 묻지 아니하고 내 마음대로 내 생각대로 움직이면 실수할 수도 있고 내 꾀에 빠질 수도 있다. 그러나 하나님께 물어 조언을 구하면 하나님은 단 한 치의 오자도 허용치 아니하시고 큰 바위밑 샘솟는 곳으로 나를 이끄신다.

하나님의 종들과 성도들은 "하나님의 어리석음이 사람보다 지혜롭고 하나님의 약하심이 사람보다 강하다"(고전 1:25)는 말씀을 꼭 새겨 듣고 언제나 교통하여 하나님으로 하나님되게 해야 한다.

하나님 보좌로부터 내려오는 레마의 음성은 단 한 말씀도 땅에 떨어지지 않는다. 그러므로 기름 부으심은 내 지혜를 접고 하나님의 지혜로 사는 것이다.

〈여호와의 영이 다윗에게 임하셨을 때,〉
• 몸에는 – 온기가 흘렀다

온기란 여호와께서 내게 기름을 부으심으로 따뜻한 사랑이 내 인격을 통하여 나타나는 것을 뜻한다. 주님의 사랑의 영이 임하시면 냉정하고 차갑던 사람도 따뜻한 사랑의 사람으로 변화되어진다. 그것은 훈풍이 불어오면 차가운 얼음이 녹듯 성령의 따뜻한 훈풍이 불어오면 경직된 마음이 녹아지고 부드럽고 훈훈한 사랑의 사람으로 변화받기 때문이다.

하나님의 영은 본질적으로 사랑의 영이시다. 그러므로 주의 영이 임하시면 현상적으로 나타나는 것이 사랑이다. 인간의 가슴으로 하는 사랑은 한계가 있다. 그러나 성령의 은혜로 하는 사랑은 내 의지로 하는 것이 아니라 주님의 영으로 되어지는 무한대의 사랑이다.

여호와께서 다윗에게 사랑의 기름을 부으심으로 다윗에게 사랑의 에너지가 동산의 샘같이 레바논의 시내같이 흘러 나왔다. 사울을 피하여 광야에 도망하던 다윗에게 사울이 전사했다는 소식이 전해졌다. 사울왕이 블레셋과의 전쟁에서 패하여 요나단과 함께 길보아 산에서 죽었다. 다윗은 까닭없이 원수가 되어 부당하게 자신을 미워하고 죽이려고 쫓아다니던 사울이 죽었다는 소식을 듣고 안도의 숨을 내쉬기보다 오히려 자기 옷을 찢으며 저녁때까지 슬퍼하며 금식했다.

비록 사울이 집착을 버리지 않고 자신을 죽이려는 원수였으나 그래도 여호와의 기름 부음을 받은 자요 한때는 여호와께서 귀하게 쓰시던 자였으므로 그의 죽음을 슬퍼하며 애도했다. 또한 사울의 죽음은 곧 이스라엘의 굴욕이었고 패배였다. 하나님의 영광은 땅에 떨어져 원수들에게 짓밟혔고 백성은 도탄에 빠져 원수들의 칼날에 처참히 죽어 갔다. 그러므로 그의 슬픔은 더욱 애절했는지도 모른다. 이에 다윗은 슬픈 노래를 지어 사울과 요나단을 애도 하며 그 노래를 유다족속에게 가르치라고 명령했다. 그 노래는 활 노래로서 삼하 1:19~27절에 기록되어 있다.

사무엘하 1장

19절 이스라엘아 네 영광이 산위에서 죽임을 당하였도다 오호라 두 용사가 엎드러졌도다.
20절 이 일을 가드에도 알리지 말며 아스글론 거리에도 전파하지 말찌어다 블레셋 사람들의 딸들이 즐거워할까, 할례받지 못한 자의 딸들이 개가를 부를까 염려로다.
21절 길보아 산들아 너희 위에 이슬과 비가 내리지 아니하며 제물 낼 밭도 없을 찌어다 거기서 두 용사의 방패가 버린바 됨이니라 곧 사울의 방패가 기름 부음을 받지 아니함 같이 됨이로다.
22절 죽은 자의 피에서 용사의 기름에서 요나단의 활이 뒤로 물러가지 아니하였으며 사울의 칼이 헛되이 돌아오지 아니하였도다.
23절 사울과 요나단이 생전에 사랑스럽고 아름다운 자이러니 죽을 때에도 서로 떠나지 아니하였도다 그들은 독수리 보다 빠르고 사자보다 강하였도다.
24절 이스라엘 딸들아 사울을 슬퍼하여 울지어다 그가 붉은 옷으로 화려하게 입혔고 금노리개를 너희 옷에 채웠도다.

> 25절 오호라 두 용사가 전쟁 중에 엎드러 졌도다 요나단이 네 산 위에서 죽임을 당하였도다.
> 26절 내 형 요나단이여 내가 그대를 애통함은 그대는 내게 심히 아름다움이라 그대가 나를 사랑함이 기이하여 여인의 사랑보다 더 하였도다.
> 27절 오호라 용사가 엎드러 졌으며 싸우는 무기가 망하였도다.

이와 같이 다윗은 원수인 사울에 대하여 용서의 차원을 넘어 은혜로 승화된 풍성한 주님의 사랑을 쏟고 있는 것이다. 다윗이 마르지 않는 샘같이 원수에게도 사랑을 쏟을 수 있었던 것은 하나님께로부터 사랑의 기름 부음을 받았기 때문이다.

인간의 삶에서 가장 중요한 것은 사랑이다. 그 사랑은 나와 같이 타인을 사랑하는 사랑이어야 한다. 더 나아가서 원수까지라도 품고 사랑하는 것이 하나님의 사랑이다. 살아있는 샘은 누가 길어가도 상관치 않고 계속 솟아오르듯 진정한 사랑도 사람을 가리지 않고 계속 흘러 보내는 것이다. 사람을 변화시키는 것도 채찍으로 되지 않는다. 봄바람에 강물이 녹듯 따뜻한 가슴에서 나오는 따뜻하고 다정다감한 사랑만이 굳어진 마음을 녹인다. 사랑은 주는 자도 행복하게 하고 받는 자도 행복하게 한다.

사랑은 무너진 자도 일으켜 세우고 죄인도 의인으로 변화시키며 사랑은 탕자도 변화시키고 죽은 자도 살린다. 그러므로 사랑은 곧 그리스도의 심장이며 그리도의 혼이다. 은사 중 최고의 은사도 사랑이요 능력 중 최고의 능력도 사랑이다. 사람을 정죄하는 죄와 사망의 법을 이기는 생명의 성령의 법도 사랑의 법이다. 사람은 사랑받기 위해 태어난 존재이다. 사람이 사랑을 받을 때 찐한 감동과 함께 심령이 소성하며 삶의 의욕과 함께 행복을 느끼게 된다.

인간은 자신이 누군가에게 사랑받고 있다는 것을 느낄 때 인간으로 태어난 것이 이렇게 큰 축복이라는 것을 비로소 깨닫게 된다. 그러므로 사랑은 천국의 언어이며 사랑은 생명이다.

압살롬이 반역하여 아버지 다윗왕에게 반기를 들었다. 다윗이 압살롬을 피하여 감람산 길로 올라 갈 때에 그의 머리를 가리고 울면서 맨발로 피난길에 올랐다. 이스라엘의 관습상 머리를 가리는 행위는 굴욕과 수치의 표시였다. 다윗이 아들에게 수치스러운 배신을 당했으나 압살롬에게 쏟던 사랑은 예나 지금이나 변함이 없었다. 다윗은 모든 군 지휘관들에게 나를 위하여 젊은 압살롬을 너그러이 대하라고 일렀다.

압살롬의 군대와 다윗의 군대가 에브라임 수풀에서 접전을 벌이던 중 압살롬이 노새를 타고 상수리나무 아래로 지나가다 그의 머리털이 나뭇가지에 걸려 공중에 매어 달리고 노새는 빠져 나갔다. 그때 이 패륜적인 모반에 분개했던 요압이 달려가 단창으로 압살롬의 심장을 찔렀다. 압살롬이 죽음으로 전쟁이 끝났음을 알리는 나팔을 불어 군사들을 흩어지게 하였다. 다윗왕은 성루에 앉아있다가 압살롬이 죽었다는 급보를 듣고 기뻐하기보다 오히려 그를 슬퍼하며 목 놓아 울었다.

"왕의 마음이 심히 아파 문 위층으로 올라가서 우니라 그가 올라갈 때에 말하기를 내 아들 압살롬아 내 아들 내 아들 압살롬아 차라리 내가 너를 대신하여 죽었더면 압살롬 내 아들아 내 아들아 하였더라."(삼하 18:33) 왕이 압살롬의 죽음을 슬퍼하매 그날의 승리가 모든 백성에게 슬픔이 되었다고 했다. 이와 같이 다윗은 압살롬이 인륜을 저버리고 천륜을 저버렸음에도 그를 미워하지 않고 여전히 변함없는 마음으로 사랑하고 있다.

원수도 사랑하는 다윗의 이러한 사랑이 어디에서 나오는 것일까 그것은 충만하신 하나님의 사랑의 기름부음을 받았기 때문이다. 사랑하면 허물이 보이지 않는다 사랑은 허다한 죄를 덮는다고 했다.(벧전 4:8) 사랑은 편견이다. 내 자식의 허물은 보이지 않는 법이다. 왜일까? 사랑의 눈으로 보기 때문이다. 이와 같이 남에게도 내 자식 같이 사랑의 시선으로 바라보면 그들의 허물이 보이지 않는다. 사람은 사랑의 대상이지 판단하고 정죄할 대상이 아니다. 성경은 "입법자와 재판관은 오직 한 분이시니 능히 구원하기도 하시며 멸하기도 하시느니라 너는 누구이기에 이웃을 판단하느냐"(약 4:12)고 했다.

율법의 잣대로 사람을 판단하고 정죄하는 것은 인간에게 금지된 법이다. 사람을 판단하실 분은 오직 하나님 한 분 뿐이시다. 그런데 사람들은 왜 남을 함부로 판단하고 정죄하는가 그것은 피조된 인간이 하나님의 자리에 앉는 교만이다.

바리새인들은 자신도 율법을 지키지 못하면서 율법의 잣대로 남을 판단하고 정죄했다. 예수께서는 사랑없는 바리새인들을 책망하시면서 독사의 자식들이라고 극언도 서슴치 않았다.

사랑 없는 성도는 종교인에 지나지 않는다. 종교는 사람을 구원하지 못한다. "내가 예언하는 능력이 있어 모든 비밀과 모든 지식을 알고 또 산을 옮길 만한 모든 믿음이 있을 찌라도 사랑이 없으면 내가 아무것도 아니요 내가 내게 있는 모든 것으로 구제하고 또 내 몸을 불사르게 내줄지라도 사랑이 없으면 내게 아무 유익이 없느니라"(고전 13:2~3)고 했다.

신앙은 곧 사랑이다.

사랑이 없는 믿음은 그 자체가 죽은 믿음이요(야고보서 2:17) 아무 것도 아니다. 그런데 그 사랑은 인간의 의로 사랑하는 것이 아니라 하나님의 사랑이어야 한다. 주님의 사랑은 사랑의 본체이신 주님의 영이 내속에 충만히 부어져 생명화 되어졌을 때 마르지 않는 강물같이 내속에서 흘러나오게 된다. 주님의 사랑은 돈 주고 살 수 없다. 이 세상 어디에도 구할 수 없다. 인생을 풍요롭게 하고 행복하게 하는 주님의 사랑은 하늘로부터 기름 부으심이 임할 때 동시에 내게 임하는 것이다.

살아있는 샘은 누가 길어가도 차별하지 않고 언제와도 금하지 않고 계속 솟아오르듯 주님의 영으로 하나님의 사랑이 채워진 사람은 그 사랑이 계속 솟아나게 된다. 하나님이 다윗에게 사랑의 기름을 부으심으로 다윗은 사랑을 알았고 행복을 알았고 인생의 참의미를 알았다. 사랑은 추상적이고 관념적인 것이 아니다. 구체적인 행동으로 표현되어질 때만이 사랑이다. 여호와께로부터 사랑의 기름이 부어지면 물이 위에서 아래로 흐르듯 낮은 데로 내려가 사랑으로 섬기게 되는 것이다.

　주님의 사랑은 낮은 데로 내려가 주님의 마음으로 품어주고 주님의 얼굴로 대하며 주님의 손길로 섬기는 것이다. 주님의 마음은 다정다감하고 따뜻한 마음이며 주님의 얼굴은 미소 짓는 얼굴이며 주님의 손길은 온유하고 부드러운 손길이다. 이런 모습으로 남을 섬기는 사람은 곧 하나님의 신성한 성품에 참여한 자의 모습이다.(벧후 1:4) 진정한 행복은 남에게 베풀 때 주님이 부어 주시는 행복이다. 사랑이 있는 곳에 사람이 모여 든다. 벌과 나비가 꽃의 아름다움을 보고 날아오는 것이 아니라 꽃의 향기를 맡고 날아오듯 따뜻한 사랑이 있는 곳에 사랑이 그리운 사람들이 찾아 온다. 그러나 사랑이 메마르면 오던 사람도 발길을 돌린다. 따뜻한 사랑이 없어 사람의 발길이 끊어진 집은 정막이 흐르고 끝내는 폐가가 된다. 그러므로 사랑은 향기요 생명이다.

　사랑은 받는 자도 행복하게 하고 주는 자도 행복하게 한다. 행복의 본질은 사랑이며, 행복의 척도도 사랑이다. 하나님은 다윗에게 사랑의 기름을 부으심으로 그 사랑이 필요한 자들이 다윗의 주위로 구름같이 모여들었다. 다윗은 덮은 우물 봉한 샘같이 덮개를 덮어 두었다가 꼭 필요한 때 필요한 사람들에게 주님의 사랑을 나누어 주었다. 언제와도 금하지 않고 누가와도 차별하지 않고 주님의 사랑을 갈구하는 자에게 마음껏 마시게 하였다.

〈여호와의 영이 다윗에게 임하셨을 때,〉

• 가슴에 - 덕기가 흘렀다.

덕기란 여호와의 기름이 부어질 때 하나님께서 새 영을 주시고 새 마음을 주셔서 굳은 마음을 제거하고 부드러운 마음을 주셨을 때 나타나는 관용심이다.(겔 36:26) 주님의 영이 내속에 들어오심으로 내 마음에 바다가의 모래알 같은 넓은 마음을 주심으로(왕상 4:29) 원수까지라도 관용을 베풀며 용서하게 된다. 여호와께서 다윗에게 긍휼과 자비의 마음을 부으셨다. 그러므로 다윗은 상대를 경쟁상대로 여기며 다투고 분쟁하던 형제의 마음에서 상대를 긍휼의 마음으로 바라보는 아비의 마음을 가지게 되었다. 아비의 마음은 상대의 허물을 보지 않고 긍휼한 마음으로 바라보며 너그럽게 품어주는 마음이다.

• 1차 사울왕을 용서하고 돌려 보냄.

다윗이 사울을 피하여 엔게디 광야에 숨어 있을 때 사울왕이 3,000명의 군사를 데리고 들염소 바위로 왔다. 그때 다윗은 사울을 피하여 깊은 굴속에 숨어 있었다. 마침 사울이 뒤를 보려 다윗이 숨어있는 굴속으로 들어왔다.(삼상 23:4) 뒤를 본다는 뜻은 용변을 본다는 뜻이다. 그때 다윗의 사람들이 말하기를 보소서 여호와께서 당신에게 원수 갚을 기회를 주셨으니 지금 당장 사울을 죽이라고 했으나 다윗은 말하기를 내가 손을 들어 여호와의 기름부음을 받은 내 주를 죽이는 것은 여호와께서 금하시는 것이라고 하면서 사울

죽이기를 거부하고 왕의 옷자락만 가만히 베었다. 다윗은 그것 조차도 마음에 찔림을 받아 사울이 일어나 굴에서 나가 자기 길을 갈 때에 다윗이 뒤 따라가 내주 왕이여 하니 사울이 돌아보는지라 다윗이 땅에 엎드려 절하고 "오늘 여호와께서 굴에서 왕을 내손에 넘기신 것을 왕이 아셨을 것이니이다.

어떤 사람이 권하여 왕을 죽이라 하였으나 나는 왕을 아껴 죽이지 아니 하였나이다 하고 내 아버지여 내손에 있는 왕의 옷자락을 보소서 내가 왕을 죽이지 아니하고 겉옷자락만 베었은즉 내손에 악이나 죄과가 없음을 오늘 아실 찌니이다"(삼상 24:11)하니 이 말을 듣고 사울이 내 아들 다윗아 이것이 네 목소리냐 하고 울면서 "나는 너를 학대하되 너는 나를 선대하니 너는 나보다 의롭도다."(삼상 24:17) "사람이 원수를 만나면 그를 편안히 가게 하겠느냐 네가 오늘 내게 행한 일로 말미암아 여호와께서 네게 선으로 갚으시기를 원하노라"(삼상 24:19) 하고 자기 길을 갔다고 했다.

"하나님이여 내게 은혜를 베푸소서 내 영혼이 주께로 피하되 주의 날개 그늘 아래에서 이 재앙이 지나가기까지 피하리다" 하고 시작된 시편 57편은 다윗이 사울을 피하여 엔게디 굴에 숨어있을 때 하나님의 보호를 간구하며 지은 시이다. 과연 다윗이 간구한 데로 하나님이 그를 사울의 손에서 건져주셨다.

• 2차 사울왕을 용서하고 돌려보냄

　다윗이 십광야 하길라산에 숨어 있을 때 사울이 또 다시 군사 3,000명으로 다윗을 잡으러 왔다. 다윗이 정탐을 해보니 사울이 하길라산 길가에 진을 치고 창은 머리맡 땅에 꽂혀 있고 사울과 군사들이 진 가운데 누워 깊이 잠들어 있었다. 그래서 다윗과 그의 장수 아비새가 진 가운데로 들어 왔다. 그때 "아비새가 하나님이 오늘 당신의 원수를 당신의 손에 넘기셨나이다. 그러므로 청하오니 내가 창으로 그를 찔러서 단번에 땅에 꽂게 하소서 내가 그를 두 번 찌를 것이 없나이다"하니 다윗은 말하기를 내가 손을 들어 여호와의 기름 부음 받은 자를 치는 것은 여호와께서 금하시니 너는 그의 머리 곁에 있는 창과 물병만 가지고 가자 하고 산꼭대기로 올라가 큰 소리로 외쳐 아브넬아 네가 용사가 아니냐 네가 어찌하여 네 주 왕을 보호하지 아니하느냐 백성 중에 한 사람이 네 주왕을 죽이려고 들어 갔느니라. 이제 왕의 창과 왕의 머리맡에 있던 물병이 어디 있느냐 보라 하니 사울이 다윗의 음성을 듣고 내 아들 다윗아 이깃이 네 음성이냐 "내가 범죄 하였도다 내 아들 다윗아 돌아오라 네가 오늘 내 생명을 귀하게 여겼은 즉 내가 다시는 너를 해하지 아니하리라 내가 어리석은 일을 하였으니 대단히 잘못 되었도다."(삼상 26:21)

　다윗이 이르기를 "오늘 왕의 생명을 내가 중히 여긴 것같이 내 생명을 여호와께서 중히 여기셔서 모든 환난에서 나를 구하여 내시기를 바라나이다 사울이 다윗에게 이르되 내 아들 다윗아 네게 복이 있을 찌로다 네가 큰 일을 행하겠고 반드시 승리를 얻으리라 하고 다윗은 자기 길로 가고 사울은 자기 곳으로 돌아갔다"(삼상 26:24~25)고 했다.

용서하지 못하는 사람은 스스로 어두운 분노의 감옥에 갇혀 스스로 고통 당하며 산다. 그러나 용서는 남을 살게 하고 어두운 내 인생에 광명을 비취게 하며 내 인생에 새로운 문을 열게 한다. 다윗은 사울을 용서한 후 하나님이 비춰주시는 빛을 따라 하나님이 열어 주시는 새로운 길을 떠나갔다. "노하기를 더디 하는 것이 사람의 슬기요 허물을 용서하는 것이 자기의 영광이니라."(잠 19:11)

만약에 다윗이 혈기를 앞세워 사울을 죽이고 왕위에 앉았더라면 다윗은 여호와의 기름 부음을 받은 왕을 죽인 자라는 오명과 함께 하나님의 섭리를 거스리는 죄가 되어 자신의 생애에 무거운 멍에가 되었을 것이다. 그러나 다윗은 원수를 용서하는 고통을 이겨냄으로 오명을 남기지 아니하고 평생 자유함을 얻게 되었다. 다윗은 까닭 없이 자기를 죽이려는 사울에 대하여 변함없는 마음으로 용서하고 또 용서했다. 기름 부으심은 내가 주인이 되어 내 뜻대로 내 주관대로 복수하는 것이 아니라 성령의 주되심을 인정하고 그분의 뜻을 충실히 수행하는 사환이 되는 것이다. 그러므로 원수 갚는 것도 나의 감정대로 하지 아니하고 하나님의 뜻을 존중하고 그의 뜻에 맡기는 것이다.

"내 사랑 하는 자들아 너희가 친히 원수 갚지 말고 하나님의 진노하심에 맡기라 기록하였으되 원수 갚는 것이 내게 있으니 내가 갚으리라고 주께서 말씀하시니라"(롬 12:19)고 했다. 원수 갚는 것은 나의 할 일이 아니라 하나님의 몫이다. 모세의 율법에도 원수를 갚지 말고 사랑할 것을 가르치고 있다. "원수를 갚지 말며 동포를 원망하지 말며 네 이웃 사랑하기를 네 자신과 같이 사랑하라 나는 여호와이니라."(레 19:18)

성경은 원수뿐 아니라 원수의 가축까지도 보살펴 줄 것을 말씀하신다. "네가 만일 네 원수의 길 잃은 소나 나귀를 보거든 반드시 그 사람에게로 돌릴 지며 네가 만일 너를 미워하는 자의 나귀가 짐을 싣고 엎드려짐을 보거든 그것을 버려두지 말고 그것을 도와 그 짐을 부릴 지니라."(출 23:5) 이와 같이 원수의 가축까지라도 어려움에 처했을 때 외면하지 말고 도우라는 가르침은 원수 사랑에 대한 구체적인 실예이다. 이와 같이 율법의 근본정신도 복음과 다름없이 관용과 사랑의 정신이 밑바탕에 깔려 있다.

- 거칠고 불량한 자들을 용서하다.

다윗이 블레셋 땅으로 망명하여 시글락성에 거수할 때 나윗이 자리를 비운 사이 아말렉인들이 성을 침노하여 시글락성을 불태우고 모든 사람들과 가축들을 끌어갔다. 다윗과 그의 사람 600명이 돌아와 보니 거주하던 성은 폐허의 잔해뿐이었고 잡혀간 사람들과 가축의 행방은 알 길이 없었다. 그때 불량하고 거친 자들이 일어나 모든 책임을 다윗에게 돌려 다윗을 돌로 치자고 선동하여 분위기는 거칠고 험악했다.

그러나 다윗은 하나님의 도우심으로 아말렉인들을 쫓아가 새벽부터 이튿날 저물때까지 원수들을 도륙하고 잃었던 모든 사람과 가축을 도로 찾아왔다. 다윗이 아말렉을 치러갈 때 군사 600명 중 200명은 피곤하여 도중에 브솔 시냇가에 머물러 두었다. 다윗과 함께 갔던 거친 사람들이 중도에 머물러 두었던 자들에 대하여 말하기를 그들이 우리와 함께 가지 아니하였은 즉 우리가 도로 찾은 물건은 무엇이든지 그들에게 주지 말고 각자의 처자만 데리고 떠나게 하자고 했다.

그때 다윗이 말하기를 나의 형제들아 여호와께서 우리를 보호하시고 우리를 치러온 그 군대를 우리 손에 넘기셨은 즉 그가 우리에게 주신 것을 너희가 이같이 못하리라(삼상 30:23) 하고 노략물을 전쟁에 간 사람이나 브솔 시냇가에 머물러 있던 사람이나 동일하게 분배해 주는 아량을 보였다. 그때부터 다윗이 이것으로 이스라엘의 율례와 규례로 삼았다고 했다. 뿐만 아니라 시글락에 돌아온 다윗은 자기를 돌로 치자고 선동했던 거칠고 불량한 자들을 문책하는대신 너그럽게 용서하여 불문에 부쳤다.

이와 같이 다윗은 불량한 자들에 대하여 미움과 증오를 털어내고 넓은 마음으로 용서하였으며 피곤하여 도중에 머물러 있던 자들에게도 형제애를 발휘함으로 그들도 소외되지 않고 한 마음으로 뜻을 모으게 하는 통합의 지도력을 보여주고 있다. 큰 거목에는 새가 날아와 깃을 들이듯 큰 사람 밑에는 사람들이 구름같이 모여든다.

큰 사람이란 마음 그릇이 크고 원수까지라도 용서하는 너그러운 마음의 소유자를 말한다. 옛말에도 용장보다 위대한 것은 지장이요, 지장보다 위대한 것은 덕장이라고 했다. 덕망있는 덕장 밑에는 사람들이 몰려든다. 하나님은 원수를 용서하는 깊은 마음에 깊은 지혜를 주시고 너그럽게 포용하는 자에게 넓은 통찰력을 주신다. 하나님은 도량이 큰 지도자에게 귀하고 아름다운 사람들을 많이 붙여 주신다. 다윗에게 힘있고 날랜 영웅호걸들이 구름떼같이 모여든 것도 큰 거목에 깃을 드리고자 새들이 날아오듯 너그럽고 인자한 덕장의 그늘아래 쉼을 얻기 위하여 찾아온 사람들이었다. 많은 사람들이 다윗을 돕고자 몰려온 것은 마음 그릇이 큰 다윗에게 내리시는 하나님의 은혜였다.

- 저주하는 시므이를 용서하다.

다윗이 압살롬의 반역으로 피란길에 올라 바후림에 이르렀을 때에 사울의 친족 게라의 아들 시므이가 나와서 돌과 먼지를 날리며 다윗왕을 저주하며 따라왔다. "피를 흘린 자여 사악한 자여 가거라 가거라 사울의 족속의 모든 피를 여호와께서 네게로 돌리셨노라. 그를 이어 네가 왕이 되었으나 여호와께서 나라를 네 아들 압살롬의 손에 넘기셨도다. 보라 너는 피를 흘린 자이므로 화를 자초하였느니라(삼하 16:7~8)고 하면서 왕을 대하여 독설을 퍼부었다. 그때 다윗의 장수 "아비새가 이 죽은 개가 어찌 내 주 왕을 저주하리이까 청하건대 내가 건너가서 그의 머리를 베게하소서 하고 청했으나 다윗은 말하기를 스루야의 아들들아 내가 너희와 무슨 상관이 있느냐 그가 저주하는 것은 여호와께서 그에게 다윗을 저주하라 하심이니 그가 저주하게 버려두라 혹시 여호와께서 나의 원통함을 감찰하시리니 오늘 그 저주 때문에 여호와께서 선으로 내게 갚아 주시리라(삼하 16:11~12) 하고 그를 죽이지 않고 그냥 지나갔다.

압살롬의 난이 평정되어 다윗왕이 예루살렘으로 환궁할 때 시므이가 달려 나와 땅에 엎드려 아뢰되 내 주여 원하건대 내게 죄를 돌리지 마옵소서 내주 왕께서 예루살렘에서 나오시던 날에 종의 패역함을 기억지 마시고 마음에 두지 마소서 하고 용서를 구했다. 그때 다윗의 장수 아비새가 시므이는 여호와의 기름부으신 자를 저주하였으니 그로 말미암아 죽여야 마땅하지 아니하리이까 하고 그를 죽이기를 청했으나 다윗 왕은 오늘 어찌하여 이스라엘 가운데서 사람을 죽이겠느냐 하고 시므이에게 맹세하여 너는 죽지 아니하리라하고 너그럽게 용서해 주었다.

다윗은 단칼에 베어도 시원치 않을 원수에 대하여 미움과 증오의 마음을 털어내고 오히려 아비의 마음으로 불쌍히 여기며 용서하고 있다. 잠언 16장 32절에 "노하기를 더디 하는 자는 용사보다 낫고 자기의 마음을 다스리는 자는 성을 빼앗는 자보다 낫다고 했다." 인생에서 가장 위대한 삶은 용서하는 것이다. 나에게 아픈 상처를 준 가해자를 아무 조건없이 용서하는 것은 위로부터 기름 부음을 받고 가슴에 덕기가 흘러 신의 성품에 참여하는 자가 아니면 할 수 없는 일이다.

사람이 원수를 용서한다는 것은 무엇과도 비교할 수 없는 무언의 감동을 준다. 다윗의 생애 가운데 가장 큰 감동을 주는 것은 원수를 용서한 일이다. 원수를 용서한다는 것은 결코 쉬운 일이 아니다. 하지만 어려운 일을 해낸 사람은 그 이상의 대가를 받게 된다. 내가 용서해야 나도 용서 받을 수 있다. 다윗이 밧세바를 빼앗고 그 남편을 사지로 몰아넣어 죽게 만든 죄악은 만행에 가까웠으나 그가 하나님께 용서받을 수 있었던 것도 그 자신이 원수를 용서한 이력이 있었기 때문이다.

야고보서 2장 13절에 "긍휼은 심판을 이기고 자랑한다고 했다." 그러므로 너그러운 마음으로 용서하는 것은 앙갚음으로 얻는 쾌감보다 더욱 빛이나게 되는 것이다. 원수를 용서한다는 것은 말같이 쉽지 않다. 종교적으로 신앙심이 깊다고 쉽게 용서되는 것이 아니다. 진정한 용서는 여호와의 영이 임하셔서 내 마음에 쌓인 악감정과 상처를 소멸하심으로 미움은 안개같이 사라지고 긍휼한 마음이 오게 될 때 용서되어지는 것이다. 그러므로 용서는 인간의 의지로 하는 것이 아니라 하나님의 은혜로 되어지는 것이므로 하나님의 은혜를 얻기 위하여 은혜의 보좌 앞에 담대히 나아가야 한다.

〈여호와의 영이 다윗에게 임하셨을 때,〉

- 손에는 - 묘기가 흘렀다

묘기란 여호와의 기름이 내게 부어질 때 주의 영이 임하셔서 주께서 내손을 통하여 일하시는 것을 말한다. 주의 영이 임하시면 내손은 하나님이 쓰시는 거룩한 손이 되어 내 손에서 표적과 기사가 나타나며 내 손으로 하는 모든 범사가 잘되는 역사가 나타난다. 바울의 몸에서 난 손수건이나 앞치마까지라도 쓰신 하나님은 하나님의 종들의 손을 통하여 일하신다.

마가복음 16장 17~18절에 "믿는 자들에게는 이런 표적이 따르리니 곧 그들이 내 이름으로 귀신을 쫓아내며 새 방언을 말하며 뱀을 집어 올리며 무슨 독을 마실 찌라도 해를 받지 아니하며 병든 사람에게 손을 얹은즉 나으리라"는 말씀도 손을 통하여 나타나는 묘기이다.

손끝에 묘기가 흐르는 손은 성령님이 잡고 쓰시는 능력의 손이므로 그 손으로 무슨 일을 하든지 형통하게 되며 아름다운 열매를 맺게 된다. 뿐만 아니라 그 손은 병든 자를 고치는 치료의 손이며, 죄인도 품어주는 은혜의 손이며, 무너진 자를 다시 회복시키는 기적의 손이며, 구덩이에 빠진 자를 끌어 올리는 사랑의 손이며, 죽은 자도 살리는 능력의 손이며, 사람을 축복하는 거룩한 손이다.

하나님이 다윗에게 기름을 부으심으로 이제 다윗의 손은 하나님이 쓰시는 거룩한 손이 되었다. 여호와의 영이 사울에게서 떠나고 대신 여호와께서 부리시는 악령이 그를 번뇌케 했다. 사울의 신하들이 사울에게 청하기를 수금 잘 타는 사람을 구하게 하소서 악령이 왕에게 이를 때에 그가 손으로 타면 나으리이다 하고 간청했다. 그래서 베들레헴에 사는 다윗을 추천받아 왕 앞에 모셔 서게 했다.

여호와의 부리시는 악신이 사울에게 강하게 내려 사울왕이 번뇌하며 괴로워 할 때 다윗의 손으로 수금을 타게 했다. 다윗이 수금을 탈 때 그의 손끝에서 깊고 부드러운 가락이 흘러 나왔다. 그때 여호와의 영이 아름다운 선율을 타고 사울을 만지심으로 사울에게서 악귀가 떠나고 기분이 상쾌해졌다고 했다.

이렇게 다윗의 손끝에서 나오는 묘기는 상쾌한 기운으로 충만하여 사악한 영을 몰아내는 능력이 있었다.

사무엘상 17장에 엘라 골짜기에서 이스라엘과 블레셋 간에 전쟁이 벌어 졌을 때 블레셋의 거인장수 골리앗이 나타나 사시는 하나님의 군대를 모욕하며 싸움을 돋우고 있었다. 그런데 이스라엘 진영은 사울왕과 모든 군사들이 맥이 풀려 전의를 상실한체 두려워 떨기만 했다. 그때 소년 다윗이 사시는 하나님의 군대를 모욕하는 것을 보고 의협심이 일어나 해결사로 나서게 된다.

다윗의 무장은 볼모양 없는 것이었다. 손에 막대기를 들고 시내에서 매끄러운 돌 다섯 개를 골라서 주머니에 넣고 손에 물매를 가지고 골리앗에게로 나아갔다. 다윗에 비하여 골리앗의 무장은 중무장한 상태였다. 머리에는 놋 투구를 썼고 몸에는 비늘갑옷을 입었고 그의 다리에는 놋 각반을 쳤고 어깨 사이에는 놋 단창을 메었고 그 창 자루는 베틀채 같고 창날은 철 600세겔이며 방패든 자가 앞서 행했다고 했다.(삼상 17:4~5)

이와 같이 골리앗의 무장은 완벽하여 빈틈이 없었다. 그러나 다윗은 골리앗을 향하여 너는 칼과 창으로 내게 나아오거니와 나는 만군의 여호와 하나님의 이름으로 네게 나아가노라 하고 매끄러운 돌 하나를 물매에 매워 골리앗을 향하여 힘차게 던졌더니 물매를 떠난 돌이 쏜살같이 날아가 골리앗의 급소를 때려 이마에 박힘과 동시에 비명을 지르며 쓰러졌다. 기세 등등 하던 블레셋 군사들은 자기들의 용사의 죽음을 보고 마음이 물같이 녹아 패주하기에 급급했다. 이스라엘 군대는 사기가 올라 함성을 지르며 블레셋 군대를 추격하여 가이와 에글론 성문까지 이르러 블레셋을 쳐서 큰 승리를 얻었다고 했다.

위와 같이 골리앗의 무장은 어느 곳 하나 빈틈이 없었으나 묘기가 흐르는 다윗의 손은 남이 보지 못하는 틈을 보았고 남이 하지 못하는 것을 해내는 초월적인 능력이 있었다. 묘기가 흐르는 다윗의 손은 물맷돌 하나로 국가의 운명까지도 바꾸어 놓았다. 주의 영이 내 손을 잡고 일하시면 거룩하신 신성과 하나님의 영광이 나타나므로 넘지 못할 산이 없고 건너지 못할 강이 없으며 없는 것도 있게 하며 않되는 것도 되게 하신다. 어려운 일도 쉽게 풀어 가게 하시며 안 되는 일도 되게 하신다. 하나님의 영이 다윗의 손을 잡으시니 다윗은 영감있는 연주자가 되기도 하고, 위대한 시성이 되기도 하며 신화적인 전사가 되기도 하였다. 하나님은 반드시 성령의 기름 부음을 받은 사도와 선지자들의 손을 통하여 표적과 기사를 나타내셨다.

사도와 선지자들이 전면에서 기적을 나타냈으나 그 이면에는 여호와의 기름 부으심이 역사하셨다. 그러므로 기적의 주인공은 어디까지나 하나님이시다. 기적은 하나님의 뜻 가운데서 하나님이 정하신 때에 하나님의 방법으로 하나님의 기름부음 받은 종들의 손을 통하여 나타내신다. 여호와의 기름부음을 받게 되면 그 손으로 하는 모든 일에 하나님이 개입하시고 하나님이 책임져 주신다. "그러므로 뱀을 집어 올리며 무슨 독을 마실 찌라도 해를 받지 아니하며 병든 자에게 손을 얹은 즉 낫는 역사가 나타난다."(막 16:18) 하나님의 역사는 반드시 여호와의 기름부음 받은 자의 손을 통하여 이루어 가신다.

하나님은 정치도 묘기가 흐르는 다윗의 손에 맡기심으로 다윗의 섬세한 손끝에서 만들어진 신정정치가 가지를 뻗고 꽃이 피어 눈부신 황금시대를 이룩하게 되었다.

지금도 이스라엘 국민들은 역사 속에 묻힌 아득한 그 시대를 못 잊어 할 정도로 다윗시대는 역동적이며 영광스러운 시대였다. 비단 정치뿐 아니라 다윗의 손길이 닿는 곳마다 위대하고도 아름다운 일들이 나타난 것은 그의 손길에 영적 기름 부음으로 묘기가 나타났기 때문이다.

8

기름 부으심과
라마 나욧의 기적

사무엘 선지자를 통하여 기름부음을 받은 다윗에게 기다리는 것은 영광의 보좌가 아니라 불같은 시련이었다. 다윗이 광야에서 시련을 받게 된 계기는 다윗이 골리앗을 죽이고 무리와 함께 전쟁에서 돌아왔을 때 이스라엘 여인들이 성읍에서 나와 노래하며 춤추며 소고와 경쇠를 가지고 왕 사울을 환영하는데 "사울이 죽인 자는 천천이요 다윗은 만만이로다" 한지라 사울이 그 말을 불쾌하게 여기며 심히 노하여 다윗에게는 만만을 돌리고 내게는 천천만 돌리니 그가 더 얻을 것이 나라 말고 무엇이냐 하고 그날 이후로 다윗을 주목하게 되었다.

그 이튿날 하나님이 부리시는 악령이 사울에게 힘있게 내리매 사울이 정신없이 떠들어 댐으로 다윗이 악영을 쫓으려고 손으로 수금을 탔다. 그때 사울은 다윗을 벽에 박고자 들고 있던 단창을 던졌으나 다윗은 동물적 감각으로 민첩하게 그 자리를 피하고 단창은 벽에 박혔다.

이제 다윗은 사울에게 쫓기는 몸이 되었다. 다윗은 급한 마음에 사무엘 선지자가 있는 라마 나욧으로 피신하게 된다. 라마는 사무엘 선지자의 고향이었으므로 사무엘이 사사의 자리에서 물러난 후 그곳에서 선지자 생도들을 지도하고 있었다.(삼상 19:18~24) 다윗이 위급한 중에 맨 먼저 사무엘을 생각하게 된 것은 사울이 자기를 잡으러 올지라도 자신에게 기름을 부어 왕으로 세워준 사무엘이 보호막이 되어주리라고 생각했으며, 또한 사무엘은 선견자였음으로 앞이 보이지 않는 불안한 미래에 대하여 자문을 구하고자 함이었다.

어떤 사람이 사울에게 이르기를 다윗이 라마 나욧에 있더이다 하매 사울이 다윗을 잡으려고 군사들을 보냈다. 군사들이 와서 보매 선지자의 무리가 예언하는 것과 사무엘이 그들의 수령으로 선 것을 보았다. 아마 그때 사무엘은 선지자 무리들을 지도하기 위하여 강단에 서서 하나님의 말씀을 강론한 듯하다. 선지자는 예언하기에 앞서 먼저 선대 선지자들이 성령의 감동으로 기록한 율법과 기성교리를 학습했다.

선지자가 기록된 말씀에 무지하면 사리를 판단하는 능력이 부족하여 자칫 거짓 영에 미혹될 수도 있다. 그러므로 사무엘이 선지자 생도들의 지적 능력과 분별력을 높이기 위하여 강론을 한 것이다. 그때 여호와의 기름 부으심이 강하게 나타나 라마 나욧 전 지역을 장악했다. 그리하여 기름 부으심이 다윗을 잡으러 온 군사들에게도 임하여 그들도 예언을 하게 되었다. 이 소식을 듣고 사울이 다른 군사들을 보냈더니 그들도 예언하는 지라 세 번째 또 다른 군사들을 보냈더니 그들도 다윗 잡는 일을 잊어버리고 선지자 무리와 함께 예언을 했다. 이번에는 사울이 직접 다윗을 잡으러 왔을 때 하나님의 영이 사울에게도 임하시매 그가 라마 나욧에 이르기까지 걸어가며 예언을 하였으며 그가 또 사무엘 앞에서 옷을 벗고 예언을 하며 하루 밤낮을 벗은 몸으로 누웠다고 했다.

라마 나욧은 여호와의 기름부음을 받은 사무엘 선지자가 은퇴한 후 이곳에 머무르며 선지자 무리들을 지도하던 성스러운 곳으로서 하나님의 영광이 지배하는 지역이었다. 또한 여호와의 기름 부음을 받은 사무엘과 다윗이 함께 했으므로 성령의 역사가 더욱 강하게 나타난 것이다.

바람이 임의로 불매 그 소리는 들어도 어디서 와서 어디로 가는지 알지 못하는 것같이(요 3:8) 성령의 역사도 사람이 헤아릴 수 없으며 다만 하나님의 주권으로 하나님의 때에 하나님의 방법으로 역사하신다. 라마 나욧에 나타난 강력한 성령의 역사도 하나님의 주권 하에서 하나님의 필요에 의해서 하나님의 때에 나타난 역사였다. 특별히 라마 나욧에 나타난 성령의 강한 기름 부으심은 하나님이 사울의 손에서 다윗을 성령의 불 담으로 지키고자 하는 뜻이 있었다.

아람나라 군대가 엘리사를 잡으려고 도단 성을 포위했을 때 하나님이 엘리사를 보호하시려고 불 말과 불 병거를 보내어 아람나라 군대를 겹겹이 에워싸 산에 가득하게 엘리사를 둘렀다고 했다.(왕하 6:17) 시편 28편 8절에는 "여호와는 그들의 힘이시요 그의 기름 부음 받은 자의 구원의 요새이시로다"라고 했고, 시편 105편 15절에는 "나의 기름 부은 자를 손대지 말라 나의 선지자들을 해하지 말라 하셨도다"라고 했다.

　하나님은 기름을 부어 한 시대를 쓰시고자 하는 자는 그의 사명이 다하는 날까지 반드시 구원의 요새가 되셔서 낮의 해와 밤의 달이 해하지 못하도록 지키신다. 뿐만아니라 라마 나욧에 나타난 성령의 강한 기름 부의심은 앞으로 다윗에게 닥칠 불같은 시련을 이기고 나갈 수 있도록 능력 위에 능력을 덮입혀 주신 사건이었다. 라마 나욧에서 일어난 하나님의 강권적인 기름 부으심으로 인하여 사울과 그의 군사들이 발목이 잡혀 자신들의 의무도 잊은 채 하루 밤낮을 벗은 몸으로 누워 선지자 무리와 어울려 예언하는 사이 다윗은 무사히 라마 나욧을 빠져나가 안선시내로 도피할 수 있었다.

　라마 나욧의 역사는 기름 부으심이 있는 자에게는 받아 넉넉하게 하셨고 없는 자는 그 있는 것까지도 빼앗기게 한 양면적인 사건이었다.

9

기름 부으심과
광야의 시련과 연단

　라마 나욧을 떠난 다윗은 사울을 두려워 하여 광야로 도피하게 된다. 다윗이 성장기에 주위 사람들로부터 받은 시련과 연단은 전심으로 하나님을 찾아 만나기 위한 연단이었다면 사울왕의 시기와 질투심으로 인하여 받는 시련과 연단은 신정정치를 이끌어갈 왕재로 다듬어지기 위한 연단이었다.

　사람은 죽음의 터널을 통과하지 않고서는 방종하게 되어 하나님을 제대로 믿고 따를 수 없다. 그러므로 하나님은 다윗을 광야로 몰아내어 장차 그루터기를 일으켜 나라를 새롭게 하고, 신정정치를 꽃피울 자질과 적임자로 세우기 위하여 시련과 연단의 광야로 몰아내셨다.

　사울이 사사시대에서 왕정시대로 넘어가는 전환기에 왕이 되어 사무엘 선지자와 백성들의 기대를 한 몸에 받았으나 결국 기대를 저버린 것이나 아론이 모세가 십계명을 받으러 시내산에 올라간 사이 금송아지를 만들어 백성들을 부패하게 만든 일이나 솔로몬이 이방 여인들에게 마음이 빼앗겨 여호와 하나님을 버리고 우상을 섬겨 나라를 무너뜨린 것도 따지고 보면 그들은 시련과 연단 속에서 세속적인 것을 걸러내고 하나님을 깊이 만난 사람들이 아니었기 때문이다.

그들은 강한 폭풍우 속에서 자라난 거목이 아니라 온실 속에서 자라난 연약한 화초였다. 그러므로 결정적인 순간에 자기 자리를 지키지 못하였다. 그러므로 하나님은 다윗을 하나님의 뜻에 맞는 재목으로 만들기 위하여 거친 광야로 몰아내신 것이다. 아무리 급해도 하나님은 주의 종이 만들어지기 전에는 사역을 진행하지 아니하신다. 이스라엘 백성들이 바로의 학정에 시달려 다급하게 울부짖었으나 모세가 만들어지기 전에는 그 일을 진행시키지 아니하셨다. 하나님은 사역보다 그 사역을 맡을 지도자가 만들어지는 것을 우선하신다. 대장장이는 낡고 무딘 연장을 풀무에 던져 뜨겁게 달구어낸 후 망치로 두들겨 날을 세운다. 그리고 뜨거워진 쇠붙이를 차가운 물에 넣었다 건졌다를 반복하며 강하고 예리한 연장으로 재창조한다.

하나님은 영적인 대장장이시다. 모세 같은 강한 지도자가 되려면 그냥 되는 것이 아니라 반드시 모세 같은 연단의 과정을 거쳐야 하고, 엘리야 같은 지도자가 되려면 엘리야 같은 연단과 시련의 과정이 필요하다. 하나님은 다윗을 강한 지도자로 만들기 위하여 광야로 몰아내어 물과 불을 통과하게 하시고 깊은 강을 건너는 과정을 통과하게 하셨다.

"보라 내가 너를 연단하였으나 은처럼 하지 아니하고 너를 고난의 풀무불에서 택하였노라"(사 48:10) 위대한 사람은 태어나는 것이 아니라 강한 연단 속에서 만들어 지는 것이다. 역사상 강하고 담대한 하나님의 사람들은 반드시 물과 불을 통과하는 연단 속에서 하나님을 깊이 만난 사람들이었다. 하나님은 다윗을 왕위에 세우기 전에 먼저 광야로 몰아내신 것은 사역보다 먼저 정막하고 고요한 곳에서 깊은 만남을 원하셨고 고요한 가운데서 다윗에게 하실 말씀이 있으셨다.

다윗은 갈 길이 멀고 할 일이 많았지만 하나님은 먼저 속도보다 깊이를 원하셨다. 다윗 또한 광야 생활을 하나님을 더 깊이 만나는 기회로 삼았고 자기 충전의 기회로 삼았다.

하나님은 모세를 애굽에서 고난 받는 이스라엘 백성의 구원자로 보내는 것보다 먼저 광야에서 깊은 만남을 위하여 미디안 광야로 몰아 내셨고, 사도 바울도 세계 선교라는 큰 사명을 향하여 달려가기에 앞서 먼저 깊은 만남을 위해 아라비아 광야로 몰아 내셨다.

깊은 곳은 고요하고 적적하다. 하나님은 다윗이 분주한 세상을 떠나 고요와 정막이 흐르는 광야에서 하나님과 깊은 사귐을 가짐으로 하나님의 깊고 세미한 음성을 듣게 하셨다.

고요하고 적적한 광야에서 오직 나는 주님을 바라보고 주님은 나를 바라보시는 밀월은 가장 아름다운 기도이다. 주님과 속삭이는 밀월 속에서 그분은 나에게 깊은 말씀을 하신다. 중요한 것은 내가 주님께 무슨 말을 하느냐가 중요한 것이 아니라 주님이 나에게 무슨 말씀을 하시느냐가 중요한 것이다. 영혼 깊은 곳에서 들려오는 주님의 세미한 음성은 깊고도 고요한 곳에서만 들을 수 있다.

신정정치의 핵심은 영의 문이 열려져 먼저 세미한 하나님의 음성을 듣는 데서 시작된다. 하나님과 소통이 막히면 그때부터 앞을 보지 못하는 자가 밤길을 헤매듯 만사가 불통이다. 세미한 하나님의 음성을 듣지 못하면 하나님의 일을 한다고 하지만 그것은 하나님과는 전혀 상관없는 일이 될 수도 있으며 그것이 잘못인 줄을 깨닫지도 못한다.

사울은 하나님의 세미한 음성이 없었음에도 다윗을 잡으려고 자기 나름대로 열심히 바쁘게 돌아 다녔다. 그러나 그것은 하나님과 전혀 무관한 것이었으며 오히려 하나님의 뜻을 거역하고 있다는 사실 조차도 몰랐다. 그러나 다윗은 연단 속에서 깊고 고요한 중에 하나님과 깊은 만남을 가짐으로 인간적인 수단이나 방법을 배제하고 온전히 성령의 주되심을 충실히 수행하는 신정정치를 구현할 자질을 갖추게 되었다.

하나님과의 깊은 만남을 통하여 세미한 소리를 듣는 것은 신정정치의 알파와 오메가이다. 그리고 무엇보다 다윗이 연단을 통하여 얻은 값진 소득은 인간의 연약함을 깊이 체득함으로 자아가 깨어지고 겸손한 인격자로 거듭나게 되었고, 또한 궁핍과 가난을 통하여 절약을 몸에 절이도록 배우게 하심으로 물질은 내 것이 아니며 하나님이 나에게 맡겨주신 달란트임을 깨닫게 하심으로 자신을 위해서는 아끼고 절약하면서도 남을 위하고 하나님을 위한 일이라면 아낌없이 드리는 신앙적인 물질관을 가지게 되었다.

다윗이 연단 중에서 얻은 보이지 않는 무형의 자원들은 깊은 연단이 아니면 얻을 수 없는 값진 것들이었다. 생명의 위협을 받는 절박함 속에서 삶의 지혜를 터득한 것이나 광야에서 사람들과 부대끼며 인생의 참된 의미를 배우게 된 것이나 고통 속에서도 하나님의 때를 기다리며 참고 견디는 인내를 배운 것도 광야의 연단 중에서 얻은 값진 무형의 자산이었다. 아무것도 볼 수 없고 아무것도 얻을 수 없는 광야였지만 다윗에게 참된 인생관과 신앙관 그리고 가치관을 심어준 추억의 장소였다.

광야는 이때까지 관념적으로만 알았던 하나님을 느끼고 체험하게 함으로 귀로만 듣던 하나님을 눈으로 보게 한 산 교육장이었다.

10

광야의 연단과 자아

신정정치는 내가 주인이 되는 것이 아니라 하나님이 주인 되시고 내가 영광 받는 것이 아니라 하나님이 영광 받으시는 것이다.

그러므로 하나님의 종은 성령의 주되심을 인정하고 성령의 뜻에 전폭적으로 순종하며 따라가야 한다. 그러나 자아가 깨어지지 아니하면 하나님께 전폭적으로 순종하지 못한다. 그러므로 자아는 성령의 역사를 방해하는 가장 위험한 독소이다. 자아가 깨어지지 못하면 하나님의 뜻보다 내 생각과 내 고집을 앞세우게 되어 결국 쓰임 받고 난후 버림받는 일회용에 불과하다. 그러므로 하나님은 다윗을 먼저 광야 시련 속으로 몰아넣어 자아를 깨뜨리게 하셨다.

자아란? 자기생각 자기사랑 자기연민 자기공명 자존감 자기명예 자기자랑 자기과시 자기욕심 자화자찬 자기주관 자기사상 자기중심 자기고집 자기고정관념 자기이상 자기꿈 자기도취 등이다. 자아가 깨어진다는 것은 곧 자기를 부정한 그 자리에 성령으로 채움을 뜻한다.

예수님도 제자들에게 자기를 부인하고 자기 십자가를 지고 나를 따르라고 하셨다. 기름 부음의 세계는 내 자아가 깨어진 만큼 기름으로 채우시고 내가 죽어진 만큼 성령이 일 하시고 내가 비운만큼 높이신다.

다윗은 성장기에 악동들에게 받은 상처로 인하여 마음에 열등감이 자리 잡고 있었다.

열등감과 자존심은 동전의 양 면과 같이 정비례 한다. 그러므로 자존심이 강한 사람은 반드시 열등감이 강하고, 열등감이 강한 사람은 반드시 자존심이 강한 법이다. 성장기에 학대를 받고 자란 다윗은 누구보다 열등감이 강했으며 따라서 자존심도 강했다고 본다.

자아인 자존심은 기름부음의 사역에 전혀 도움이 되지 않으며, 도리어 걸림돌이 된다.

그러므로 하나님은 다윗의 자존심이나 자기 사랑이나 자기도취나 자존감 같은 자아를 깨기 위하여 광야의 과정을 걷게 하신 것이다.

다윗이 엔게디 광야에 숨어 있을 때 사울이 3,000명의 군사를 이끌고 그를 잡으러 왔을 때 다윗은 "이스라엘 왕이 누구를 따라 나왔으며 누구의 뒤를 쫓나이까 죽은 개와 벼룩을 쫓음이니이다" (삼상 24:14) 하고 자기를 죽은 개와 벼룩이라고 하였다, 이번에는 다윗이 십 황무지 하길라 산에 숨어 있을 때 사울이 또 다시 군사를 몰아 다윗을 잡으러 왔다. 그때 다윗은 "그런즉 청하건대 여호와 앞에서 먼 이곳에서 이제 나의 피가 땅에 흐르지 말게 하옵소서 이는 산에서 메추라기를 사냥하는 자와 같이 이스라엘 왕이 한 벼룩을 수색하러 나오셨음 이니이다"(삼상 26:20) 하고 자신을 메추라기와 벼룩이라고 하였다. 이와 같이 다윗은 연단 속에서 쫓겨 다니는 자신의 존재가 너무나 외소 하여 자신을 죽은 개나 벼룩과 메추라기 같은 미물에 비유하였다.

다윗이 자신을 보잘 것 없는 미물에 비유한 것은, 그가 연단 속에서 자아가 완전히 깨어졌음을 의미하는 것이다.

하나님은 자아가 완전히 깨어져 자기를 부인하며 밑바닥까지 내려간 자에게 기름을 부으시고 그를 쓰신다.

왜냐하면 인간의 자아는 하나님의 역사에 조금도 도움이 되지 않을 뿐 아니라 도리어 방해가 되기 때문이다.

- **하나님은 자아가 철저히 깨어진 자를 쓰신다.**

하나님은 자아가 깨어져 철저히 자신을 내려놓는 사람을 쓰신다. 하나님은 자아를 내려놓고 밑바닥까지 가라앉은 뒤에야 그를 들어서 쓰신다.

모세도 자신이 쓸만하다고 생각하고 스스로 자기 존재를 드러냈을 때에는 하나님이 외면하셨으나 광야에서 40년간 연단을 통하여 "오 주여 나는 본래 말을 잘 하지 못하는 자니이다. 나는 입이 뻣뻣하고 둔한 자니이다."(출 40:10) 하고 자아가 완전히 깨어져 밑바닥까지 내려갔을 때 하나님이 그에게 기름을 부어 일터로 몰아 내셨다.

이제 모세는 오직 하나님의 말씀만 따라가고 하나님의 영광만 추구할 뿐 자기공명심, 자기과시, 자기존재감 같은 자아는 전혀 찾아볼 수 없게 되었다.

사도 바울도 자아로 충만했던 기고만장한 바리새인이었으나 다메섹 도상에서 해보다 더 밝은 빛 가운데 나타나신 주님을 만남으로 자아가 완전히 깨어지게 된다. 그는 눈으로 바라 볼 수 없는 영롱한 광채 앞에 자기 자신의 실체를 발견하게 된다. 자신은 주님의 피조물에 불과하며 본질상 하나님의 진노를 받을 죄인이며 아무 능력도 없는 미물 같은 존재임을 깨닫고 자아가 산산이 부셔진다. 이후부터 바울의 모습에서 자기자랑, 자기과시, 자기연민, 자기사랑, 자기생각, 자기사상, 자기주의, 자기고정관념, 자기존재감, 자기도취, 자기이상, 자화자찬 같은 것은 사라지고 오직 그리스도(Solus Christus) 오직 하나님의 은혜(Sola Gratia) 오직 하나님의 말씀(Sola Scriptura) 오직 믿음(Sola Fide) 오직 하나님의 영광(Sola Deo Gloria)만 추구하는 사도가 된다.

고전 15:10절에서 바울은 "그러나 내가 나 된 것은 하나님의 은혜로 된 것이니 내게 주신 그의 은혜가 헛되지 아니하여 내가 모든 사도보다 더 많이 수고하였으나 내가 한 것이 아니요 오직 나와 함께 하신 하나님의 은혜로라"고 고백한다.

바울은 주님을 위하여 모든 사도보다 더 많이 수고하였으나 "내가 한 것이 아니요" 하고 자신을 나타내지 않고, "오직 나와 함께 하신 하나님의 은혜"라고 하며 모든 공을 하나님께 돌린다. 사도 바울이 이렇게 겸손하고 아름다운 사람이 된 것은 은혜 안에서 자아가 완전히 깨어진 때문이었다.

　기름부음의 세계는 이렇게 자아가 완전히 깨어져야 하나님이 마음 놓고 쓰시게 된다.

　하나님께 아름답고 귀하게 쓰임 받으려면 반드시 내 자아가 깨어지고 주님으로 채워지는 과정이 있어야 한다.

　자아가 깨어지는 과정은 죽음의 과정을 통과하는 것만큼이나 힘드는 과정이다.

　하나님께 바치는 소제는 곡식이 맷돌에 산산이 깨어지고 부셔져 고운 가루가 되어졌을 때 비로소 소제로 드릴 수 있다. 이와 같이 하나님이 쓰시는 사람도 시련과 연단을 통하여 자아가 완전히 깨어짐으로 부드럽고 온화한 성품이 되어 졌을 때 비로소 하나님이 쓰신다.

　모세 같은 종이 되려면 모세 같은 연단을 통하여 자아가 깨어져야 하며 엘리사 같은 종이 되려면 엘리사 같은 자아가 깨어시는 연단이 있어야 한다. 엘리사는 스승 엘리야 선지자의 부름을 받고 가산을 정리한 후 엘리야의 손에 물을 붓는 몸종이 되어 자기를 내려놓고 연단의 수업을 받게 된다.(왕하 3:11하)

　거룩한 기름 부음을 받고 하나님께 바르게 쓰임 받았던 종들은 하나같이 자아가 깨어진 사람들이었다. 자아가 깨어지지 아니하면 반드시 잘못된 길로 간다. 하나님의 영광을 가로 채는 자가 되든지 아니면 자기가 하나님 자리에 앉게 된다. 이런 사람은 멸하기로 예비된 진노의 그릇이 되어 결국 사울같이 버림 받게 된다. 그러나 자아가 깨어지면 철저하게 종의 자세를 가지게 된다.

종은 자존감도 명예도 영광도 심지어 주권도 권리도 아무것도 가지지 않는다. 종은 오직 주인에 의해서만 세워지고 주인을 위해서만 존재한다. 그러므로 종은 주인이 명한대로 다 행한 후에 "나는 무익한 종이라 내가 해야 할 일을 한 것뿐이라"(눅 17:10)고 해야 한다. 이 고백은 자기 주제를 깊이 깨달은 종들에게 나타나는 일치된 현상이다. 하나님의 종은 내가 주체가 되어 하나님을 위해 무엇을 하는가가 중요한 것이 아니다. 주께서 당신의 영으로 이 작은 종을 통하여 무엇을 하시는가가 중요한 것이다. 광야의 연단을 통하여 자아가 깨어진 다윗의 여정은 나를 내려놓고 오직 하나님의 종으로서 성령의 주되심과 하나님의 영광을 위하여 하나님의 뜻에 절대 복종할 뿐이었다. 기름부음의 원리는 나를 비움으로 채워지고 나를 버림으로 얻게 되며 나를 낮춤으로 높아지게 되는 원리이다. 사람이 스스로 취한 영광은 오래가지 못한다. 그러나 자아가 깨어지고 나를 비움으로 하나님이 채워주신 영광은 영원한 것이다.

11

광야의 연단과 육신의 생각

　육신의 생각이란 성령보다 앞서가는 인간의 생각을 말한다.
　성령님은 움직이지도 않는데 내 생각이 벌써 앞서 나가는 것은 주종관계가 뒤바뀐 월권행위이다. 첫단추가 잘못 끼워지면 나머지도 다 잘못 끼워지듯 시작이 잘못되면 결과도 기대할 수 없다. 인간의 자아 중에 가장 깨기 힘는 것이 육신의 생각이다.
　내안에 있는 육신의 생각은 신정정치의 가장 큰 걸림돌이며 인간의 자아 중 가장 깨기 힘든 것이다. 이때까지 길들여온 내 생각 내 마음대로 움직이던 습관이 잘 고쳐지지 않는다. 다윗이 광야에서 하나님의 음성을 듣고 잘 따라가다가 한 순간 자기 마음대로 결정하고 자기생각대로 행동하다 낭패를 보게 된다. 사무엘상 27장 1절에 "다윗이 그 마음에 생각하기를 내가 후일에는 사울의 손에 붙잡히리니 블레셋 사람들의 땅으로 피하여 들어가는 것이 좋으리로다 사울이 이스라엘 온 영토 내에서 다시 나를 찾다가 단념하리니 내가 그의 손에서 벗어나리라" 하고 블레셋 땅으로 피신하게 된다.

다윗은 여호와께 묻지 아니하고 자기 생각으로 600명과 함께 가드 왕 아기스에게 건너갔다.

아기스는 자기에게 망명해온 다윗과 그의 일행을 환대하며 시글락을 그에게 거주지로 주었다. 다윗이 시글락에 거하며 그술 사람과 기르스 사람과 아말렉 사람을 쳐서 남녀를 살려두지 아니하고 양과 소와 나귀와 낙타와 의복을 빼앗아 가지고 왔을 때 아기스가 오늘은 누구를 침노했느냐고 물었다. 그때 다윗은 블레셋 경내인 네겝에 들어와 사는 유다족속과 이스라엘과 우호적인 관계에 있던 여리무엘 사람과 네겝에 사는 겐 사람이라고 거짓으로 보고하였다.(삼상 27:7~10)

다윗이 이렇게 거짓으로 보고하게 된 것은 아기스와 적대관계에 있는 자들을 죽였다고 함으로 아기스로부터 의심을 피하고 신임을 받기 위함이었다.

다윗이 성령의 인도를 따르지 아니하고 육신의 생각을 따라감으로 정도에서 벗어나게 되면서 이제는 권모술수까지 쓰게 된 것이다.

블레셋이 이스라엘을 대하여 전쟁을 일으켰을 때 다윗도 아기스를 따라 가려고 했으나 블레셋 방백들이 원하지 않음으로 아기스가 좋은 말로 다윗을 돌려보내게 된다. 그들이 시글락에 돌아왔을 때에는 성은 불탔고 모든 사람들과 가축은 이미 끌려가고 없었다. 그리하여 다윗과 600명 군사들은 울 기력이 없도록 울었다. 군사들이 자녀들 때문에 마음이 슬퍼서 다윗을 돌로 치자고 하며 분위기가 험해졌다.(삼상 30:1~6) 다윗이 그때야 비로소 여호와께 묻지 아니하고 내 생각대로 움직인 것이 얼마나 어리석을 짓이라는 것을 깨닫고 제사장 아비아달에게 에봇을 내게로 가져오라고 하여 여호와께 묻게 된다.

"다윗이 여호와께 묻기를 내가 이 군대를 추격하면 따라 잡겠나이까 하니 여호와께서 그에게 대답하시되 그를 쫓아가라 네가 반드시 따라 잡고 도로 찾으리라"(삼상 30:8) 고 일러주셨다. 다윗은 여호와께서 일러 주신대로 쫓아가서 새벽부터 이튿날 저물 때까지 아말렉인들을 치고 잃었던 가족과 모든 재물을 도로 찾아오게 되었다.

다윗은 자기 나름대로 최선의 선택을 하였고 최선의 결정을 하였으나 막상 뚜껑을 열고 보니 자기 생각대로 움직인 결과는 참담했다.

이후부터 다윗은 내 상식이 정답이 아니며 내 생각도 진리가 아니며 오직 하나님께서 들려주신 세미한 음성만이 나를 바른길로 인도한다는 것을 마음 깊이 새기게 되었다. 다윗은 또 한번 하나님의 은혜에 빚을 졌고 사랑에 빚을 졌다. 다윗은 평생 하나님의 은혜에 빚진자로 살아야 한다는 거룩한 부담감 앞에 한없이 작아진 자신을 발견하게 되면서 순간순간 하나님을 의지하며 하나님이 지시하는 대로 걸어가는 것 외에 자신이 할 수 있는 일은 없었다.

> **로마서 8장**
>
> 5절 육신을 따르는 자는 육신의 일을 영을 따르는 자는 영의 일을 생각하나니
> 6절 육신의 생각은 사망이요 영의 생각은 생명과 평안 이니라.
> 7절 육신의 생각은 하나님과 원수가 되나니 이는 하나님의 법에 굴복하지 아니 할 뿐 아니라 할 수도 없음이라.
> 8절 육신에 있는 자들은 하나님을 기쁘시게 할 수 없느니라.

성경은 하나님 보다 앞서가는 육신의 생각은 사망이라고 했다.

다윗이 육신의 생각에 사로잡혀 쉬운 대로 생각하고 편리한 대로 행동한 것은 성령보다 앞섰고 말씀보다 먼저 간 월권이었다. 사단이 사람을 지배하는 원리는 먼저 생각을 사로잡아 조종한다. 사단이 가룟 유다를 조종할 때에도 그의 마음에 예수를 팔려는 생각을 집어넣었다.(요 13:2) 그 생각은 자신을 망치는 허망한 생각이었다. 그러므로 허망한 생각에 사로 잡혀 그 생각을 따라가는 자는 이미 사단에게 조종 당하고 있음을 깨달아야 한다. 욥기 11:12절에 "허망한 사람은 지각이 없나니 그의 출생함이 들나귀 새끼같으니라"고 했다. 허망한 생각에 사로 잡히면 아무 열매도 없으며 결국 그 인생은 들나귀 새끼 같이 허망하게 무너진다. 그러므로 기름 부으심은 절대로 생각이 복잡하면 안된다. 단순해야 한다. 믿음의 세계는 복잡하지 않고 단순하다. 종은 주인을 따라가야 하듯 언제나 성령님을 따라가야 되고 말씀을 따라가야 된다. "내가 이르노니 성령을 따라 행하라 그리하면 육체의 욕심을 이루지 아니하리라"(갈 5:16절)

사람은 누구나 육신의 생각에 포로가 되어 있다. 그러므로 내 생각이 깨어져 나를 완전히 내려놓기 전에는 하나님의 뜻을 이룰 수 없다.

사울은 다윗과는 달리 자기 생각이 깨어지는 연단의 과정이 없었다. 그러므로 그는 자기생각을 따라 하나님의 명령에 불순종 할 뿐 아니라 기름 부으심의 정신에 역행하여 하나님의 영광까지 찬탈하게 된다.

하나님께서 사울에게 아말렉을 진멸하라고 명령하셨다. 아말렉 족속은 이스라엘 백성들이 출애굽 하여 르비딤에 있을 때 이스라엘을 공격했던 비열한 자들이었다. 하나님께서 아말렉 족속들을 대하여 맹세하시기를 내가 아말렉을 없이하여 천하에서 기억도 못하게 하리라(출 17:14)고 하셨다.

하나님께서 아말렉을 도말하시고자 사울에게 아말렉을 진멸하되 호흡있는 것은 사람이든지 짐승이든지 남김없이 멸하라고 하셨다. 그러나 사울은 아말렉을 다 진멸하지 아니하고 아말렉왕 아각을 산 채로 잡아왔고 양과 소 중에서 기름지고 살찐 것은 끌어왔다. 사울의 행위가 여호와 보시기에 바르지 못했다. 어떻게 보면 사울의 행위가 융통성 있게 보일지도 모르나 어디까지나 하나님의 말씀이 진리요 말씀이 선의 기준이다.

하나님의 종은 하나님의 말씀을 가감 없이 수행해야 착하고 충성된 종이 되는 것이다. 사울이 자기생각에 사로잡혀 하나님의 말씀을 불순종했다. 여호와께서 사무엘에게 말씀하시기를 "내가 사울을 왕으로 세운 것을 후회하노니 그가 돌이켜서 나를 따르지 아니하며 내 명령을 행하지 아니 하였음이니라 하신지라 사무엘이 근심하여 온 밤을 여호와께 부르짖으니라"(삼상 15:11)고 했다.

사무엘이 온 밤을 슬피 부르짖다가 사울을 만나려고 아침 일찍 일어나 갈멜에 있는 사울을 찾아 갔다. 사울은 사무엘을 보자 내가 여호와의 명령을 행하였나이다 하고 말했다. 그때 사무엘이 사울에게 내 귀에 들려오는 이 양의 소리와 내게 들리는 소의 소리는 어찌 됨이니이까 하니 그것은 백성이 당신의 하나님 여호와께 제사 드리려고 양과 소 중에서 가장 좋은 것을 남김이요 그 외의 것은 우리가 진멸 하였나이다 하고 양과 소를 끌어 온 것을 정당화하며 백성 탓으로 돌려 변명을 늘어놓았다.

그때 "사무엘이 이르되 여호와께서 번제와 다른 제사를 그의 목소리 청종하는 것을 좋아하심같이 좋아 하시겠나이까 순종이 제사보다 낫고 듣는 것이 숫양의 기름보다 나으니 이는 거역하는 것은 점치는 죄와 같고 완고한 것은 사신 우상에게 절하는 죄와 같음이라 왕이 여호와의 말씀을 버렸으므로 여호와께서도 왕을 버려 왕이 되지 못하게 하셨나이다"(삼상 15:22~23)하고 하나님의 심판을 선언했다.

왜 사울은 하나님의 말씀을 순종하지 않고 거역했는가? 사울은 육신의 생각과 아집에 사로잡혀 육신에게 종노릇했기 때문이다. 자아 중에도 제일 깨어지지 않는 것이 자기생각이다. 자기 생각이 깨어지지 아니한 사람은 자기의 엉뚱한 생각대로 행동하게 되어 오히려 하나님의 역사를 망가뜨리고 결국 자기도 망하고 남도 망하게 한다.

　사울은 하나님의 뜻을 거역하고 자기 생각을 좇아 행함으로 하나님으로부터 영영 버림을 당한다. 이는 하나님이 사울을 버렸다기보다 사울이 하나님을 버렸다고 해야 옳을 것이다.

　종은 주인을 두려워하며 주인 앞에 한없이 작아질 때 주인의 사랑을 받는다. 하나님의 종과 성도들이 교만하여 하나님께 버림당하면 설 곳이 없다. 자기 생각을 내려놓지 아니하면 하나님의 일을 한다고 하지만 그 결과는 사울같이 하나님의 일을 훼방하는 방해꾼 노릇만 하게 된다. 기름 부음의 사역은 반드시 내 생각을 내려놓지 않으면 꽃을 피울 수 없다.

광야의 연단과 영광 찬탈

　전쟁에서 돌아온 사울왕은 먼저 승리를 주신 하나님께 영광을 돌리지 아니하고 갈멜로 내려가 자기를 위하여 기념비를 세웠다.(삼상 15:12) 사울이 기념비를 세운 것은 모든 공을 자기에게로 돌려 자기 이름을 후대에까지 전하기 위함이었다. 왜 사울은 종의 신분을 망각하고 불순종한 것도 부족하여 하나님의 영광까지 찬탈하는가? 그것은 자아가 깨어지지 아니함으로 자기를 드러내고자 하는 공명심과 과시욕에 사로 잡혔기 때문이었다.

　인간의 존재의 목적은 하나님께 영광 돌리는데 있다. "내 이름으로 불려지는 모든 자 곧 내가 내 영광을 위하여 창조한 자를 오게 하라 그를 내가 지었고 그를 내가 만들었느니라."(사 43:7) 인간은 어느 누구도 예외 없이 하나님의 영광을 위하여 창조되었다. 그러므로 피조된 인간은 절대로 영광을 가로채서는 안 된다.

하나님은 어느 누구와도 영광을 나누지 않는다. 이것이 하나님의 영적 질서이다. "나는 여호와이니 이는 내 이름이라 나는 영광을 다른 자에게 내 찬송을 우상에게 주지 아니하리라."(사 42:8) 하나님은 당신의 영광에 관해서 만은 냉혹하리만큼 엄격하시다. 어느 누구도 하나님의 영광을 가로채면 하나님은 그에게서 은총을 거두신다. 하나님이 은총을 거두시면 그는 마치 머리 깎인 삼손과 같이 힘을 잃고 죽음의 미로를 헤매는 자가 된다. 인간은 본연의 자세로 하나님께 영광을 돌려 드릴 때 하나님께로부터 더 큰 영광이 내려오는 것이 영적 질서이다. 인간은 하나님께 영광을 돌릴 때 세상에서 누릴 수 없는 큰 기쁨과 즐거움을 얻게 된다. 그것은 하나님께 영광을 돌려 드릴 때 하늘로부터 영광이 다시 내려오기 때문이다. 이 원리를 모르면 하나님의 일을 그르치게 된다.

- **모세가 여호와의 영광을 가로챔으로 가나안 땅에 들어가지 못함.**

이스라엘 백성들이 가데스에 이르렀을 때 목이 말라 모세와 아론에게 너희가 어찌하여 여호와의 회중을 이 광야로 인도하여 우리와 짐승이 다 여기서 죽게 하느냐 너희가 어찌하여 우리를 애굽에서 나오게 하여 이 나쁜 곳으로 인도하였느냐? 하고 다투었다. 그때 여호와께서 모세와 아론에게 말씀하시기를 너희는 회중을 모으고 반석에게 명령하여 물을 내라고 하셨다. 이에 "모세와 아론이 회중을 그 반석 앞에 모으고 모세가 그들에게 이르되 반역한 너희여 들으라 우리가 너희를 위하여 이 반석에서 물을 내랴 하고 모세가 그의 손을 들어 지팡이로 반석을 두 번 치니 물이 많이 솟아나므로 회중과 그들의 짐승이 마시니라."(민 20:10~11) 고 했다.

여기서 모세와 아론은 중대한 실수를 범한다. 하나님께서 시키는 대로 반석에게 명령하여 물을 내지 아니하고 혈기를 부리면서 지팡이로 반석을 두 번 쳤으며 영광을 하나님께 돌리지 아니하고 "우리가 너희를 위하여 이 반석에서 물을 내랴"하고 이스라엘 목전에서 하나님의 영광을 나타내지 않고 자기들이 가로챘다. 그러므로 여호와께서 진노하시기를 "너희가 나를 믿지 아니하고 이스라엘 목전에서 내 거룩함을 나타내지 아니한 고로 너희는 이 회중을 내가 그들에게 준 땅으로 인도하여 들이지 못하리라"(민 20:12)고 말씀하셨다.

모세는 단 한 번의 실수로 꿈에도 잊을 수 없는 가나안땅에 들어가지 못한다는 추상같은 하나님의 엄명을 듣게 된다. 그때 모세는 가나안땅에 들어가기를 애타게 소원하며 하나님께 간구하기를 "구하옵나니 나를 건너가게 하사 요단 저쪽에 있는 아름다운 땅 아름다운 산과 레바논을 보게 하옵소서"(신 3:25) 하되 "여호와께서는 그만해도 족하니 이 일로 다시 내게 말하지 말라"(신 3:26)하고 기도 금지령까지 내리셨다.

40년간 모진 풍파를 거치며 광야에서 이스라엘 백성을 인도했던 모세는 단 한 번의 실수로 비스가산에 올라 눈을 들어 꿈에도 잊지 못할 가나안땅을 바라본 후 그의 생을 마감하게 된다.

사람이 하나님의 영광을 가로채는 것은 피조물이 조물주의 자리에 앉는 교만이요 영적질서를 무너뜨리는 죄악이다. 하나님은 영광에 대해서는 어느 누구와도 나누지 아니하신다.

아이러니 하게도 하나님의 영광을 찬탈하는 자들이 다른 사람이 아닌 하나님의 일을 한다는 하나님의 종과 성도들이다. 하나님의 종과 성도들은 사람 앞에 영광을 얻으려고 공명심에 사로 잡혀 사울의 길로 가는 것을 경계해야 한다. 하나님의 종이라도 내 자아가 완전히 깨어지지 아니하면 명예욕과 자기 과세욕에 사로잡혀 사울같이 자기 이름을 후세에 남기고자 하는 유혹을 떨쳐내기 어렵다. 깊은 연단을 통하여 인간은 상한 갈대같이 연약한 존재이며, 한 순간도 하나님이 잡아주지 아니하시면 설 수 없다는 것을 깨달을 때만이 자기 사랑과 공명심으로부터 자유로울 수 있다.

- 천사장이 쫓겨난 이유.

계명성으로 명명된 천사장 루시퍼(Lucifer)가 처음 지음 받을 때에는 시혜가 충족하고 온선히 아름다움으로 지음 받았으나 그 아름다움으로 교만하였으며 영화로움으로 지혜를 더럽혔다. "그는 교만하여 마음에 이르기를 내가 하늘에 올라 하나님의 뭇 별 위에 내 자리를 높이리라 내가 북극집회의 산위에 앉으리라."(사 14:13) 고 했다. 그는 뭇 별 위에 자리를 높여 동류 천사들 보다 높아지려고 했다. 이것은 하나님이 세우신 수평적인 질서를 무너뜨리고 인위적으로 자기를 정점으로 한 수직적인 질서로 변경시키고자 하는 교만이었다.

여기서 한걸음 더 나아가 "가장 높은 구름에 올라가 지극히 높은 이와 같아지리라 하는 도다."(사 14:14) 이 말씀은 피조물이 창조주 하나님을 우러러 보면서 섬기도록 된 수직적인 창조 질서를 파괴하고 피조물이 하나님의 자리에 오르려는 교만의 극치이며 용서받을 수 없는 죄악이었다. 이사야 14장 12절에 "너 아침의 아들 계명성이여 어찌 그리 하늘에서 떨어졌으며 너 열국을 엎은 자여 어찌 그리 땅에 찍혔는고" 교만하여 자기의 주제를 망각하고 날뛰던 천사장은 결국 몰락하여 하늘에서 떨어져 땅에 내리 찍히고 말았다. 이사야 14장 12절에 언급된 새벽별을 상징하는 계명성은 일차적으로 바벨론 왕을 의미하며 영적인 차원에서 교만하여 몰락한 사탄을 의미한다. 하나님의 영광을 가로채면 천사이든 인간이든 예외 없이 하나님은 중벌을 내리신다.

하나님의 종들은 사람에게 영광을 직접 받아서는 안 된다. 그것은 인간에게 금지된 명백한 불법이다. 하나님의 종은 먼저 영적 질서를 따라 하나님께 영광을 돌려드리면 반드시 하늘로부터 내려오는 영광이 있다. 하나님의 종과 성도들은 그것을 받아야 한다. "만일 하나님이 그로 말미암아 영광을 받으셨으면 하나님도 자기로 말미암아 영광을 주시리니 곧 주시리라."(요 13:32)

하나님의 종은 사람의 인기에 영합하지 않고 초연해야 하며 바람에 흔들리는 갈대 같은 인간의 인기와 칭찬에 마음을 두어서는 안 된다. 기름 부음의 원리는 비워진 만큼 진정한 자유를 얻게 되는 것이다. 광야의 연단을 통하여 자아가 철저히 깨어진 다윗은 털끝만큼도 자기 과시욕이나 자기도취에 빠지지 아니하고 모든 영광을 하나님께 돌려 드렸다. 이후에 다윗이 왕위에 앉았을 때 성전 건축할 재료를 많이 준비하여 기쁨으로 하나님께 드리면서 자기를 드러내지 않고 기쁜 마음으로 드릴 수 있게 된 것도 하나님의 공으로 돌린다. 다윗이 하나님께 영광을 돌림으로 영광이 없어 진 것이 아니었다. 먼저 하나님을 송축하고 영광을 돌려 드렸을 때 하늘로부터 오히려 더 큰 영광이 내려왔다. 그 영광은 낡아지지도 아니하고 없어지지도 않는 무궁한 것이다. "그를 높이라 그리하면 그가 너를 높이 들리라 만일 그를 품으면 그가 너를 영화롭게 하리라 그가 아름다운 관을 네 머리에 두겠고 영화로운 면류관을 네게 주리라 하셨느니라."(잠 4:8~9)

하나님은 먼저 영광을 돌리는 다윗에게 그 머리에 영화로운 면류관을 두심으로 다윗의 권세와 영광이 들소의 뿔같이 높아지게 하시고 은혜와 진리로 채우시며 영광으로 영광에 이르게 하셨다.

13

광야의 연단과 겸손한 인격

성령은 인격과 더불어 역사 하신다 다시 말하면 사람을 동역자로 삼아 그와 더불어 역사하신다는 뜻이다.(고후 6:1) 하나님이 그와 함께 역사하시는 인격은 다듬어진 겸손한 인격을 말한다. 진정한 겸손은 영광의 임재 앞에 나약한 나의 실체를 발견하고 나는 그분 앞에 아무것도 아니라는 사실을 깨닫고 내자아가 완전히 깨어진 겸손이다. 자아가 완전히 깨어지지 아니한 겸손은 위장된 겸손일 뿐이다.

성령은 겸손한 인격 속에서 역사하시며 겸손한 인격을 통하여 당신을 나타내시기를 기뻐하신다. 그러므로 겸손한 인격은 성령을 모시는 그릇이다.

사울왕에게 2차적으로 강한 기름 부음이 있었다. 사울이 다윗을 잡으려고 라마 나욧으로 갈 때에 하나님의 영이 그에게 강하게 임하시니 그가 라마 나욧에 이르기까지 걸어가며 예언을 하였고 그가 또 그의 옷을 벗고 사무엘 앞에서 예언을 하며 하루 밤낮을 벗은 몸으로 누웠다고 했다.(삼상 19:23~24) 이렇게 사울에게 그의 몸을 주체할 수 없을 정도로 강력한 기름 부으심이 임했다. 그러나 사울은 성령님을 하나의 능력으로만 경험했을 뿐 겸손한 마음으로 사랑하며, 환영하며, 모셔드리는 인격적인 만남을 가지지 못했다. 그리하여 그는 인격자이신 성령의 임재 앞에 겸손히 낮아진 모습도 없었고 다윗을 죽이고자 했던 죄를 뉘우치는 빛도 없었고 변화된 모습도 없었다. 그는 여전히 교만하여 다윗을 미워하고 죽이려는 옛사람 그대로 였다. 그러므로 성령님은 인격의 변화가 없는 사울에게 더 이상 머물러 계시지 않고 탄식하며 떠나셨다.

라마 나욧에 나타난 성령의 역사는 겸손한 다윗에게는 은혜 위에 은혜가 더하여 광야의 시련을 이겨내는 힘이 되게 하셨고 교만한 사울에게는 있는 것까지도 빼앗기게 한 양면성을 지닌 사건이었다.

성령님은 겸손한 마음으로 나와 같은 인격자로 모셔 들이고 사랑하며 높여 드릴 때 내 몸을 성전 삼고 나와 동거하시며 나의 사역과 삶을 이끌어 가신다. 기름부음의 세계는 내가 겸손히 낮아진 만큼 높이시고 비운만큼 은혜로 채우시고 자아가 깨어진 만큼 성령이 일하신다. "주 앞에서 낮추라 그리하면 주께서 너희를 높이시리라."(약 4:10)

사도바울은 내가 약하여 겸손히 엎드릴 때 그리스도의 능력이 내게 머문다는 진리를 깨달았다. "그러므로 내가 그리스도를 위하여 약한 것들과 능욕과 궁핍과 박해와 곤고를 기뻐하노니 이는 내가 약할 그 때에 강함이라"(고후 12:10)고 했다. 하나님의 종과 성도들은 나의 약함을 솔직하게 인정하고 엎드려 성령님이 일 하시도록 성령님께 주인자리를 내어 드려야 한다. 이것이 자아가 깨어짐으로 거듭나게 된 참된 겸손이다.

하나님의 종들과 성도들이 가장 경계해야 할 것은 교만하여 하나님 없이 내가 왕노릇 하는 만용을 부리는 것이다. 하나님의 종과 성도들이 추구해야 할 가장 귀한 덕목은 겸손이다. 왜냐하면 "하나님은 교만한 자를 물리치시고 겸손한 자에게 은혜를 베푸시기 때문이다."(약 4:6)

사울이 스스로 작게 여겨 자신을 낮추고 겸손할 때 하나님이 그를 왕으로 세워 백성의 머리가 되게 하셨으나(삼상 15:17) 그러나 교만하여 여호와의 목소리를 청종하지 아니하고 자기가 하나님 없이 왕노릇하다가 하나님께 버림 당하고 말았다.

잠언 18장 12절에 "사람의 마음의 교만은 멸망의 선봉이요 겸손은 존귀의 앞잡이"라고 했다. 하나님이 다윗을 광야로 몰아내어 연단을 받게 하신 뜻은 하나님 앞에 자신을 낮추는 겸손한 인격자가 되게하여 아름답게 쓰시기 위함이었다. 다윗은 철저한 연단 속에서 자존감도 자기공명도 자기자랑도 다 내려놓고 나와 세상은 보이지 않고 오직 주님만 바라보게 되었다.

하나님은 자아가 깨어져 인격화된 겸손을 귀히 쓰신다. 하나님이 모세를 귀하게 쓰신 것도 겸손했기 때문이다. 민수기 12장 3절에 "이 사람 모세는 온유함이 지면의 모든 사람보다 더 하더라"고 했다. 온유하다는 것은 완숙한 인격의 실체요 겸손은 대인관계에서 밖으로 나타나는 겉모습이다. 그러므로 온유와 겸손은 별개의 것이 아니라 동전의 양면과 같이 겉과 속의 차이일 뿐 본질은 하나다. 베드로 사도는 "서로 겸손으로 허리를 동이라고 했다."(벧전 5:5) 이 말씀은 겸손으로 자기의 인격을 관리하고 통제하라는 뜻이다. 옷을 입고난 후 허리에 띠를 띠지 않으면 단정하지 못하고 옷이 벗어지는 것같이 겸손으로 자기의 인격을 통제하지 못하면 겸손의 고삐가 풀려 자기 자랑과 과시욕에 사로잡혀 겸손과 교만을 넘나드는 위험한 줄타기를 하다가 결국 교만의 나락으로 떨어지게 된다.

인간이 타락한 것도 교만 때문이다. 교만은 마귀가 내민 독이 든 사과다. 독이 든 사과는 보암직하고 먹음직해도 그것을 먹는 날에는 정녕 죽음과 파멸이 있을 뿐이다. 하와는 선악과를 먹는 날에 눈이 밝아져 하나님과 같이 된다는 마귀의 미혹에 걸려들어 결국 타락하게 된다. 피조된 인간이 인간으로서 족하게 여기며 감사하지 아니하고 하나님과 같이 되겠다는 교만이 결국 자신과 인류를 파멸로 몰아넣었다.

교만은 마귀에게서 시작된 죄악이며 마귀는 교만의 아비이다. 지금도 마귀는 사람들을 교만에 빠지도록 미끼를 던져 미혹한다. 주의 종과 성도들이 겸손한 인격으로 다듬어 지지 아니하면 사단의 미끼에 걸려들어 남이 하는 일은 인정하지 않고 무시하며 오직 나만이 최고라는 독선에 빠지기 쉽다.

주님의 종들과 성도들은 언제나 남을 나보다 낫게 여기며 나의 말은 것이 귀한 만큼 남의 것도 귀하게 여겨야 한다. 남에게 우월감을 가지고 오직 나밖에 없다는 독선은 이미 사단이 던진 교만의 미끼에 걸려든 것이다.

신앙생활은 나와 하나님과 1:1의 관계로서 절대로 남과 비교의식이나 경쟁의식을 가져서는 안된다. 비교의식과 경쟁의식은 악에서 나는 것이다. 하나님은 남과 비교하는 상대평가를 하시지 않는다. 그 일에 얼마나 정성을 들여 최선을 다했느냐? 하는 절대 평가를 하신다.

하나님은 겸손한 종에게 존귀를 더하시고 교만하면 수족같이 쓰던 종이라도 미련없이 내치신다. 성경 어디에도 교만해서 복 받은 사람이 없다. 하나님의 종과 성도들이 나는 하나님의 손에 들려진 도구에 불과하다는 것을 깨닫는다면 절대로 교만한 말이나 무례한 행동을 할 수 없는 것이다. "도끼가 어찌 찍는 자에게 스스로 자랑하겠으며 톱이 어찌 켜는 자에게 스스로 큰 체 하겠느냐 이는 막대기가 자기를 드는 자를 움직이려 하며 몽둥이가 나무 아닌 사람을 들려함과 같음이로다."(사 10:15)

기름 부으심은 내가 주님의 종이라는 사실을 자각하고 낮은 데로 내려가 사랑으로 섬기는 것이다. 내가 받은 은사는 자랑하고 뽐내라고 주신 것이 아니라 그리스도의 희생과 사랑으로 이웃을 섬기라고 주신 것이다. 하나님의 종과 성도들이 남을 섬기지 아니하고 우월감을 가지고 군림하는 것은 교만이다. 하나님의 종들이 교만하여 버림당하면 갈 곳이 없다. 교만한 자는 하나님만 싫어하시는 것이 아니라 사람도 싫어하고 심지어 교만한 사람도 교만한 자를 싫어한다. 그러므로 교만한 사람은 어디에도 설 곳이 없다. 하나님의 세계는 화려한 업적보다 신앙 인격이 우선한다.

그러므로 to do 보다 to be 가 선행되어야 하며 사역에 앞서 먼저 겸손한 인격자로 만들어 지는 것이 더 중요하다. 사랑이 율법의 완성인 것같이 연단 속에서 자아가 깨어짐으로 생명화 되고 체질화된 겸손은 인격의 완성이다. 그러므로 하나님은 다윗을 사역보다 먼저 광야 연단의 과정을 거치게 하신 것이다.

14

광야의 연단과 인내

　인내는 하나님의 종들과 성도들이 갖추어야 할 필수적인 덕목이다. 야고보 사도는 "인내를 온전히 이루라 이는 너희로 온전하고 구비하여 조금도 부족함이 없게 하려 함이니라"(약 1:4)고 했다.
　사도 바울도 사도의 표된 것은 오래 참는 것이라고 했다. "사도의 표된 것은 내가 너희 가운데 모든 참음과 표적과 기사와 능력을 행한 것이라."(고후 12:12) 오래 참는 인내는 표적과 기사와 능력보다 우선하며 상처 입은 조개에서 진주가 만들어 지듯 바울은 시련과 연단 속에서 인내를 온전히 이루었으므로 환경을 탓하지 않고 환경에 적응하는 삶의 지혜를 배웠다. 그는 말하기를 "나는 비천에 처할 줄도 알고 풍부에 처할 줄도 알아 모든 일 곧 배부름과 배고픔과 풍부와 궁핍에도 처할 줄 아는 일체의 비결을 배웠노라"(빌 4:12)고 했다. 하나님은 연단 속에서 종들의 인내를 시험하신다. 하나님은 시련을 통하여 욥의 인내를 시험하셨고, 다윗의 인내를 시험하셨다.

　다윗이 광야의 시련과 연단 속에서 얻은 소득 가운데 인내를 빼놓을 수 없다. 그에게 있어서 광야의 시련은 인내의 훈련장이었다. 이때까지 내 시간표에 의해 움직였다면 이제부터는 조급함을 털어 내고 전적으로 하나님의 시간표에 의해 움직여야만 했다. 다윗은 내일의 모든 운명을 전적으로 하나님의 뜻에 맡긴 채로 기약 없는 연단의 기간을 인내하며 기다리는 법을 배워야만 했다. 인내는 영적 체질을 강하게 한다. 하나님이 시련과 연단의 길로 몰아 넣으신 것은 시련과 연단 그 자체가 목적이 아니라 그로 인하여 인내를 배워 하나님이 인정하시는 성숙한 믿음의 단계로 나아가는 지렛대로 삼기 위함이다. 누구에게나 하나님이 요구하시는 믿음의 분량이 있다. 그러므로 시련 속에서 믿음의 분량이 차기까지 인내하며 기다려야 한다. 인내를 기르지 못하면 벽에 부딪히게 될 때 넘어서지 못하고 쉽게 포기하게 된다. 하나님의 역사는 결코 포기할 수 없는 일이기에 하나님의 일을 감당할 자들은 시련 속에서 내공이 쌓이기까지 인내하며 견디는 과정을 통과해야 한다.

　모세는 기약 없는 연단의 세월을 인내하며 기다렸다. 모세는 하나님이 요구하시는 믿음의 분량이 차기까지 40년을 한결같이 인내하며 기다렸다. 40년은 하나님께서 모세에게 정하신 연단의 기간이었다. 여기서 단 하루만 빠져도 안된다. 인간의 시련의 때가 차야 하나님의 때가 오는 법이다. 하나님이 정하신 시련과 연단의 기간은 내가 하나님을 믿고 신뢰하는 수준을 넘어 하나님이 나를 인정하고 신뢰해 주시는 수준에 이르렀을 때 비로소 다음 단계로 이끌어 가신다.

엘리사는 밭을 갈던 농사꾼이었으나 엘리야의 부름을 받고 그를 따라가 그의 수종자가 되어 손에 물을 붓는 몸종이 되었다.(왕하 3:14) 그는 맨 밑바닥에서부터 연단이 시작되어 이제 엘리야가 승천을 준비하는 마지막 단계 앞에 서게 되었다. 엘리사는 그의 인내를 시험받는 마지막 관문 앞에 섰다. "여호와께서 회오리바람으로 엘리야를 하늘로 올리고자 하실 때에 엘리야가 엘리사와 더불어 길갈에서 나가더니 엘리야가 엘리사에게 이르되 청하건대 너는 여기 머물라 여호와께서 나를 벧엘로 보내시느니라 하니 엘리사가 이르되 여호와께서 살아 계심과 당신의 영혼이 살아 있음을 두고 맹세하노니 내가 당신을 떠나지 아니하겠나이다"(왕하 2:2) 라고 했다. 이에 두 사람이 벧엘로 내려갔다.

이번에는 벧엘에서 여리고로 여리고에서 요단으로 가면서 계속 너는 여기 머물라고 했으나 엘리사는 여호와께서 살아 계심과 당신의 영혼이 살아 있음을 두고 맹세하노니 내가 당신을 떠나지 아니하겠나이다 하고 인내하며 끝까지 스승 엘리야를 따라갔다. 그랬더니 엘리야 선지자가 엘리사에게 나를 네게서 데려감을 당하기 전에 내가 네게 어떻게 할지를 구하라 고했다.

그때 엘리사가 "당신의 성령이 하시는 역사가 갑절이나 내게 있게 하소서"하고 구했다.(왕하 2:9) 그때 엘리야는 네가 어려운 일을 구하는 도다. 그러나 나를 네게서 데려가시는 것을 네가 보면 그 일이 네게 이루어지려니와 그렇지 아니하면 이루어지지 아니하리라 하고 두 사람이 길을 갈 때 엘리야가 회오리바람을 타고 하늘로 올라가는지라 엘리사가 보고 소리 지르되 내 아버지여 내 아버지여 이스라엘의 병거와 그 마병이여 하더니 이에 엘리사가 자기 옷을 잡아 둘로 찢고 엘리야의 몸에서 떨어진 그의 겉옷을 주워 돌아와 요단 언덕에 서서 그 겉옷을 가지고 물을 치며 이르되 엘리야의 하나님 여호와는 어디 계시나이까 하고 물을 치매 물이 이리 저리 갈라져 엘리사가 강을 건넜다. 여리고에 돌아오니 선지자의 제자들이 그를 보며 말하기를 엘리야의 성령이 하시는 역사가 엘리사 위에 머물렀다 하고 그에게로 나아가 땅에 엎드려 절을 했다.(왕하 2:1~15)

  인내로서 고난의 떡과 쓴 나물을 먹은 자만이 광야의 만나를 먹을 자격이 있는 것 같이 시련과 연단 속에서 인내하며 내공이 길러진 자만이 하나님이 예비하신 은총을 누릴 자격이 있다.

  엘리사가 고된 연단의 과정을 마지막 단계가시 동과했을 때 하나님은 엘리사를 영광의 자리에 세우셨다. 엘리사가 강한 연단을 통하여 인내로서 자신이 하나님을 믿는 수준을 넘어 이제는 하나님은 엘리사를 신뢰하고 인정하시는 수준에 이르렀을 때 비로소 그에게 능력의 겉옷을 입혀 주시고, 선지자 생도들을 지도하는 위치에 세워주시고, 하나님의 사람이라는 아름답고 영화로운 이름을 주셨다.

  하나님의 사람이란?

  인내로서 내공이 길러져 어떠한 일이 있어도 시험에 들지 아니하며, 모든 것을 하나님의 섭리로 받아들이고 맡겨진 일을 잘 감당하며, 한 말씀도 땅에 떨어지지 않는 하나님의 말씀의 권위와 나타나는 아름다운 역사로 그 시대를 위대하고도 영광스럽게 하는 자이다.

하나님은 성도들이 시련과 연단의 과정에서 조급증과 변덕을 다스리고 인내로서 내공이 길러졌을 때 다음단계로 이끌어 가신다.

인내로서 조급증을 다스리지 못하면 사단의 올무에 걸려들어 일을 그르칠 수도 있다. 조급증과 변덕의 기복이 심한 것은 이미 사단에게 잡힌 것이다. 그러므로 시련과 연단의 과정 속에서 인내로서 내공을 쌓아야만 하나님의 신뢰를 받게 된다.

인내로서 내공이 쌓인 사람은 신의와 책임 의식이 있는 사람이다. 신의는 하나님과의 약속을 생명같이 여기며 것이며, 책임의식은 하나님이 맡겨주신 일은 마치 추수하는 날에 얼음냉수와 같이 주인의 마음을 시원케 하는 충성심을 말한다.(잠 25:13)

신의를 저버리고 약속을 제대로 지키지 못하는 사람이나 맡은 일에 책임을 다하지 못하는 사람은 신뢰할 수 없으며 인격이 마모된 자이다.

인격이 마모된 사람은 하나님의 의를 이루지 못한다.

사울 왕이나 솔로몬 같은 사람은 연단을 통하여 인내를 온전히 이루어 내공이 쌓이기도 전에 중책을 맡았다가 결국 신의를 저 버리고 책임을 감당하지 못하므로 나라를 무너뜨렸다,

이제 다윗에게 인내를 시험하는 연단의 기간이 끝이 났다 파수꾼이 아침에 떠오르는 태양을 희망삼고 기다리 듯 다윗은 광야 연단

속에서 내 앞길을 인도할 주님의 빛을 희망 삼고 기다렸더니 드디어 때가 왔다. 인간의 때가 차면 하나님의 때가 오는 법이다. 다윗 같이 목표가 분명한 사람은 광야의 거친 시련 속에서도 참고 인내하게 된다.

다윗은 인내의 분량이 찼으므로 하나님께서 다음 단계인 영광의 단계로 이끌어 가신 것이다.

그간 궁핍과 불안 속에서 인내하며 쌓아온 견고한 믿음이 보이지 않는 자산이 되어 미래의 영광의 시대를 이끌어갈 자원이 되었다.

다윗이 사울에게 쫓겨 광야에서 연단 받은 기간이 정확하게 몇 년인지는 알 수 없다. 그가 연단 받은 기간은 사울을 피하여 광야로 도망한 날부터 그의 나이 30세가 되어 은신처에서 나와 헤브론으로 올라갈 때까지이다.(삼하 5:4) 기약 없는 광야에서 정신없이 살다가 녹음이 짙어진 산을 보고서야 비로소 봄이 가고 여름이 온 줄 알았다. 이렇게 깊은 은신처에 묻혀 살다 보니 세월이 가는 것도 몰랐다. 다윗이 몇 년 동안 연단을 받았느냐 하는 기간도 가볍게 여길 수 없지만 그것보다 연단 속에서 인내하며 얼마만큼 믿음의 그릇이 만들어 졌느냐 하는 내용이 더 중요하다. 하나님은 연단 속에서 인내하며 내가 만들어진 만큼 부으시고, 내가 된 만큼 열어 가신다.

15

광야의 시련과
주님 따라가는 법

하나님께서 다윗을 광야로 몰아내셔서 자아와 육신의 생각을 철저히 깨뜨리게 하시고 겸손한 인격과 인내심을 기르게 하신 것은 결국 나를 내려놓고 성령의 주되심을 인정하고 성령님을 따라가게 하기 위함이었다. 하나님의 뜻을 이 땅에 실현되게 하려면 주의 종들과 성도들은 주님을 따라가야 한다. 이것이 신정정치의 핵심이다.

광야시대는 이스라엘 백성들이 구름 기둥과 불 기둥을 따라갔다. 구름 기둥과 불 기둥을 따라가지 않고 앞서 간 자는 살아 남지 못했다.(민 14:40~45) 신약시대는 제자들이 예수님을 따라갔다.

예수님이 그물을 던지고 있는 시몬과 그의 형제를 부르실 때 "나를 따라오라 내가 너희로 사람을 낚는 어부가 되게 하리라"고 하셨다. 조금 더 가시다가 그물을 깁는 세배대의 아들 야고보와 그 형제를 부르시니 그 아버지 세배대를 품꾼들과 함께 배에 버려두고 예수를 따라가니라"(막 1:16~20)고 했다. 예수님이 제자를 부르실 때 나를 앞서라고 하지 않고 나를 따라오라고 하셨으며 예수님의 부름을 받은 제자들은 예수님을 앞서지 않고 따라갔다고 했다.

제자는 반드시 스승을 따라가야 하고 종은 반드시 주인을 따라가야 한다. 종이 된 이상 항상 주인의 뒤를 따라가야 한다는 것은 불문율이며 그것은 주인과의 무언의 약속이다.

주의 종이나 성도들은 이때까지 내 마음대로 살았을지라도 주님을 만난 후로는 주인 되신 주님을 따라가기로 서약된 자들이다. 오늘과 같은 은혜시대는 성령님을 따라가야 한다. 예수께서 제자들에게 "예루살렘을 떠나지 말고 내게서 들은바 아버지의 약속하신 것을 기다리라"(행 1:4)고 하신 것은 아버지의 약속하신 성령보다 앞서지 말고 따라가라는 뜻이다. 성령을 따라가면 성령은 진리 가운데로 인도하심으로 하늘문이 열리고 만사가 형통하게 된다. "진리의 성령이 오시면 그가 너희를 모든 진리 가운데로 인도하시리라"(요 16:13) 그런데 많은 주의 종들과 성도들이 성령님을 따라가지 않고 성령보다 앞서 가다가 도리어 죽음의 미로에 빠져 고통 당하는 것을 보게 된다. 주의 종들이 성령님이 눈에 보이지 않는다고 성령의 권위를 무시하고 성령보다 앞서서 마음대로 휘 젓고 다니는 것은 정도에서 벗어난 월권이며 주님과의 약속위반이다. 주의 종은 일터로 가기에 앞서 먼저 성령님의 동의를 구해야 하는 절차를 무시하고 성령보다 앞서가면 성령님의 도움을 받지 못한다. 성령님의 도움을 받지 못한 일은 모래성과 같아서 반드시 무너진다. 이 땅에서 안 무너지면 하나님의 심판대 앞에서 무너질 것이다.

　하나님의 종들이 하나님의 이름으로 하나님의 일을 하는데 왜 참담하게 무너지는가? 수많은 성도들이 일을 벌려 놓고 왜 뒷감당을 못해서 고통하며 쇠사슬에 묶이는가? 그것은 하나님과의 약속을 위반하고 조급한 마음으로 주인을 따라가지 않고 기도 보다 앞섰고 성령보다 앞섰기 때문이다.

　하나님의 창조하신 원리와 이치를 따라 살면 삶은 편하고도 쉽다. 사람이 힘들게 사는 것은 하나님의 창조의 원리와 이치를 거스렸기 때문이다. 하나님이 정하신 이치를 떠나면 힘은 힘대로 들고 일은 일대로 되지 않는다.

　하나님의 일을 하는 사람들이 일은 안 풀리고 낭패를 만나 괴로워 하는 것은 주종간에 존재하는 무언의 약속을 어기고 하나님 없이 내가 주인이 되어 왕노릇 했기 때문이다.

　시편 107편 10~11절에 "사람이 흑암의 그늘에 앉으며 곤고와 쇠사슬에 매임은 하나님의 말씀을 거역하며 지존자의 뜻을 멸시함이라"고 했다. 요셉은 성령보다 앞서서 자기 마음대로 행동하지 아니하고 주의 사자가 현몽하여 꿈에 지시한 대로 마리아를 데려 왔고 주의 사자가 꿈에 지시한 대로 아기와 그의 어머니를 데리고 애굽으로 피난을 떠났고 헤롯이 죽은 후 꿈에 지시하신 대로 갈릴리 지방 나사렛으로 돌아왔다. 이와 같이 요셉이 성령님의 지시대로 움직였더니 한 치도 어긋나지 않고 형통했다. 요셉은 내 지혜를 접고 하나님의 지혜를 따랐다.

종은 주인을 따라가기만 하면 주인이 앞서서 모든 일을 아름답게 이루어 주심으로 종은 염려할 일이 없어지고 주안에서 한없는 평안과 자유를 누리게 된다.

"오늘 너는 알라 네 하나님 여호와께서 맹렬한 불과 같이 네 앞에 나아가신즉 여호와께서 그들을 멸 하사 네 앞에 엎드러지게 하시리니 여호와께서 네게 말씀하신 것같이 너는 그들을 쫓아내며 속히 멸할 것이라."(신 9:3) 하나님이 앞서시면 넘지 못할 산이 없고 건너지 못할 강이 없다. 주님이 앞서시면 없는 것도 있게 하시고 안 되는 것도 되게 하신다.

하나님은 이때까지 고삐 풀린 망아지 같이 내 마음대로 살아왔던 다윗을 광야로 몰아내어 성령님의 세미한 음성을 듣게 하시고 그 음성을 따라가는 법을 배우게 하셨다. 성령의 음성을 듣고 따라가면 형통하고 앞서 가면 빠른 것 같으나 결국 낭패를 만나 무너진다는 것을 깨닫게 하심으로 하나님 앞에 절대 순종하며 따라가는 자가 되게 하셨다.

신정 정치는 하나님 중심의 정치이며 하나님이 주인되는 정치이다. 하나님이 중심이 되면 그 정치는 세력을 얻어 가지를 뻗고 꽃이 피지만 인간이 중심이 되어 앞서면 그 정치는 기필코 파탄을 맞게 될 것이다.

사울은 성령님의 동의를 구한 적도 없고 늘 성령보다 앞서 갔다. 그는 스스로 주인의 자리에 앉아 자기 마음대로 휘젓고 다니다가 결국 공든탑이 무너져 흔적도 없이 사라졌다.

다윗은 광야 연단 속에서 주님 따라가는 법을 부지런히 배우고 익혀 주님이 가시는 곳까지 가고 머무는데 머물렀다.

종이 주님을 따라가면 주인 되신 주님이 내 길을 평탄하게 하실 뿐 아니라 물질도 필요에 따라 넘치도록 채워 주신다. "내가 너보다 앞서 가서 험한 곳을 평탄하게 하며 놋문을 쳐서 부수며 쇠빗장을 꺾고 네게 흑암중의 보화와 은밀한 곳에 숨은 재물을 주어 네 이름을 부르는 자가 나 여호와 이스라엘의 하나님인 줄을 알게 하리라."(사 45:2~3)

인간의 지혜와 열정은 한계가 있다. 성령님보다 내가 앞서가면 돌이킬 수 없는 미로에 빠질 수도 있다. 그러므로 나를 내려놓고 성령님을 따라가면 성령님은 내가 생각한 이상으로 더 좋은 곳으로 이끄셔서 나의 인생을 풍요롭고 아름답게 하시고 내 잔이 넘치게 하신다.

다윗은 철저히 낮아져 주님을 앞서지 않고 따라 갔더니 주께서 앞서 가셔서 물과 불을 통과하게 하시고, 푸른 초장 맑은 시내로 이끄셔서 끝내는 다윗이 상상하지도 못했던 영광의 자리에 세우셨다.

16

2차 기름 부으심과
유다지파의 왕

　1년 4개월 동안(삼상 27:7) 블레셋 땅 시글락성에 거주하던 다윗은 사울이 죽은 후 먼저 내가 유다 한 성으로 올라가리이까 하고 여호와께 묻는다. 여호와께 묻지 않고 내 생각대로 움직였다가 값비싼 대가를 지불한 다윗은 이제는 철저한 여호와 신봉자가 된다. "여호와께서 이르시되 올라가라 다윗이 이르되 어디로 가리이까 이르시되 헤브론으로 갈찌니라"(삼하 2:2) 하고 말씀하셨다.
　다윗은 하나님의 레마의 음성을 듣고 은신처에서 나와 유다지파의 영지인 헤브론으로 올라갔다. 헤브론은 유다지파의 주도였다. 이제 다윗은 블레셋땅의 시글락성의 제한된 시야에서 벗어나 넓은 세상을 보게 되었다. 다윗이 그의 군사들과 함께 헤브론으로 올라가니 유다지파의 장로들이 다윗에게 나아와 기름을 부어 유다지파의 왕으로 삼는다. 이제 다윗은 광야에서 보냈던 질풍노도와 같은 야인시대를 마감하고 하나님의 축복 속에서 한 지파의 왕으로 옹립되어 영광의 시대로 진입하게 된다.

　다윗의 인생을 3기로 나눈다면 인생의 제1기는 불우했던 성장기이다. 이 기간은 출생으로부터 사무엘 선지자 앞에서 기름부음을 받기까지의 기간이다.

　제2기는 광야에서 인내하며 연단 받던 시련기이다.

　제3기는 광야연단의 시대를 마감하고 하나님의 보호를 받으며 영광으로 영광에 이르는 시기이다.

　이 시기는 그의 나이 30세에 유다지파의 왕으로 추대된 이후 세상을 떠나기까지의 기간이다. 이 시기는 그에게서 어두운 구름을 걷어주는 바람이 불어오고 구름 속에 숨어 있던 햇살이 비취는 영광의 시대였다. 이제 다윗에게는 어둡고도 피곤한 연단의 기간이 끝이 났다. 그간 인내하며 기다림으로 보낸 세월들 기약 없는 죽음의 미로에서 미래의 영광을 꿈꾸며 인내하며 기다렸더니 드디어 때가 찾아 왔다. 나무가 시련 속에서 뿌리를 깊게 내려야만 착근된 뿌리에서 꽃이 피어나듯 인간이 치뤄야 할 연단의 기간이 차야 비로소 하나님의 때가 오는 법이다.

　"내가 여호와를 기다리고 기다렸더니 귀를 기울이사 나의 부르짖음을 들으셨도다. 나를 기가 막힐 웅덩이와 수렁에서 끌어 올리시고 내발을 반석위에 두사 내 걸음을 견고케 하셨도다."(시 40:1~2) 비록 한 지파의 우두머리가 되었지만 그간 멸시받고 소외받던 자신이 영광의 자리에 앉게 되었으니 가슴이 뭉클하며 끓어오르는 감격에 격세지감을 느꼈다.

사무엘 선지자 앞에서 기름 부음을 받고 왕으로 지명되었으나 명목에 불과했을 뿐 오늘부터 실제적인 왕으로서 권력을 손에 넣고 한 지파를 통치하게 되었다. 광야에서 600명의 군사를 거느리던 다윗이 수 십만을 헤아리는 한 지파의 우두머리가 되었으니 그의 역량이 크게 확장되었다. 기회는 이렇게 기다리는 자에게 찾아 왔고 영광도 인내하는 자에게 찾아 왔다.

이때 다윗의 나이는 30세였으며 이곳 헤브론에서 7년 6개월 동안 유다를 다스리게 된다.(삼하 5:5) 이제 이스라엘은 사울의 왕위를 계승하여 11지파를 다스리는 이스보셋의 나라와 따로 독립한 유다지파의 왕 다윗의 나라로 양분되었다. 다윗에게 기름을 부어 왕으로 삼은 유다지파는 다윗과 같은 지파로서 가까운 친족들이었다.

다윗은 유다지파의 장로들과 오래전부터 친밀하고도 폭넓은 교분을 쌓아 왔다. 다윗이 시글락성에 있을 때 아말렉 족속이 침노하여 모든 사람들과 가축을 탈취하여 갔을 때 다윗이 하나님의 도우심으로 쫓아가 그들을 치고 잃었던 모든 것을 도로 찾아 왔으며 아말렉 인들에게서 빼앗은 전리품을 그의 친구 유다 장로들에게 보내면서 "보라 여호와의 원수에게서 탈취한 것을 너희에게 선사하노라 하고 벧엘에 있는 자와 남방 라못에 있는 자와 얏딜에 있는 자와 아로엘에 있는 자와 십못에 있는 사와 에스드모아에 있는 자와 라감에 있는 자와 여라므엘 사람의 성읍들에 있는 자와 겐 사람의 성읍들에 있는 자와 홀마에 있는 자와 고라산에 있는 자와 아닥에 있는 자와 헤브론에 있는 자에게와 다윗과 그의 사람이 왕래하던 모든 곳에 보내었다.(삼상 30:26~31) 다윗은 유다지파의 장로들에게 귀중한 선물을 보냄으로 자신의 입지를 넓혀간다.

다윗은 하나님과의 깊고 은밀한 관계를 중시한 것같이 사람과의 관계도 중시하며 전부터 그들과 신뢰와 친분을 쌓고 있었음을 보여준다. 이같은 행동은 다윗이 사람을 사랑하며 인재를 귀히 여길 줄 아는 사회성이 있음을 방증한다.

건전하고도 정상적인 신앙인이 갖추어야 할 요건이 있다면 상식성, 인격성, 윤리성, 사회성, 진리성이다. 이 가운데 한 가지만 빠져도 정상적인 신앙 인격이라 할 수 없다.

그 가운데 특히 바른 신앙인이라면 반드시 사회성을 빼놓을 수 없다. 사회는 공공의 유익을 위하여 존재함으로 하나님의 사람들은 반드시 남을 배려하고 존중하는 사회성이 있어야 한다. 믿음의 사람들은 위로는 하나님과 바른 관계를 가져야 하며 아래로는 이웃들과 바른 관계를 가져야 한다.

믿음의 조상 아브라함도 마므레 수풀 근처에 살 때 마므레와 에스골과 아넬 형제들과 동맹을 맺고 친분관계를 유지한 것을 보게 된다. 전쟁이 일어나 소돔성이 패하여 그의 조카 롯의 식구들과 재물이 약탈당했을 때 아브라함은 집에서 기르고 훈련한 318명의 가병과 동맹관계에 있던 마므레와 에스골과 아넬의 군사들과 연합하여 적들을 물리치고 잃었던 롯의 식구들과 재물을 찾아오게 된다.(창 14:13~16)

사회성(N/Q)을 관계지수라 하며 인적 네트워크라고도 한다. 인적 네트워크 망이 촘촘한 사람은 사회에서 그만큼 영향력이 큰 사람이다. 사람은 이웃과의 관계성 속에서 살아가는 사회적 동물이다. 그러므로 사회를 등지고 스스로 고독을 찾는 사람은 정상적인 인간이 아니며 사람들과 어울리지 못하는 사람은 몸에 병이 있든지 아니면 성격상 문제가 있는 사람이다.

예수님께서도 너희는 세상의 빛이요 세상의 소금이라고 말씀하셨다. 기독교인은 하나님과 아름다운 관계 속에서 사는 것처럼 이웃들과도 아름다운 관계를 맺고 살아가야 한다.

다윗이 성령님께 이끌리어 헤브론으로 올라갔을 때 다윗과 평소에 폭넓은 친분 관계를 가졌던 유다지파의 장로들이 환대하며 서둘러 그에게 기름을 부어 유다지파의 왕으로 추대하는 것을 보게 된다. 이것은 평소에 닦아놓은 인적 네트워크가 결정적인 순간에 큰 힘이 된다는 것을 보여 준다. 하나님은 사람을 통하여 도움을 주시며 인과관계를 통해서도 복을 주신다.

7년 6개월 동안 다스렸던 헤브론 시대는 다윗이 더 큰 세상으로 나가기 위한 준비 기간이었으며 힘을 비축하는 기회이기도 했다. 이 기간은 사울의 집과 다윗의 집 사이에 내전이 있었다. "사울의 집과 다윗의 집 사이에 전쟁이 오래매 다윗의 집은 점점 강하여 가고 사울의 집은 점점 약하여 가니라."(삼하 3:1)

사울의 집은 여호와의 영광이 떠남으로 뿌리 뽑힌 나무같이 생명력을 잃어 갔다. 사울의 아들 이스보셋의 군사들이 진에서 이탈하여 다윗에게 합세하니 세력균형의 축이 다윗에게로 옮겨지게 되었다. 그리하여 다윗의 집은 해가 힘있게 솟아오르듯 힘 있게 떠올랐고 사울의 집은 서산에 기우는 해와 같이 점점 빛을 잃어갔다.

하나님의 영광이 떠남으로 기울어지는 국가나 교회나 가문을 사람의 힘으로는 다시 되돌려 세울 수 없다. 하나님의 영광이 떠나면 필연적으로 무너진다.

사울의 집은 이미 하나님의 영광이 떠났음으로 시효가 끝나 벼랑 끝으로 내몰렸다. 역사적으로 하나님의 영광이 떠난 시대는 구제받지 못했다. 하나님의 영광이 떠난 이스라엘이 그러했고 영광이 떠난 예루살렘 성전이 구제 받지 못했으며 영광이 떠난 엘리 가문이 무너졌으며 영광이 떠난 사울의 집도 이제 그 끝이 보이기 시작한다.

이스라엘의 군대장관 아브넬이 사울왕의 첩 아야의 딸 리스바를 취했음으로 이스보셋이 아브넬에게 이르되 네가 어찌하여 내 아버지의 첩과 통간하였느냐 하고 문책한 일로 두 사람 사이에 금이 가게 되었다. 이 일로 인하여 아브넬이 나라를 다윗에게 바치고자 헤브론에 갔다가 요압에게 죽임을 당하고 말았다. 다윗의 군대장관 요압은 이전에 기브온 전쟁에서 아브넬이 자기의 동생 아사헬을 죽인 일로 사적인 감정을 품고 이 기회에 복수를 했다.

다윗은 아브넬의 죽음을 전해 듣고 평화시에 전쟁의 피를 흘린 요압에 대하여 분노하며 "넬의 아들 아브넬의 피에 대하여 나와 내 나라는 여호와 앞에 영원히 무죄하니 그 죄가 요압의 머리와 그의 아버지의 온 집으로 돌아갈 지어다. 또 요압의 집에서 백탁 병자나 나병환자나 지팡이를 의지하는 자나 칼에 죽는 자나 양식이 떨어진 자가 끊어지지 아니할 지로다"(삼하 3:28~29) 하고 요압을 저주한다. 아브넬이 헤브론에서 죽었다는 소식을 듣고 이스보셋은 손에 맥이 풀렸고 온 이스라엘도 놀랐다.

브에롯 사람 림몬의 아들 레갑과 바아나가 길을 떠나 이스보셋의 집에 이르니 마침 이스보셋이 낮잠을 자는 지라 레갑과 그의 형제 바아나가 밀을 가지러 온 체 하고 집 가운데로 들어가서 그를 쳐 죽이고 목을 배어 그의 머리를 가지고 밤새도록 달려가 헤브론에 이르러 다윗왕에게 아뢰되 왕의 생명을 해하려 하던 원수 사울의 아들 이스보셋의 머리가 여기 있나이다 하고 이스보셋의 수급을 바쳤다.

이들이 밤을 새워 달려온 것은 다윗이 이스보셋의 죽음을 보고 크게 기뻐하여 상을 내릴 줄 기대했기 때문이었다. 그러나 다윗왕은 정색하며 내 생명을 여러 환난 가운데서 건지신 여호와께서 살아계심을 두고 맹세하노니 전에 사람이 내게 알리기를 보라 사울이 죽었다 하며 그가 좋은 소식을 전하는 줄로 생각하였어도 내가 그를 잡아 시글락에서 죽여서 그것을 그 소식을 전한 갚음으로 삼았거든 하물며 악인이 의인을 그집 침상 위에서 죽인 것이겠느냐 그런즉 내가 악인의 피흘린 죄를 너희에게 갚아서 너희를 이땅에서 없이하지 아니 하겠느냐 하고 청년들에게 명령하매 곧 그들을 죽이고 수족을 베어 헤브론 못가에 매달고 이스보셋의 머리를 가져다가 헤브론에서 아브넬의 무덤에 장례지냈다.(삼하 4:7~12)

다윗이 두 암살자를 처형한 것은 자신의 왕국이 오직 하나님의 뜻에 의해 세워질 것임을 확신했다. 다윗이 볼 때 이스보셋의 목을 가져온 두 사람은 자신들의 주인을 배신한 반역자요 자신들의 입신을 위하여 살인도 서슴지 않는 사악한 자에 불과했다. 그래서 다윗은 하나님의 공의 차원에서 그들을 처단했다. 이스보셋이 죽음으로 마지막 희망을 걸고 재기에 몸부림치던 사울왕조는 결국 허망하게 무너졌다. 이로서 47년 6개월을 이어온 사울왕조는 역사의 뒤안길로 안개같이 사라지고 말았다. "악인이 이긴다는 자랑도 잠시요 경건하지 못한 자의 즐거움도 잠깐이니라 그 존귀함이 하늘에 닿고 그 머리가 구름에 미칠 찌라도 자기의 똥처럼 영원히 망할 것이라 그를 본 자가 이르기를 그가 어디 있느냐 하리라 그는 꿈같이 지나가니 다시 찾을 수 없을 것이요 밤에 보이는 환상처럼 사라지리라"(욥 20:5~8)

  여호와의 영광이 떠나면 구제받지 못한다. 하나님의 영광이 떠나면 그 모든 영화가 환상처럼 사라지고 자기의 배설물같이 영원히 망하게 된다. 가지가 포도나무에 붙어있으면 열매를 많이 맺고 붙어있지 아니하면 말라 죽는 것같이(요 15:4~5) 하나님의 종과 성도들이 기름 부으심 안에 머물러 있으면 그의 사역이 꽃이 피고 열매가 맺지만 기름부음에서 떠나면 영적 죽음이다. 그러므로 기름 부으심은 곧 영이요 생명이다.

17

기름 부으심과 영권(영통)

영권이란?

내 자아가 철저히 깨어지고 낮아져 하나님의 마음에 맞는 사람이 되었을 때 성령께서 내 몸을 성전 삼고 아담 안에서 잃어버렸던 만물을 지배하고 다스리는 권세를 나타내시는 것을 말한다.

그러므로 영권은 하나님이 내 편이 되심으로 나타나는 권세가 아니라 내가 하나님 편이 되어졌을 때 나타나는 권세이다.(고전 12:7)

그럼에도 많은 종들과 성도들이 내가 만들어 지기도 전에 성령의 주되심을 부정하고 도리어 군림하는 자리에 앉아 성령을 사환으로 부리는 사람이 적지 않다. 그렇게 되면 자신이 능력을 행하는 것처럼 자신이 나타나고 자신이 영광을 받게 됨으로 결국 피조된 인간이 하나님 자리에 앉아 영광을 가로채므로 영적 질서를 무너뜨리는 불법자가 되고 마는 것이다. 그러므로 마태복음 7장 22~23절에

"그날에 많은 사람들이 나더러 이르되 주여 주여 우리가 주의 이름으로 선지자 노릇하며 주의 이름으로 귀신을 쫓아내며 주의 이름으로 많은 권능을 행하지 아니하였나이까 하리니 그 때에 내가 그들에게 밝히 말하되 내가 너희를 도무지 알지 못하니 불법을 행하는 자들아 내게서 떠나가라 하리라"고 하셨다.

영적질서를 무너뜨린 자들은 성령으로 시작하였다가 육체로 마치는 어리석은 자이며, 이러한 자는 쓰임 받고 난 후 멸하기로 준비된 진노의 그릇에 불과 할 뿐이다.(롬 9:19~23)

많은 종들과 성도들이 영적질서를 무너뜨리고 불법을 자행하면서도 그것이 불법인 줄 알지 못한다는데 문제의 심각성이 있다. 영권은 내가 행사하는 전가의 보도가 아니라 내가 하나님의 마음에 맞는 사람이 되어졌을 때 성령께서 내 몸을 성전 삼고 권세와 능력을 나타내시는 것이다.(고전 12:7)

그러므로 영권은 내가 주체가 되는 것이 아니라 성령께서 주체가 되셔서 하나님의 때에 하나님의 방법으로 하나님의 뜻을 따라 나타내시는 것이다. 하나님께서 다윗을 왕으로 세우실 때 증언하시기를 "내가 이새의 아들 다윗을 만나니 내 마음에 맞는 사람이라 내 뜻을 다 이루리라"(행 13:12)고 하셨다. 이 말씀의 뜻은 먼저 다윗이 낮아지고 다듬어져 하나님의 편이 되어 하나님의 마음에 맞는 사람이 되었을 때 성령께서 그의 몸을 성전 삼고(고전 11:7) 쎄키나(shekinak)의 영광으로 나타나셔서 하나님의 뜻을 이루신다는 뜻이다.

다윗에게 쎄키나(shekinak)의 영광이 임하여 영권이 회복됨으로 만물을 지배하고 다스리는 권세 뿐아니라 영계까지도 지배하고 다스리는 권세가 나타나 사울에게 붙었던 악령도 쫓아낼 수 있었으며 아무도 다윗을 해칠 수 없었고 어느 누구도 그를 막아 설 수 없었다. 그가 아무것도 없는 광야에서 맨주먹으로 시작하였으나 원하는 것은 무엇이든지 얻을 수 있었고 뜻 하는 것은 무엇이든지 이룰 수 있었다.

예수께서 70명의 전도대원들에게 "내가 너희를 뱀과 전갈을 밟으며 원수의 모든 능력을 제어할 권능을 주었으니 너희를 헤칠 자가 결코 없으리라"(눅 10:19)고 하셨다. "뱀과 전갈을 밟으며 원수의 모든 능력을 제어할 권능"이란 만물을 다스리고 지배하는 권세 뿐 아니라 영계까지도 지배하는 권능을 말하며 "너희를 헤칠 자가 결코 없으리라"고 하신 뜻은 영권을 가진 자는 어느 누구도 그를 헤칠 수 없으며 어떤 장애물도 그 앞에 막아설 수 없다는 뜻이다

여호와께서 모세의 안수함으로(신 34:9) 영권이 임하게 된 여호수아에게 "내가 네게 명령한 것이 아니냐 강하고 담대하라 두려워 하지 말며 놀라지 말라 네가 어디로 가든지 네 하나님 여호와가 너와 함께 하느니라"(수 1:9) 고 하셨다.

이와 같이 하나님은 영권이 회복된 여호수아와 함께 하시고 그의 사역을 도우심으로 어느 누구도 그를 막아 설 수 없고, 그의 사역을 방해할 수도 없었다.

하나님의 세계는 영권의 세계이다. 영권이 있어야 만물을 다스리

고 지배할 수 있으며 영권으로 사탄의 세력을 누르고 올라서야 앞길이 열린다. "내가 진실로 진실로 너희이게 이르노니 나를 믿는 자는 내가 하는 일을 그도 할 것이요 또한 그 보다 큰 일도 하리니 이는 내가 아버지께로 감이라"(요 14:12)고 하신 말씀은 성령의 임재로 인하여 나타나는 영권을 염두에 두고 하신 말씀이었다. 성령은 천지를 창조하신 위대하신 하나님의 영이시다. 하나님의 영이 역사하시면 인간의 상상을 초월하는 능력이 나타난다. 사도 바울도 고린도전서 2장 4~5절에 "내 말과 내 전도함이 설득력 있는 지혜의 권하는 말로 하지 아니하고 다만 성령의 나타남과 능력으로 하였다"고 함으로 자신에게 주어진 사역을 자신의 지혜와 힘으로 감당한 것이 아니라 성령의 나타나심에 의존했음을 알 수 있다.

그러므로 하나님의 일은 내가 앞서서 만들어 가려고 하는 조급한 마음을 접고 성령께서 나타나셔서 이끌어 가시도록 은혜의 보좌 앞에 나아가 엎드려야 한다.

하나님의 종과 성도들은 하나님의 영에 이끌려야 그 사역이 평탄하고 풍성한 소득이 있다.

하나님을 의지하지 아니하고 사람을 의지하고 육신의 힘으로 하게 되면 힘은 힘대로 들고 아무것도 얻는 것이 없다.

그러므로 성도들은 솔로몬이 지혜를 구한 것 같이 먼저 내가 낮아지고 다듬어져 영권이 회복되기를 구해야 한다.

잠언 8장 35~36절에 "대저 나를 얻는 자는 생명을 얻고 여호와께 은총을 얻을 것임이니라 그러나 나를 잃는 자는 자기의 영혼을 해하는 자라 나를 미워하는 자는 사망을 사랑하느니라"고 했다. 이 말씀의 영적 의미는 영권을 얻는 자는 생명과 은총을 얻는 자요 영권을 잃는 자는 자기의 영혼을 해하는 자요 영권을 미워하는 자는 사망을 사랑하는 자라는 뜻으로 해석할 수도 있다.

다윗이 영권을 얻으므로 생명도 얻고 하나님의 은총도 얻었으나 사울은 영권을 잃으므로 생명도 잃었고 은총도 잃었다.

영권을 회복한 자는 무엇을 하든지 때마다 일마다 주의 영이 강권적으로 도우시고 그 앞에 큰 산도 무너져 평지가 되게 하시며 불가능한 일도 없게 하시며, 이루지 못할 일도 없게 하신다. "큰 산아 네가 무엇이냐 네가 스룹바벨 앞에서 평지가 되리라".(슥 4:6)

18

기름 부으심과 인권(인통)

인권이란? 사람을 통하여 도움을 얻게 되는 것을 말하며 인통은 반드시 하나님과의 관계가 영통했을 때 하나님께서 돕는 사람을 붙여 주시는 것이다. 잠언 16:7에 "사람의 행위가 여호와를 기쁘시게 하면 그 사람의 원수라도 그와 더불어 화목하게 하시느니라"고 한 뜻은 하나님과 화복하여 영통하게 되면 원수까지라도 나를 돕게 하신다는 뜻이다.

베들레헴 골짜기에서 양치기 하던 다윗이 여호와의 기름부음을 받은 후부터 하나님께서 그에게 돕는 사람을 붙이기 시작하셨다. 이는 하나님과의 수직적인 관계가 바로 되면 하나님께서 수평적인 인간관계를 통하여 그를 돕게 하신다. 다윗이 1차 기름 부음을 받고 전쟁에 나가 골리앗을 죽인 후 사울왕에게 등용되어 천부장이 됨으로 그에게는 1,000명의 군사들이 따랐다. 다윗은 여호와께서 그와 함께 계시고 모든 일을 크게 지혜롭게 행함으로 사울이 그를 두려워 했다. 그는 사울의 질투심으로 천부장 자리에서 쫓겨나 광야로 도망친 후에도 사람들이 따랐다.

• 아둘람 굴에 숨어 있을 때 다윗으로 인하여 사울에게 핍박받는 그의 형제와 아버지의 온 집이 그에게 이르렀고 환난 당한 모든 자와 빚진 모든 자와 마음이 원통한 자가 다 그에게로 모였고 그는 그들의 우두머리가 되었는데 그와 함께 한 자가 400명 가량이었다고 했다.(삼상 22:1~2)

• 다윗이 이후에 아둘람을 떠나 그일라로 갔을 때는 그의 군사는 600명으로 불어났다.(삼상 23:13)

군사가 600명이면 부녀자와 어린아이를 합하면 1,000명은 족히 되었을 것이다. 다윗이 1차 기름 부음을 받고 천부장이 되었으나 사울의 시기로 천부장 자리에서 쫓겨나 야인이 되었어도 1,000여 명의 사람이 따랐다. 이와 같이 여호와의 기름 부으심은 사람이 따르게 된다.

• 다윗이 광야를 떠나 블레셋 땅 시글락으로 망명했을 때에도 계속 사방에서 군사들이 몰려왔다.

역대상 12장

1절 다윗이 기스의 아들 사울로 말미암아 시글락에 숨어 있을 때에 그에게 와서 싸움을 도운 용사 중에 든 자가 있었으니

2절 베냐민지파 사울의 동족으로서 그들은 활을 가지며 좌우 손을 놀려 물매도 던지며 화살도 쏘는 자요 베냐민지파 사울의 동족인데 그 이름은 이러하니라.

3절 그 우두머리는 아히에셀이요 다음은 요아스이니 기브아 사람 스마아의 두 아들이요 또 이스마의 아들 여시엘과 벨렛과 또 브라가와 아나돗 사람 예후와 … (중량)

8절 갓 사람 중에서 다윗에게 돌아온 자가 있었으니 다 용사요 싸움에 익숙하여 방패와 창을 능히 쓰는 자라 그의 얼굴은 사자 같고 빠르기는 산의 사슴 같은 자들이었다.

16절 베냐민과 유다 자손 중에서 요세에 이르러 다윗에게 나오매

17절 다윗이 나가서 맞아 그들에게 말하기를 만일 너희가 평화로이 내게 와서 나를 돕고자 하면 내 마음이 너희 마음과 하나가 되려니와 만일 너희가 나를 속여 내 대적에게 넘기고자 하면 내 손에 불의함이 없으니 우리 조상들의 하나님이 감찰하시고 책망하시기를 원하노라.

당시 사울이 다윗을 잡기 위하여 도처에 첩자들을 심어 놓았으므로 다윗은 일단 사울의 동족인 베냐민지파의 군사들을 의심해 본 것이다.

18절 그 때에 성령이 그들의 우두머리 아마새를 감싸시니 이르되 다윗이여 우리가 당신에게 속하겠고 이새의 아들이여 우리가 당신과 함께 있으리니 원하건대 평안하소서 당신도 평안하고 당신을 돕는 자에게도 평안이 있을지니 이는 당신의 하나님이 당신을 도우심이니이다 라고 했을 때 다윗이 그들을 받아들여 군대 지휘관을 삼았다.

20절 다윗이 시글락으로 갈때에 므낫세지파에서 그에게로 돌아온 자는 아드나와 요사밧과 여디아엘과 미가엘과 엘리후와 실르대이니 다 므낫세의 천부장들이었다.

> 22절 그 때에 사람이 날마다 다윗에게로 돌아와서 돕고자 하매 큰 군대를 이루어 하나님의 군대와 같았더라고 했다.

• 이후에 다윗이 헤브론으로 올라가 유다지파의 왕이 된 후에도 돕고자 하는 군사들이 구름 같이 몰려왔다.

다윗에게는 돕고자 하는 군사들이 끊임없이 몰려들어 시간이 지날수록 그 군세는 하늘을 찌를 듯했다.

이때는 사울의 뒤를 이어 왕이 된 이스보셋의 군대와 패권을 다투는 때였음으로 단 한사람의 군사도 귀한 때였다. 그간 무예를 갈고 닦아온 혈기 왕성한 정예 군사들이 희망의 일터요 입신의 장인 헤브론으로 앞 다투어 모여 들었다. 그리하여 세력 균형의 축이 이스보셋에게서 다윗에게로 기울어지게 되었다. 사무엘하 3장 1절에 "사울의 집과 다윗의 집 사이에 전쟁이 오래매 다윗은 점점 강하여 가고 사울의 집은 점점 약하여 졌다고 했다." 다윗을 돕고자 헤브론으로 찾아와 다윗 진영에 가담한 군사들에 대하여 역대상 12장 23~37절에 소개되어 있다.

역대상 12장

> 23절 싸움을 준비한 군대 지휘관들이 헤브론에 이르러 다윗에게로 나아와서 여호와의 말씀대로 사울의 나라를 그에게 돌리고자 하였으니 그 수효가 이러하였더라.
> 24절 유다자손 중에서 방패와 창을 들고 싸움을 준비한 자가 6,800명이요

25절 시므온자손 중에서 싸움하는 큰 용사가 7,100명이요

26절 레위자손 중에서 4,600명이요

27절 아론의 집 우두머리 여호야다와 그와 함께 있는 자가 3,700명이요

28절 또 젊은 용사 사독과 그의 가문의 지휘관이 20명이요

29절 베냐민자손 곧 사울의 동족은 아직도 태반이나 사울의 집을 따르나 그 중에서 나온자가 3,000명이요

30절 에브라임자손 중에서 가족으로서 유명한 큰 용사가 20,800명이요

31절 므낫세 반지파 중에 이름이 기록된 자로서 와서 다윗을 세워 왕으로 삼으려 하는자가 18,000명이요

32절 잇사갈자손 중에서 시세를 알고 이스라엘이 마땅히 행할 것을 아는 우두머리가 200명이니 그들은 그 모든 형제를 통솔하는 자이며

33절 스불론 중에서 모든 무기를 가지고 전열을 갖추고 두 마음을 품지 아니하고 능히 진영에 나아가서 싸움을 잘하는 자가 50,000명이요

34절 납달리 중에서 지휘관 1,000명과 방패와 창을 가지고 따르는 자가 37,000명이요

35절 단자손 중에서 싸움을 잘하는 자가 28,600명이요

36절 아셀 중에서 능히 진영에 나가서 싸움을 잘하는 자가 40,000명이요

37절 요단 저편 루우벤자손과 갓자손과 므낫세 반 지파 중에서 모든 무기를 가지고 능히 싸우는 자가 120,000명이라고 했다.

이와 같이 다윗을 돕고자 하는 군사들이 사방에서 일어나 떼를 지어 다윗의 군영으로 몰려 들었으므로 다윗의 군세는 점점 강성하여

하나님의 군대 같았다. 인심은 곧 천심이란 말이 있듯이 온 세상 사람들의 마음이 다윗에게로 돌아선 것은 하나님이 다윗 편에 계셨기 때문이다. "만군의 하나님 여호와께서 함께 계시니 다윗이 점점 강성하여 가니라."(삼하 5:10)

광야에 있을 때 600명의 군사를 거느렸고 시글락 성에 있을 때에는 보다 많은 군사들이 몰려왔고 헤브론으로 올라온 이후 그의 군세는 수십만을 헤아리는 대군으로 성장했다. 이만한 군세면 천하를 도모할 수 있는 막강한 군세였다. 하나님은 다윗에게 피가 뜨거운 젊고 패기에 찬 군사들 뿐아니라 그들을 통솔할 유능한 장수들도 붙여 주셨다.

• 다윗의 용사들

다윗의 휘하에 모여든 장수들의 면면을 살펴보면 그 시대의 영웅호걸들을 다 한자리에 모아 놓은 듯했다.

사무엘하 23장 8~29절에 기록된 장수들은 다윗을 도와 능히 한 시대를 빛낼 큰 재목 들이었다.

> **사무엘하 23장**
>
> 8절 다윗의 용사들의 이름은 이러 하니라 다그몬 사람 요셉밧세벳이라고도 하고 에센사람 아디노라고도 하는 자는 군 지휘관의 두목이라 그가 단번에 800명을 쳐 죽였더라.

9절 그 다음은 아호아사람 도대의 아들 엘르아살이니 다윗과 함께 한 세 용사 중의 한 사람이라 블레셋 사람들이 싸우려고 거기에 모이매 이스라엘 사람들이 물러간지라 세 용사가 싸움을 돋우고

10절 그가 나가서 손이 피곤하여 그의 손이 칼에 붙기까지 블레셋 사람을 치니라 그 날에 여호와께서 크게 이기게 하셨으므로 백성들은 돌아와 그의 뒤를 따라가며 노략할 뿐이었더라.

11절 그 다음은 하랄 사람 아게의 아들 삼마라 블레셋 사람들이 사기가 올라 거기 녹두나무가 가득한 한쪽 밭에 모이매 백성들은 블레셋 사람들 앞에서 도망하되

12절 그는 밭 가운데 서서 막아 블레셋 사람들을 친지라 여호와께서 큰 구원을 이루시니라.

13절 또 삼십 두목 중 세 사람이 곡식 벨 때에 아둘람 굴에 내려가 다윗에게 나아갔는데 때에 블레셋 사람의 한 무리가 르바임 골짜기에 진 쳤더라.

14절 그 때에 다윗은 산성에 있고 그 때에 블레셋 사람의 요새는 베들레헴에 있는 지라.

15절 다윗이 소원하여 이르되 베들레헴 성문 곁 우물물을 누가 내게 마시게 할까 하매

16절 세 용사가 블레셋 사람의 진영을 돌파하고 지나가서 베들레헴 성문 곁 우물물을 길어가지고 다윗에게로 왔으나 다윗이 마시기를 기뻐하지 아니하고 그 물을 여호와께 부어 드리며

17절 이르되 여호와여 내가 나를 위하여 결단코 이런 일을 하지 아니하리이다. 이는 목숨을 걸고 갔던 사람들의 피가 아니니이까 하고 마시기를 즐겨하지 아니하니라. 세 용사가 이런 일을 행하였더라.

18절 또 스루야의 아들 요압의 아우 아비새이니 그는 그 세 사람의 우두머리라 그가 그의 창을 들어 삼백 명을 죽이고 세 사람 중에

> 이름을 얻었으니
> 19절 그는 세 사람 중에 가장 존귀한 자가 아니냐 그가 그들의 우두머리가 되었으나 그러나 세 사람에게는 미치지 못 하였더라
> 20절 또 갑스엘 용사의 손자 여호야다의 아들 브나야니 그는 용맹스런 일을 행한 자라 일찍이 모압 아리엘의 아들 둘을 죽였고 또 눈이 올 때에 구덩이에 내려가서 사자 한 마리를 쳐 죽였으며
> 21절 또 장대한 애굽 사람을 죽였는데 그의 손에 창이 있어도 그가 막대기를 가지고 내려가 그 애굽 사람의 손에서 창을 빼앗아 그 창으로 그를 죽였더라.
> 22절 여호야다의 아들 브나야가 이런 일을 행하였으므로 세 용사 중에 이름을 얻고
> 23절 삼십 명보다 존귀하나 그러나 세 사람에게는 미치지 못 하였더라 다윗이 그를 세워 시위대 대장을 삼았더라. 〈중략〉

이와 같이 다윗의 수하에는 용맹하고 무예가 뛰어난 군사들과 장수들이 모여 들면서 정예 군영으로 변신에 변신을 거듭하고 있었다.

그들은 하나같이 다윗을 위하여 자기 목숨도 돌아보지 않는 충성되고 날랜 군사들이었다. 목이 마르다는 주군을 위하여 자기 생명을 돌아보지 아니하고 블레셋 진을 충돌하여 포위망을 뚫고 가서 베들레헴 성문 곁에 있는 우물물을 길어오는 용맹과 충성심은 어디에도 비교할 수 없는 자들이었다.

위에 언급된 다윗 휘하의 장수들은 다윗 왕국의 설립과 번영에 크게 기여한 인물들이었다.

다윗 왕국은 하나님이 통치하시는 신정국가인만큼 이들 용사들은

단순히 인간 다윗에게 충성을 바친 가병이 아니라 다윗을 통해 역사하시는 하나님께 충성을 바친 인물들이었다.

다윗이 먼저 하나님과 영통할 때 하나님은 돕는 천사도 붙여주시고 능력 있고 두 마음을 품지 아니한 충성스러운 사람들도 붙여 주시고 지혜와 재능이 뛰어난 사람도 붙여주셨다.

영통은 곧 인통이며 영통은 곧 형통이다.

다윗에게는 매일 떼로 몰려드는 군사들로 넘쳐났다. 기치창검을 앞세우고 연무장에 도열한 군사들의 함성과 기세는 하늘을 찌를 듯했다. 군사들은 다윗을 주군으로 모시게 된 것을 영예롭게 생각하며 긍지와 자부심이 대단했다. 더구나 왕을 호위하는 근위병들의 용맹스럽고 기운찬 모습은 젊은이들의 꿈틀대는 혈기를 자극하기에 충분했다. 다윗의 군영은 젊고 패기에 찬 신예들이 가세하면서 무림의 기풍이 진작되었다. 다윗에게 모여든 군사들은 날쌘 정예군사들이었으나 그간 주인을 잘못 만나 남아의 기개를 떨쳐보지도 못한 자들이 이제 물 만난 고기처럼 젊음의 기상을 마음껏 펴게 되었다.

그들은 누가 시킨다고 움직일 사람들이 아니었다. 그들은 누가 강제한다고 다윗 편에 가담할 사람도 아니었다. 그들은 순전히 여호와의 감동을 받고 제 발로 걸어 들어온 사람들이었다. 가지각색의 사람들이 모였으나 다윗은 유연한 사고와 모나지 않는 대인관계로 그들을 원만하게 이끌었다. 헤브론에 있는 다윗의 군영에는 상무의 바람이 불었다. 그 중심엔 다윗이 있었고 그 진원지는 여호와의 바람이었다. 여호와의 기름 부으심이 임하시면 여호와께서 진중에 운행하시며 충성스럽고 날랜 사람들을 불러 모아 주신다. Human resources, 사람은 곧 자원이다. Human capital, 사람은 곧 자본이다. Human power, 사람은 곧 힘이다. 하나님의 종들은 하나님이 붙여주신 사람을 통하여 하나님의 뜻을 이루어 가게 된다.

인통한 다윗은 이스라엘 장로들의 추대와 백성들의 뜨거운 열망 속에서 당당하게 왕좌에 올라 이스라엘 12지파를 다스리는 권력의 정상에 앉게 된다.

그러나 여호와의 영광이 떠난 사울의 군사들은 뿔뿔이 흩어져 나라를 지탱할 수 없을 정도로 세력이 약해졌다. 사무엘상 14장 52절에 "사울이 사는 날 동안에 블레셋 사람과 큰 싸움이 있었으므로 사울이 힘센 사람이나 용감한 사람을 보면 그들을 불러 모았다"고 했다. 그러나 사울에게서 여호와의 영광이 떠났을 때에는 사울이 구축해 놓았던 인맥은 모래성 같이 무너졌다.

사무엘상 31장 1절 이하에 블레셋과의 국운을 건 전쟁에서 사울이 불러 모았던 군사들은 왕을 호위하지 아니하고 썰물같이 빠져나가 도망쳐 버렸다. 그러므로 사울은 길보아산에서 홀로 분전하다 그의 세 아들과 함께 최후를 맞게 된다. 영권이 무너지면 인권도 무너진다. 영적 소통이 막히면 인적 소통도 막히게 된다. 여호와는 가난하게도 하시고 부하게도 하시며 낮추기도 하시고 높이기도 하시는 것같이 여호와는 사람을 붙이기도 하시고 흩어지게도 하신다.

사람은 사람에 의해서 배신당하고 사람에 의해서 고통당하고 사람에 의해서 죽임을 당한다. 사람은 내게 득이 될 수도 있고 해가 될 수도 있다.

　세상에서 제일 무서운 것이 사람이며 사람을 잘 만나면 큰 힘이 될 수도 있고 사람을 잘못 만나면 낭패를 당할 수도 있다. 그러나 사람의 마음을 주장하시는 분은 하나님이시다. 하나님과 영통하여 하나님의 영광이 충만하면 하나님께서 내게 돕는 사람을 붙여주시고 내가 범죄하여 하나님의 영광이 떠나면 나를 돕던 자라도 흩어지게 하시든지 대적하게 하신다.

　다윗이 영통하여 하나님의 영광으로 충만했을 때에는 돕고자 하는 자들이 앞을 다투어 몰려왔으나 영통이 무너졌을 때에는 그를 돕던 자들은 떠나가고 대신 대적자들이 일어났다. 그리하여 다윗은 "여호와여 나의 대적이 어찌 그리 많은지요. 일어나 나를 치는 자가 많으니이다"(시 3:1) 하고 탄식하는 것을 보게 된다.

　인통은 먼저 하나님과 영통할 때 따라오는 것이다. 그러므로 주님의 종과 성도들은 사람을 의지하거나 사람을 찾아다니는 것보다 오직 하나님만 바라 보아야 한다. 그렇지 아니하면 결국 하나님도 잃어버리고 사람도 잃어 버린다.

　다윗이 사람을 찾아다니지 아니하고 전심으로 하나님을 구했을 때 하나님은 꼭 필요한 사람들을 필요한 때에 불러 모아 제 발로 찾아오게 하셨다. 이것이 인통이다.

19

기름 부으심과 물권(물통)

여호와의 기름 부으심을 받고 하나님과 영통이 이루어지면 돕는 사람이 따라 붙는 것같이 물질도 따라오게 된다. 이것을 물통이라 한다. 인통하다고 물통하는 것은 아니다. 사람이 모인다고 물질이 따르는 것은 아니다. 사람과 소통해도 물질은 안 따를 수도 있다. 물통은 먼저 하나님과 영통이 되어 졌을 때 하나님이 열어 주시는 것이다.

다윗이 기름부음 받기 전에는 외롭고도 가난했다. 그러나 여호와의 영이 임한 후부터는 꼭 필요한 때에 필요한 물질을 공급해 주셨다. 하나님은 하나님의 영으로 충만하여 영통한 사람에게 물질도 열어 주신다. 다윗이 사울을 피하여 광야로 도망했을 때 600명의 군사와 그들의 식솔들이 따랐다. 아무것도 없는 광야에서 어떻게 살았을까? 인간의 생각으로는 생존이 불가능했음에도 공중의 새도 먹이시고 들의 백합화도 기르시는 하나님은 당신의 자녀들을 방치

해두지 아니하시고 하나님의 방법으로 먹이고 입히고 기르셨다.

다윗이 헤브론으로 올라가 유다지파의 왕이 되었을 때 연일 그에게로 몰려드는 군사들로 발 디딜 틈이 없을 정도였다. 수십만 대병으로 불어난 다윗의 군영은 인구가 팽창했다. 이렇게 많은 군사들을 제대로 먹이지 못하면 폭도로 돌변 할 수도 있다. 굶주림 앞에선 교양이나 예절은 물론 신념조차도 지키기 힘드는 것이 현실이다. 그러나 초월적으로 역사하시는 하나님은 영통한 자에게 인간의 상식과 환경을 초월하여 비밀 속에 숨겨두신 물질을 주셨다.

역대상 12장 39~40절에 "무리가 거기서 다윗과 함께 사흘을 지내며 먹고 마셨으니 이는 그들의 형제가 이미 식물을 준비하였음이며 또 그들의 근처에 있는 자로부터 잇사갈과 스불론과 납달리까지도 나귀와 낙타와 노새와 소에다 음식을 많이 실어왔으니 곧 밀가루 과자와 무화과 과자와 건포도와 포도주와 기름이요 소와 양도 많이 가져왔으니 이는 이스라엘 가운데에 기쁨이 있음이었더라"고 했다.

이렇게 많은 물질을 가지고 온 것은 강제로 징발한 것이 아니었다. 순전히 하나님의 감동을 받고 자원하는 마음으로 가지고 온 것임으로 가지고 온 자들도 기쁨으로 가져왔고 받는 다윗의 마음도 즐거웠다.

오랜 후 다윗이 압살롬의 반역을 피하여 요단을 건너 마하나임에 이르게 되었다. 다윗은 피난길이 급했으므로 미처 먹을 양식을 준비하지 못했다. 그러나 하나님은 긴급한 중에도 돕는 손길을 붙여주셨다.

사무엘하 17장 27~29절에 "다윗이 마하나임에 이르렀을 때에 암몬 족속에게 속한 랍바 사람 나하스의 아들 마길과 로글림 길르앗 사람 바르실래가 침상과 대야와 질그릇과 밀과 보리와 밀가루와 볶은 곡식과 콩과 팥과 볶은 녹두와 꿀과 버터와 양과 치즈를 가져다가 다윗과 그와 함께한 백성에게 먹게 하였으니 이는 그들 생각에 백성이 들에서 시장하고 곤하고 목마르겠다 함이더라"고 했다.

다윗이 비록 범죄했을 지라도 여호와를 버리고 떠나지 아니한 이상 하나님은 그에게 은혜 베풀기를 쉬지 아니하셨다. 다윗이 그의 죄값으로 인하여 압살롬의 난이 일어났고 그 난을 피하여 도피했으나 하나님은 진노 중에도 긍휼을 잊지 않으시고 그에게 자상하고도 주밀하게 모든 필요를 채워 주셨다.

하나님은 도덕성보다 관계성을 더 중히 여기신다. 하나님은 배도의 죄를 범하지 않는 이상 은총을 쉽게 거두지 아니하신다.

하나님은 만물의 주인이시다. 시편 24편 1절에 "땅과 거기에 충만한 것과 세계와 그 가운데에 사는 자들은 다 여호와의 것이라"고 했다. 학개 2장 8절에는 "은도 내 것이요 금도 내 것이라고" 했다. 이 세상에 있는 모든 것 곧 실오라기 하나까지라도 다 하나님의 것이다.

다윗이 물질을 관리할 성숙한 인격이 되었을 때 하나님은 그에게 하늘의 창고를 열어 물질을 쏟아 부어 주셨다.

이후에 다윗은 이스라엘의 왕을 뛰어 넘어 인근의 숙적들을 정복하여 신하국으로 삼는다. 다윗은 이스라엘 백성에게서 거두어 들이는 세금 외에 해마다 신하국들로부터 그 지방에서 나는 진귀한 보물과 특산물을 공물로 받아들인다. 해마다 진귀한 보물들을 싣고 예루살렘으로 오는 수레의 행렬이 끝이 보이지 않을 정도였다. 그리하여 예루살렘 왕궁 내탕고에는 금, 은, 동, 철, 놋을 비롯하여 유향, 몰약, 향신료, 기름, 상아, 약재, 비단, 보석과 각종 보물들로 가득했다. 다윗시대의 풍성한 산물이 대를 이어 솔로몬 시대로 이어져 그 풍성함과 화려함이 극에 달했다. 솔로몬 왕이 마시는 그릇은 다 금이요 왕이 금으로 방패를 만들고 은을 돌같이 흔하게 하고 백향목을 평지의 뽕나무같이 많게 하였다. 솔로몬 시대의 풍요는 다윗이 닦아놓은 기반 위에서 누린 풍요였다. 다윗이 하나님과 영통했을 때 하나님은 그에게 물질을 열어 거부가 되게 하셨고 그 기반 위에서 후대까지도 풍요를 누리게 하셨다. 이것은 먼저 하나님과 영통할 때 열어주시는 물통이었다.

20

기름 부으심과 영적 장자

장자는 맏아들로서 부모를 봉양하고 아우들을 돌보며 대외적으로 그 가문을 대표하는 가문의 머리이자 구심점이었다. 장자는 책임이 중한 만큼 부모의 유산도 갑절로 받는다.

이것은 일반적인 장자 제도였다.

영적인 장자는 태어난 순서와 상관없이 하나님의 부르심을 받고 여호와의 기름 부음을 받을때 영적인 장자가 된다.

다윗은 이새의 여덟 아들 중 말째였으나 여호와의 기름 부음을 받고 영적 장자가 되었다. 시편 89편 27~29절에 "내가 또 그를 장자로 삼고 세상 왕들에게 지존자가 되게 하며 그를 위하여 나의 인자함을 영원히 지키고 그와 맺은 나의 언약을 굳게 세우며 또 그의 후손을 영구하게 하며 그의 왕위를 하늘의 날과 같게 하리로다"라고 했다. 영적 장자는 하나님과 굳은 언약을 맺은 자가 되며 그 언약은 "너를 축복하는 자에게는 내가 복을 내리고 너를 저주하는 자에게는 저주하리니 땅의 모든 족속이 너로 말미암아 복을 얻을 것이라"(창 12:3)고 하는 것이며, 그 언약의 시효는 사울같이 여호와를 버리지 않는 한 하늘의 날과 같이 영원할 것이다.

〈하나님은 기름부음을 받은 영적인 장자를 어떤 위치에 세우셨는가?〉

- **첫째로 영적 장자를 그 시대의 머리로 세우신다.**

다윗은 이새의 말째 아들이었으나 영적인 장자가 됨으로 그의 가문과 국가의 핵심인물이자 그 시대를 이끌어가는 머리가 되었다.

하나님의 선택을 받고 기름 부음을 받은 왕과 제사장 선지자와 사사는 영적 장자로서 그 시대를 이끌어간 우두머리였다.

길르앗 사람 입다는 기생이 길르앗에게서 낳은 아들이었다. 이복형제들이 그를 박해하여 너는 다른 여인의 자식이니 우리 아버지의 집에서 기업을 잇지 못하리라 하고 그를 쫓아 버렸다. 그리하여 입다는 돕 땅으로 가서 거주하매 잡류들이 모여들었다고 했다. 그때 전쟁이 나자 여호와의 영이 입다에게 임하시니 암몬 자손을 크게 이기고 길르앗 족속을 다스리는 머리가 되었다. 이와 같이 하나님은 신분의 귀천을 떠나서 여호와의 영이 임한 자를 머리로 삼아 중용 하신다. 어느 시대를 막론하고 어느 장소를 막론하고 여호와의 영이 임했을 때 하나님은 그를 머리로 쓰신다.

다윗이 사무엘 선지자에게 1차 기름 부음을 받았을 때(삼상 16:13) 천부장이 되어 천명의 우두머리가 되었고, 2차 기름 부음을 받았을 때에는(삼하 2:4) 유다지파의 우두머리가 되었고 3차 기름 부음을 받았을 때에는(삼하 5:3) 이스라엘 12지파의 우두머리가 되었다.

더 나아가서 삼하 8장 정복 전쟁에서 열방을 정복하여 신하국으로 삼고 그들의 우두머리인 태왕(King David the Great)이 된다.

"주께서 나를 백성의 다툼에서 건지시고 여러 민족의 으뜸으로 삼으셨으니 내가 알지 못하는 백성이 나를 섬기리이다."(시 18:43)

다윗에게 여호와의 기름 부으심이 충만하여 차고 넘칠 때 국경을 넘어 이방을 정복함으로 다윗을 알지 못하던 민족도 그 앞에 엎드려 머리로 섬기게 되었다.

- **둘째로 영적 장자를 시대의 구심점으로 세우신다.**

하나님은 영적 장자를 구심점으로 하여 하나님의 역사를 이루어 가신다. 하나님이 섭리하시는 역사의 중심은 구속사이며, 그 구심점에는 언제나 영적 장자인 왕과 제사장과 선지자와 사사가 있었다.

다윗도 기름 부음을 받고 영적인 장자가 됨으로 가문과 국가의 구심점이 되어 역사의 중심에 서게 되었다. 기름 부음이 떠난 사울에게는 사람들이 흩어져 떠나 갔으나 다윗에게는 사람들이 모여들었다. 예나 지금이나 사람들은 중심인물이 되는 구심점을 향하여 모여든다. 하나님이 쓰시는 중심인물은 반드시 기름 부음을 받아야 한다. 그렇지 않으면 사람이 붙지 않는다. 인위적으로 사람을 모으면 반드시 떠날 때가 있다. 사람을 모여들게 하는 것은 인간의 재주로 하는 것이 아니라 하나님의 영이 하시는 일이다.

다윗이 기름 부음 받기 전에는 주위에 사람이 없어 고독하고 외로운 시절을 보내야만 했다.

그의 주위에 있던 사람들은 하나같이 그를 괴롭히는 악동들 뿐이었다. 그러나 기름부음을 받고 영적 장자가 된 후에는 그를 구심점으로 충성스럽고 용맹한 자들이 구름떼같이 모여들었고 물질을 가진 거부들도 모여들었고 재능이 뛰어나고 지혜가 있는 자들도 모여들었다. 다윗이 이렇게 많은 사람들을 인위적으로 모은 것이 아니었다. 여호와의 신이 그들을 모으셨고 그들의 마음에 감동을 주셨다. 하나님은 종들에게 기름을 부어 구심점으로 삼은 이상 두 마음을 품지 아니하고 그의 손과 발이 될 사람들을 붙여 주신다. 하나님은 기름 부음이 강하면 강할수록 정비례하여 도울 천사도 더 많이 붙여주시고 사람도 구름떼같이 모여들게 하신다. 그와 반대로 기름부음이 떠나면 따르던 사람들도 떠나버린다. 잠언 19장 4절에 "가난한 즉 친구가 끊어지느니라"고 했다. 기름부음이 메말라 영적으로 가난하게 되면 내 주위에 사람들이 다 떠나버린다. 그러므로 주님의 종과 성도들은 인위적으로 사람을 모으려고 하기보다 하나님께서 사람을 불러모아 주시는 기름부음의 원리를 붙잡아야 한다.

- 셋째로 영적 장자를 회복의 통로로 세우신다.

다윗이 사울을 피하여 광야로 피신했을 때 "그의 형제와 아버지의 온 집이 듣고 그곳으로 내려가 그에게 이르렀고 환난 당한 모든 자와 빚진 모든 자와 마음이 원통한 자가 다 그에게로 모였다."(삼상 22:1~2)고 했다.

하나님은 다윗에게 기름을 부어 영적 장자로 삼고 그를 통하여 사울에게 쫓겨 뿔뿔이 흩어진 그의 가문을 다시 회복하여 명문가로 세우게 하시고, 또한 환난 당한 자 빚진 자 마음이 원통한 자들을 일으켜 세워 다시 회복하게 하셨다. "여호와께서는 모든 넘어지는 자들을 붙드시며 비굴한 자들을 일으키시는도다."(시 145:14)

하나님은 여호와의 영에 감동된 모세를 회복의 통로로 사용하여 애굽에서 노예생활하던 이스라엘 백성들을 해방하여 자유민으로 회복시키셨고, 하나님은 사사시대에 무너지고 빼앗겼던 나라를 반드시 여호와의 신에 감동된 영적 장자인 사사들을 통하여 회복시키셨다. 엘리시대에 범죄함으로 하나님의 영광이 떠난 암흑시대를 여호와의 영에 감동된 영적 장자 사무엘을 통하여 영광스럽게 회복시키셨다.

또한 이스라엘 백성들이 범죄하여 주전 586년에 바벨론의 침공으로 예루살렘 성이 무너지고 백성들은 포로로 끌려가 이방인들에게 짓밟혔으나 하나님은 기름 부음을 받은 페르샤의 고래스왕을 통하여 유다민족을 해방하여 무너진 나라를 다시 회복하게 하셨고(사 45:1), 또한 기름부음을 받은 스룹바벨과 대제사장 여호수아를 통하여 무너진 성전을 재건하여 땅에 떨어진 하나님의 영광을 이전 영광보다 더 큰 영광으로 회복하게 하셨다.(학개 2:9)

하나님은 나라 뿐 아니라 개인도 기름부음 받은 자를 통하여 회복시키신다. 이사야 42장 6~7절에 "나 여호와가 의로 너를 불렀은 즉 내가 네 손을 잡아 너를 보호하며 너를 세워 백성의 언약과 이방의 빛이 되게 하리니 내가 눈 먼자들의 눈을 밝히며 갇힌 자를 감옥에서 나오게 하리라" 위의 말씀은 여호와께서 기름 부음을 받은 고레스왕에게 하신 말씀이다. 여호와는 기름 부음 받은 자를 세워 백성의 언약과 이방의 빛이 되게 하시고 눈 먼자들의 눈을 밝히며 갇힌 자를 감옥에서 나오게 하여 회복시키신다.

여호와께서 기름 부음 받은 보아스를 통하여 이방여인 룻을 회복시키시고 솔로몬을 통하여 술람미 여인을 회복시키신 것 같이 반드시 기름 부음 받은 영적인 장자를 통하여 무너진 자를 회복시키시고 쓰러진 자도 일으켜 세우신다.

신약시대에는 성령이 충만한 사도들을 영적 장자로 삼아 그 시대의 황폐한 심령들을 회복시켜 시대의 부흥을 가져오게 하셨으며, 하나님은 영적 장자인 베드로의 그림자까지도 회복의 도구로 쓰셨고 바울의 손수건이나 앞치마까지도 회복의 도구로 쓰셨다.

이와 같이 하나님은 반드시 기름 부음을 받은 영적장자를 통하여 회복의 능력을 나타내신다. 하나님은 무너진 개인과 가문과 교회와 국가도 기름 부음을 받은 영적인 장자를 통하여 아름답고도 영광스럽게 회복시키신다.

사울이 블레셋 사람들에게 패하여 길보아산에서 치욕적인 죽임을 당하고 그 영광의 상징인 왕관은 벗겨져 땅에 떨어져 원수들에게 짓밟히고 그의 시신도 능욕을 당하였다. 백성들은 패전의 아픔으로 마음이 물같이 녹아 공황 상태에 빠졌으나 여호와께서는 영적 장자인 다윗을 통하여 무너진 백성들의 슬픈 마음을 회복시키시고 무너진 나라를 굳건하고도 영광스러운 나라로 회복시키셨다.

태양이 떠오르면 어두움은 물러가고 새날이 시작되듯 여호와의 영적인 장자가 등장하게 되면 절망과 죽음의 땅이 변하여 소망과 환희가 있는 거룩한 땅으로 회복되어 지면에는 꽃이 피고 노래하는 새가 다시 날아와 깃을 들이고 청년 남녀의 소리와 맷돌 소리가 다시 들리고 기뻐하는 소리와 신랑의 소리와 신부의 소리가 다시 들리며 등불이 다시 켜지게 된다.

하나님은 영적 장자를 통하여 눈에 보이는 가시적인 것뿐 아니라 보이지 않는 황폐한 심령과 상한 마음도 회복시키시고 물질도 회복시키시고 잃어버린 능력도 회복시키신다.

회복의 궁극의 목표는 무너진 여호와의 제단을 다시 수축하고 이 땅에 하나님의 영광을 드높이는데 있다. 하나님은 시대를 뛰어넘어 반드시 기름 부음을 받은 영적 장자를 통하여 회복의 능력을 나타내신다.

- 넷째로 하나님은 영적 장자를 축복의 통로로 세우셨다.

하나님은 기름부음을 받은 영적장자를 통하여 복을 주신다.

기름부음을 받은 영적 장자는 "땅의 모든 족속이 너로 말미암아 복을 얻으리라"(창 12:3)는 말씀으로 언약된 자이므로 하나님은 영적 장자를 통하여 축복의 문을 여신다.

하나님은 여호와의 신에 감동된 영적인 장자 아브라함과 이삭과 야곱과 요셉을 축복의 통로로 삼으시고 그들을 통하여 천하 만민에게 축복의 문을 열어주셨다.

에서는 이삭의 장자였으나 장자의 명분을 야곱에게 팥죽 한 그릇에 팔았으므로 그와 하나님과의 계약관계는 파기되고 말았다. 그리하여 에서와 그의 후손들은 하나님의 축복 권에서 탈락하고 말았다. 히브리서 저자는 장자 권을 가볍게 여기고 팥죽 한 그릇에 팔아버린 에서를 망령된 자라고 했다.(히 12:16) 영적인 장자권이 에서에게서 야곱에게 넘어갔음으로 하나님은 야곱을 영적장자로 삼으시고 그를 세워 축복의 통로로 삼으셨다.

야곱이 에서를 피하여 외가 집이 있는 밧단 아람으로 피신할 때 루스 광야에서 돌을 베개하고 잠을 자다가 꿈에 본즉 "여호와께서 그 위에 서서 이르시되 나는 여호와니 너의 조부 아브라함의 하나님이요 이삭의 하나님이라 네가 누워있는 땅을 내가 너와 네 자손에게 주리니 네 자손이 땅의 티끌같이 되어 네가 서쪽과 동쪽과 북쪽과 남쪽으로 퍼져나갈지며 땅의 모든 족속이 너와 네 자손으로 말미암아 복을 받으리라"(창 28:13~14) 고 하셨다.

성경은 에서를 축복의 통로로 세웠다는 말이 없다. 에서는 이삭의 육신의 장자였으나 하나님은 육적인 장자보다 기름부음을 받은 영적 장자인 야곱을 축복의 통로로 삼으시고, 그와 그의 자손을 통하여 땅의 모든 족속이 복을 받게 하셨다.(창 28:14)

야곱의 12아들 중 루우벤이 맏아들로서 장자였으나 그는 서모와 동침하여 아버지의 침상을 더럽혔으므로 장자의 명분이 요셉에게로 넘어가게 된다.(대상 5:1~2)

요셉은 야곱의 열한 번째 아들이었으나 여호와의 신에 감동된 영적인 장자가 됨으로 하나님은 그를 통로로 세워 축복의 문을 여셨다.

요셉이 노예로 팔려 보디발의 집에 갔을 때 보디발이 여호와께서 그와 함께 계셔서 그의 범사에 형통하게 하심을 보고 요셉에게 자기의 집과 그의 모든 소유물을 주관하게 한 때부터 여호와께서 요셉을 위하여 그 애굽 사람의 집에 복을 내리시므로 여호와의 복이 그의 집과 밭에 있는 모든 소유에 미쳤고, 요셉이 보디발의 아내의 모함으로 감옥에 갔을 때에도 여호와께서 요셉과 함께 하심을 보고 "간수장은 그의 손에 맡긴 것은 무엇이든지 살펴보지 아니하였으니 이는 여호와께서 요셉과 함께 하심이라 그를 범사에 형통하게 하셨더라"(창 39:22~23) 고 했다.

요셉이 감옥에서 바로왕의 꿈을 해석하므로 그의 나이 30세에 애굽의 총리가 되어 애굽 온 땅을 순찰하니 일곱 해 풍년에 토지 소출이 심히 많아 곡물을 거두어 각성에 저장하여 다가올 흉년에 대비하게 하였다.(창 41:47~48)

이와 같이 하나님은 영적장자인 요셉을 축복의 통로로 삼으시고 그를 통하여 그가 가는 곳 마다 그 땅에 복을 내리셨다. 기름 부음을 받았다는 것을 족장시대에는 여호와의 신에 감동되었다고 표현을 다르게 했을 뿐 본질은 같은 것이다. 사울이 40년간 왕위에 앉아 나라를 망가뜨려 이스라엘의 영광은 땅에 떨어져 짓밟혔고, 백성은 도탄에 빠졌다.

그러나 기름 부음을 받은 다윗이 왕위에 오르자 하나님께서 영적장자인 그를 통하여 축복의 문을 여셨다. 그리하여 무너진 나라를 다시 일으켜 세워 안으로는 국가 이스라엘을 부강하게 하고, 밖으로는 이방 나라들을 정복하여 신하 국으로 삼고 여러 민족의 으뜸이 되므로(시편 18:43) 이때까지 멸시받고 짓밟히던 나라가 열방을 다스리는 나라가 되고, 그 영광은 사해에 떨치게 되었다.

그러므로 역대상 14장 2절에 "다윗이 여호와께서 자기를 이스라엘 왕으로 삼으신 줄을 깨달았으니 이는 그의 백성 이스라엘을 위하여 그의 나라가 높이 들림을 받았음을 앎이었더라"고 했다.

이와 같이 영적장자 한 사람의 힘은 위대하다! 하나님은 한 사람의 영적장자를 핵심인물로 삼아 그를 통하여 그 국가와 그 시대의 운명도 바꾸어 놓게 하셨다. 하나님은 예나 지금이나 기름부음을 받은 영적장자를 축복의 통로로 삼으시고 그를 통하여 축복의 문을 여신다.

- 영적장자는 장차오실 메시야의 그림자였다.

시편 89편 20절에 "내가 내 종 다윗을 찾아내어 나의 거룩한 기름을 그에게 부었도다"고 했으며, 시편 89편 27절에는 내가 또 그를 장자로 삼고 세상 왕들에게 지존자가 되게 하며"라고 했다. 위의 말씀은 하나님께서 다윗을 찾아 기름을 부어 영적 장자로 삼았다는 말씀이다. 기름부음을 받고 영적 장자가 된 다윗은 장차 기름부음을 받고 하나님의 장자(맏아들)가 되실 메시야의 모형이자 그림자였다.

메시야(messiah)란 히브리어이며 헬라어로는 그리스도(christ)이다. 그 뜻은 기름부음을 받았다는 뜻이다.

예수님을 그리스도라고 한 것은 성령의 기름부음을 받았기 때문이다.

예수님께서 요단강에서 세례를 받고 물에서 올라오셨을 때 비둘기 같은 성령이 그에게 임하셨다. 사도행전 10장 38절에도 "하나님이 나사렛 예수에게 성령과 능력을 기름 붓듯 하셨다"고 했다.

다윗이 여호와의 기름부음을 받고 영적인 장자가 되었듯이 예수님은 성령의 기름부음을 받으시고 영적인 장자가 되셨다.

그러므로 히브리서 1장 6절에 "또 그가 맏아들을 이끌어 세상에 다시 들어오게 하실 때에 하나님의 모든 천사들은 그에게 경배할지어다"고 하심으로 예수님을 하나님의 맏아들이라고 했다

맏아들은 곧 장자를 뜻한다. 하나님은 영적 장자(맏아들)이신 예수 그리스도를 만물의 우두머리로 삼아 만물의 주가 되게 하시고, 그를 인류의 구심점으로 삼아 열방이 그에게 소망을 두게 하셨으며, 그를 회복의 통로로 삼아 황무한 이 땅을 다시 회복시키실 뿐 아니라 상하고 무너진 심령을 회복시키게 하셨으며, 그를 축복의 통로로 삼아 천하 만민이 복을 받게 하셨다. 그러므로 영적 장자인 예수 그리스도는 열방이 그에게 소망을 두어야 하는 핵심 인물이다.

21

3차 기름 부으심과 이스라엘의 왕

이스보셋이 죽자 그를 섬겼던 이스라엘 장로들이 헤브론에 있는 다윗에게로 나아왔다. 유다지파의 왕이 되어 자기발전과 충전의 기회로 삼고 있던 다윗에게 말하기를 보소서 우리는 왕의 한 골육 이니이다 전에 사울이 우리의 왕이 되었을 때에도 이스라엘을 거느려 출입하게 하신 분은 왕이 시었고 여호와께서도 왕에게 말씀하시기를 네가 내 백성 이스라엘의 주권자가 되리라 하셨나이다 하고 다윗을 왕으로 삼고자 했다. 이제 다윗이 왕위에 오르는 것은 시대적 소명이자 거스릴 수 없는 하나 된 백성들의 숙원이었다. 이에 다윗이 여호와 앞에서 그들과 언약을 맺으매 그들이 다윗에게 기름을 부어 이스라엘 왕으로 삼았다고 했다.(삼하 5:2~3)

변방에서 한지파의 왕으로 작은 일에 충성하던 다윗은 이제 이스라엘 12지파를 다스리는 왕이 됨으로 그간 7년 6개월간 다스렸던 헤브론 시대를 마감하고 새로운 지평을 열어 가게 되었다.

　다윗이 이 자리에 오르기까지 값없이 그냥 된 것이 아니었다. 그는 뼈를 깎는 고통과 아픔의 대가를 지불하고 이 자리에 오르게 된 것이다. 소중한 것을 얻기 위해서는 반드시 대가를 지불해야 한다. 하나님 앞에 우리가 받는 구원도 값을 지불해야 한다. 우리가 값을 지불할 능력이 없으므로 예수님이 당신의 목숨으로 우리의 죄 값을 대신 지불해 주셨다. 그래서 구원을 주님의 은혜라고 한다.

　다윗이 오늘과 같은 영광의 지리에 앉게 된 것도 남모르는 값 비싼 대가를 지불했기에 가능했다. 다윗은 하나님 앞에 귀중한 것을 얻게 위해서는 반드시 값을 지불해야 한다는 것을 알았다.(삼하 24:22~24)

　다윗이 오늘과 같은 영광의 자리에 앉게 된 것도 남모르는 값비싼 대가를 지불하고 앉게 된 자리였다. 하나님 앞에는 반드시 대가를 지불해야 한다.

　"하나님은 미쁘신 분이라고"(고전 1:9) 했다. 미쁘다는 뜻은 진실하고 정직하다는 뜻이다. 그러므로 하나님 앞에 기적이 있다면 내가 땀흘린 만큼 복을 받고, 내가 희생한 만큼 기적을 체험하고, 내가 헌신한 만큼 은혜를 받는 것이다. 내가 땀을 흘리지 않고, 희생한 것도 없는데 축복을 기대한다면 그것은 망상에 불과하다.

　하나님이 아브라함에게 허락하신 여호와 이레의 위대한 축복도 독자 이삭을 제물로 바쳐 값을 지불함으로 얻은 축복이다. 하나님은 결코 희생 없이 무임승차 하는 것을 허락지 아니 하신다. 소외받고 멸시받던 무명의 소년이 오늘과 같은 영광의 자리에 앉게 된 것도 남모르는 피와 땀과 눈물로 대가를 지불한 결과 였다.

　백성의 대표인 이스라엘 장로들이 다윗에게 기름을 부어 왕으로 옹립한 것은 하나님의 뜻이자 온 백성들의 뜨거운 열망이었다. 기치창검을 벌려 세우고 취타대의 장엄한 연주 속에 근위무사들의 호위를 받으며 왕위에 오르는 다윗왕의 당당하고 늠름한 모습은 이스라엘 백성들에게 자부심과 기쁨이 되기에 충분했다.

　다윗은 오늘에야 비로소 영광의 보좌에 앉아 삼군의 호위를 받으며 천하를 호령하는 원수의 자리에 오르게 되자 벅차오르는 흥분을 억누를 수 없었다. 이제 그는 변방의 한 지파를 다스리던 전과는 비교 할 수없는 정치권력과 170만의 (대상 21:5~6) 병마를 움직이는 병권을 손에 넣음으로 그간 격동의 세월을 보내며 가슴에 품어왔던 이상 국가를 향하여 거보를 내 딛게 된 것이다. 권력의 정상에 오르는 다윗의 주먹에 힘이 들어갔다. 그 힘은 기쁨보다 사명에 대한 두려움이었다. 그는 맡겨주신 사명이 큰 만큼 왕이 되었다는 기쁨보다 오히려 후회 없이 하나님 앞에 책임을 다 하지 못할까봐 염려하는 두려움이 앞섰다.

　베들레헴 성읍에서 사무엘 선지자 앞에서 기름부음을 받을 때 그의 얼굴은 붉고 눈빛이 유난히 반짝거리는 홍안이었으나 이제 그의 나이도 37세의 장년으로 성장했다. 그간 세월이 많이도 흘러갔다. 영웅 다윗도 세월에 흘러가는 젊음을 잡아놓을 수는 없었다.

다윗이 왕위에 오르던 날 온 백성들은 한마음 한뜻으로 기뻐하며 왕에게 충성을 맹세하며 왕의 만세를 불렀다. 헤브론에 있는 다윗의 군영에는 백성과 군사들이 하나가 되어 다윗왕을 연호하며 환영하는 열기가 식을 줄 몰랐다. 온 백성이 다윗 왕을 환호한 것은 그간 희망이 없었던 백성에게 혜성같이 떠오른 다윗의 등장으로 부푼 꿈을 가지게 되었기 때문이다. 꿈은 이렇게 사람을 행복하게 한다. 그간 이스라엘은 구름이 가리어 우울한 나날을 보냈으나 다윗이 왕위에 오르자 그의 장도를 축복하듯 구름 속에서 눈이 시리도록 황홀한 태양빛이 쏟아져 내렸다.

이제 한 마음으로 그를 옹립했던 장로들과 백성들은 다윗의 행보를 주목하며 부푼 꿈을 갖게 되었다.

왕위에 오르는 다윗에게 여호와께서 여호와의 령을 선포하셨다. "내가 여호와의 명령을 전하노라 여호와께서 내게 이르시되 너는 내 아들이라 오늘 내가 너를 낳았도다. 내게 구하라 내가 이방나라를 네 유업으로 주리니 네 소유가 땅 끝까지 이르리로다. 네가 철장으로 그들을 깨뜨림이여 질 그릇 같이 부수리라 하시도다."(신 2:7~9)

다윗이 대권을 손에 넣음으로 비로소 여호와께서 주신 vision을 펼쳐갈 물리적인 힘을 갖게 되었다. 이제 그에게 남겨진 숙제는 양분된 나라를 하나로 통합하고 흩어진 국력을 하나로 모아 누란의 위기로부터 백성과 나라를 구하고 훼손되는 하나님의 영광을 드높이기 위하여 지평선 저멀리 열방을 향하여 거보를 내딛게 되었다.

22

기름 부으심과 예루살렘 정복

이스라엘 왕이 된 다윗은 백성의 하나된 마음과 충만한 힘으로 먼저 무엇부터 손을 써야할 지 생각하던 중 여부스 족속이 웅거하고 있는 예루살렘이 다윗에게 손짓했다.

예루살렘은 가나안을 정복한 후 베냐민 지파가 제비뽑아 얻은 기업이었으나 사사기 1장 21절에 "베냐민 자손은 예루살렘에 거주하는 여부스 족속을 쫓아내지 못하였으므로 여부스 족속이 베냐민 자손과 함께 오늘까지 예루살렘에 거주 하니라"고 했다.

그리하여 예루살렘은 가나안을 정복한 이래 400년이 지나도록 아직 미수복지로 남게 된 것이다. 사사기 1장 8절에 "유다 자손이 예루살렘을 쳐서 점령하여 칼날로 치고 그 성을 불살랐다고 한 말씀을 보면 유다 지파에 속한 예루살렘 남쪽 지역은 부분적으로 수복되었으나 전체적으로 볼 때는 아직 미수복지로 남아 있었던 것이다.

이스라엘 자손이 오늘까지 여부스 족속을 쫓아내지 못한 것은 그들이 은거하고 있는 예루살렘성은 해발 720m의 지대가 높은 바위산에 건설된 난공불락의 산성이었기 때문이다.

예루살렘성의 서쪽은 힌놈의 골짜기가 둘러싸고, 동쪽은 기드론 골짜기가 둘러싸고 있었으며 특히 남쪽과 동쪽 성벽은 절벽위에 세워졌으므로 그들은 험한 지세를 믿고 예루살렘을 치고자 하는 다윗을 내려다보며 "네가 결코 이리로 들어오지 못하리라 맹인과 다리 저는 자라도 너를 물리치리라 하니 그들 생각에는 다윗이 이리로 들어오지 못하리라"(삼하 5:6) 하고 큰소리 쳤다. 다윗은 이때까지 선조들이 못다 이룬 불가능에 모험하였다. 그간 기도로 준비하며 힘을 길러왔으므로 비축된 힘과 하나님이 주신 지혜로 험지에 도전하게 된다. 다윗은 예루살렘이 지대가 높은 산성이므로 물이 나지 않는다는 것에 착안한다. 이스라엘은 기후 상으로 건기와 우기로 나누는데 건기는 대체로 5~10월까지이며 이 시기는 강우량이 거의 없는 시기이다. 여부스 족속들은 성 아래 있는 기혼 샘에서 물을 길어 식수로 사용했으며 그들은 전쟁을 대비하여 기혼 샘에서 성 안으로 물길을 뚫어놓았다. 다윗은 이 물길을 주목하게 된다. 사무엘삼하 5장 8절에 "그날에 다윗이 이르기를 누구든지 여부스 사람을 치거든 물 긷는 데로 올라가서 다윗의 마음에 미워하는 다리 저는 사람과 맹인을 치라 하였으므로 속담이 되어 이르기를 맹인과 다리 저는 사람은 집에 들어오지 못하리라 하니라"고 했다. 다윗의 명령을 받은 군사들은 기혼 샘에서 성안으로 난 물길을 따라 올라가 성을 빼앗았다.

 그날에 전쟁이 치열했으므로 "다윗이 이르되 먼저 여부스 사람을 치는 자는 우두머리와 지휘관을 삼으리라"(대상 11:6) 하고 상급을 내 걸었다. 그때 스루야의 아들 요압이 용맹을 발휘하여 먼저 올라갔으므로 다윗의 군대장관이 되었다.

 난공불락을 자랑하던 예루살렘도 마침내 다윗의 지혜와 용기 앞에 정복되고 말았다. 성은 침노하는 자가 빼앗고 영광은 도전하는 자의 몫이다. 여호와께서 다윗에게 그간 힘을 기르게 하신 것도 이때를 위함이었다. 실력은 감추어 두면 소용이 없다. 숨은 능력은 후회 없이 드러낼 때 가치가 있다. 하나님은 다윗으로 하여금 그간 갈고 닦은 능력을 꼭 필요한 때에 꼭 필요한 곳에서 나타내게 하셨다. 기름 부음을 받은 다윗은 성령의 도우심으로 불가능에 도전했고 뜻을 성취할 수 있었다.

 다윗이 예루살렘을 정복하여 밀로에서부터 안으로 성을 둘러쌓고 이스라엘 12지파를 다스리는 수도로 삼았다.(삼하 5:9)

 다윗이 밀로에서부터 안으로 성벽을 쌓아(삼하 5:9) 백향목 궁과 성읍을 둘러치게 하였으므로 마치 예루살렘 성은 안개 속에서 불러낸 듯 창백한 빛을 반사하고 있었다.

 예루살렘성은 여호와의 성막을 중심으로 다윗의 백향목 궁과 대로를 따라 건설된 건물들이 조화를 이루었고, 처마를 맞닿아 줄지어 늘어선 민가들은 주위의 산세와 어우러져 한 폭의 그림을 만들어 내는 잘 짜여진 도시가 되었다.

예루살렘을 새롭게 단장한 다윗은 고색창연한 예루살렘성을 취한 듯 바라보며 예루살렘을 예찬하는 시로서 여호와께 영광을 돌린다.

> **시 122:**
>
> 1절 사람이 내게 말하기를 여호와의 집에 올라가자 할 때에 내가 기뻐하였도다.
> 2절 예루살렘아 우리 발이 네 성문 안에 섰도다.
> 3절 예루살렘아 너는 잘 짜여 진 성읍과 같이 건설 되었도다
> 4절 지파들 곧 여호와의 지파들이 여호와의 이름에 감사하려고 이스라엘의 전례대로 그리로 올라가는 도다
> 5절 거기에 심판의 보좌를 두셨으니 곧 다윗의 집의 보좌로다
> 6절 예루살렘을 위하여 평안을 구하라 예루살렘을 사랑 하는 자는 형통하리로다
> 7절 네 성 안에는 평안이 있고 네 궁중에는 형통함이 있을 지어다
> 8절 내가 내 형제와 친구를 위하여 이제 말하리니 네 가운데에 평안이 있을지어다
> 9절 여호와 우리 하나님의 집을 위하여 내가 너를 위하여 복을 구하리로다

지대가 높은 산위에 건설된 예루살렘은 평화란 뜻이며 다윗이 정복함으로 정복자의 이름을 따서 다윗성이라고도 했으며, 종교적인 의미로 시온성이라고도 했다.

예루살렘성은 이름의 뜻 그대로 평화의 도성이 되었고 장차 평화의 왕 그리스도께서 다스리는 새 하늘과 새 땅, 신부가 남편을 위하여 단장한 것 같은 거룩한 천국의 모형이 된 것이다.(계 21:2)

이제 이스라엘 백성들이 우러러 보는 왕도 예루살렘은 경관이 아름답고 묘한 성, 언덕 위의 도시, 여호와께서 영광중에 임재해 계시는 거룩한 신시가 되었다.

23

법궤를 예루살렘으로 모셔오다

예루살렘을 빼앗아 수도로 정한 다윗이 맨 먼저 서둘러 시행한 것은 여호와의 법궤를 모셔오는 일이었다. "그 궤는 그룹들 사이에 좌정하신 만군의 여호와의 이름으로 불리어졌다."(삼하 6:2) 다윗은 왜 바알레유다(기럇여아림)에 있는 아비나답의 집에 방치되어 있는 여호와의 법궤를 예루살렘에 모시려고 했느냐?

무엇보다 시온성이라고도 하는 예루살렘은 옛부터 하나님이 점지하신 신령한 곳이었다.

여호와께서 아브라함에게 이삭을 번제로 드리라고 지시하신 모리아 산이 바로 예루살렘이었다. (대하 3:1)

모리아 산으로 명명되었던 예루살렘은 아브라함이 이삭을 제단에 올려놓고 칼을 잡고 이삭을 잡으려는 순간 여호와께서 "아브라함아! 아브라함아! 그 아이에게 네 손을 대지 말라 그에게 아무 일도 하지 말라 네가 네 아들 네 독자까지도 내게 아끼지 아니하였으니 내가 이제야 네가 하나님을 경외하는 줄을 아노라"하고 나타나셨던 성스러운 곳이다.(창 22:9~12) 후에 솔로몬이 여호와의 영광의 임재를 상징하는 성전을 건축한 곳도 모리아 산인 예루살렘이었다.(대하 3:1)

무엇보다도 예루살렘은 여호와께서 친히 거하시기를 원하신 곳이다. 시편 132편 13~14절에 "여호와께서 시온을 택하시고 자기 거처로 삼고자 하여 이르시기를 이는 내가 영원히 쉴 곳이라 내가 여기 거주할 것은 이를 원하였음이로다"고 하셨다.

그러므로 그룹 사이에 계신 만군의 여호와의 언약궤를(삼상 4:4) 옛부터 여호와께서 점지하시고, 영원한 거처로 삼기를 원하신 예루살렘에 모시는 것이 하나님의 뜻이자 순리였다.

언약궤 또는 증거궤라고도 하는 법궤 속에는 하나님의 말씀인 십계명이 새겨진 두 돌비와 하나님의 역사를 기억나게 하는 만나를 담은 항아리와 아론의 싹이 난 지팡이가 안치되어 있었다.

법궤를 덮은 뚜껑 위 속죄소는 순금으로 만들어졌고 두 그룹(천사)은 다소곳이 마주보며 날개를 펴서 맞닿아 속죄소를 덮고 있는 모양을 하고 있었으며, 그곳을 시은좌(The merey seat) 라고도 하였다. 그 뜻은 자비로우신 하나님이 세키나의 영광으로 임재 해 계신다는 뜻이며, 하나님이 하늘에서 땅으로 오셔서 이스라엘 중에 거하신다는 증표였다.(삼상 4:4)

다윗이 바알레유다 (기럇여아림)에 방치되어 있는 법궤를 예루살렘에 모셔오기 위하여 이스라엘에서 30,000명을 뽑았다. 다윗이 이렇게 많은 무리를 동원한 것은 이곳은 블레셋과 접경지이므로 언약궤를 운반하는 도중 혹시 있을지도 모를 블레셋의 기습에 대비하기 위함이었다.

여호와의 법궤가 여기까지 오게 된 경로를 보면, 출애굽한 이스라엘 백성들이 시내산 광야에 있을 때 하나님의 지시로 만들어 졌으며, 40년간 광야를 거쳐 가나안땅에 들어가 정복전쟁을 치르는 동안 법궤는 이스라엘의 본영인 길갈에 안치되어 있었다. 정복전쟁이 끝나고 그 땅을 12지파에 분배할 시기에 법궤는 실로로 옮겨져(수 18:1) 사사시대 말기인 엘리제사장 때까지 300년 이상 그곳에 모셔지게 된다. 그러던 중 사사 엘리시대 때 블레셋과의 전쟁에서 전세가 불리해지자 만회하고자 여호와의 법궤를 메고 오게 하였다. 그때 법궤를 메고 온 제사장은 엘리의 두 아들 홉니와 비느하스였다. 이들은 여호와의 제사를 멸시하는 자들로서 기름을 태우기도 전에 제물을 훔쳐갈 뿐 아니라 성막에서 수종드는 여인들과 농침한 불량한 자들이었다.

엘리가 이 사실을 알고 타일렀으나 그들이 아버지의 말을 듣지 아니하였으니 이는 여호와께서 그들을 죽이기로 뜻하셨기 때문이었다.(삼상 2:25)

블레셋과의 2차 전쟁에서 이스라엘이 다시 패하여 30,000명이 죽고, 엘리의 두 아들도 죽고, 여호와의 법궤도 빼앗겨 버렸다. 이제 법궤는 블레셋 땅으로 옮겨졌으나 여호와의 손이 저들을 엄중히

치심으로 법궤가 가는 곳마다 사망과 독종으로 인하여 저들의 부르짖음이 하늘에 사무쳤다(삼상 5:12)고 했다. 결국 뒷감당을 못한 블레셋 사람들은 새 수레를 만들고 멍에를 메어보지 아니한 젖 나는 소 두 마리를 끌어다가 수레를 메우고 송아지들은 떼어 집으로 돌려보내고 이스라엘 경내인 벧세메스로 돌려보내게 된다. 그리하여 7개월 만에 법궤는 다시 이스라엘 땅으로 돌아오게 되었다. 벧세메스 사람들이 밀을 베다가 눈을 들어 여호와의 궤를 보고 기뻐한 나머지 호기심으로 접근하여 들여다 본 고로 여호와께서 백성을 쳐서 크게 살육하였으므로 백성이 슬피 울었다고 했다.(삼상 6:1) 언약궤는 만군의 여호와께서 그룹 사이에 좌정해 계시는 거룩한 성물이므로 거룩하게 구별된 자 외에는 가까이 할 수 없으며, 법궤를 모실 때에는 반드시 규례와 법도를 따라 모셔야 한다. 법궤에 대한 불경죄로 인하여 화를 당한 벧세메스 사람들이 "이 거룩하신 하나님 여호와 앞에 누가서리요" 하고, 법궤를 기럇여아림으로 보내게 된다. 기럇여아림 사람들은 법궤를 산에 있는 아비나답의 집으로 모시고 그의 아들 엘르아살을 구별하여 여호와의 궤를 지키게 하였다.(삼상 7:1)

이제 여호와의 언약궤는 사무엘 시대와 사울 시대를 지난 후 다윗 시대에 이르러 예루살렘으로 옮겨지기까지 오랫동안 이곳에 머물러있게 된다.

여호와의 영광이 임재하신 법궤가 실로에 있는 성막을 떠나 기럇여아림에 오래 있은 지라 이스라엘 온 족속이 여호와를 사모하니라(삼상 7:2) 고 했다.

예루살렘을 정복한 다윗은 먼저 기럇여아림, 아비나답의 집에 있는 여호와의 궤를 예루살렘으로 모셔오고자 법궤를 새 수레에 싣고 나오는데 다윗과 이스라엘 온 족속은 잣나무로 만든 여러 가지 악기와 수금과 비파와 소고와 양금과 제금으로 여호와 앞에서 연주하며 오는 도중 법궤가 나곤의 타작마당에 이르렀을 때 소들이 뛰므로 웃사가 손을 들어 하나님의 궤를 붙들었더니 하나님이 웃사가 잘못함으로 말미암아 진노하사 그 곳에서 치시니 웃사가 하나님의 궤 곁에서 죽으니라(삼하 6:1~7)고 했다. 언약궤는 여호와의 영광이 임재하신 지극히 거룩한 성물로서 율법에 의하면 법궤를 옮길 때에는 반드시 제사장이나 레위인이 채에 꿰어 어깨에 메고 옮겨야 하며, 또한 성별된 자 외에는 아무도 법궤를 가까이 할 수 없으며 더군다나 손으로 만져서는 안 된다. 웃사가 비록 선한 동기로 법궤를 붙들었다고 하나 그것은 하나님의 율법에 무지한 행위였다. 이 사건을 통하여 얻을 수 있는 교훈은 하나님의 사역은 반드시 하나님께 합당한 외경심을 가지고 하나님이 요구하시는 법칙을 따라 행해져야 하는 것이다. 이 사건으로 인하여 다윗이 하나님을 두려워하여 법궤를 다윗 성 자기에게로 메어가기를 즐겨 하지 아니하고 가드사람 오벧에돔의 집으로 메어 가게 된다. 밥궤가 오벧에돔의 집에서 석 달을 있는 동안 다윗이 여호와께서 궤로 말미암아 오벧에돔의 집과 그 모든 소유에 복을 주셨다는 말을 듣고, 2차로 법궤를 예루살렘으로 옮기는 일을 시도 하게 된다. 이번에는 하나님의 궤를 수레에 싣지 않고 여호와께서 모세에게 명하신 대로 레위

자손이 채에 꿰어 어깨에 메고(대상 15:15) 기쁨으로 오벧에돔의 집에서 예루살렘으로 올라 갈 새 다윗은 궤를 맨 사람들이 여섯 걸음을 가매 소와 살진 송아지로 제사를 드리고, 여호와 앞에서 힘을 다하여 뛰놀며 춤을 추었다. 다윗이 여호와께 제사를 드리고 힘을 다하여 뛰놀며 춤을 춘 것은 여호와를 향한 뜨거운 신앙심과 법궤를 모시게 된 감격을 주체할 수 없었기 때문이다. 이제 여호와의 법궤를 예루살렘 여호와의 성막, 지성소에 모시게 됨으로 길고도 긴 유랑의 길을 마감하게 된다.

법궤를 예루살렘에 모신 다윗은 대상 16장 7~36절에서 먼저 여호와께 감사와 찬양으로 영광을 돌린다.

역대상 16장

7절 "그 날에 다윗이 아삽과 그의 형제를 세워 먼저 여호와께 감사하게 하여 이르기를
8절 너희는 여호와께 감사하며 그의 이름을 불러 아뢰며 그가 행하신 일을 만민 중에 알릴 지어다
9절 그에게 노래하며 그를 찬양하고 그의 모든 기사를 전할지어다
10절 그의 성호를 자랑하라 여호와를 구하는 자마다 마음이 즐거울 지로다
11절 여호와와 그의 능력을 구할 지어다 항상 그의 얼굴을 찾을 지어다
12~13절 그의 종 이스라엘의 후손 곧 택하신 야곱의 자손 너희는 그의 행하신 기사와 그의 이적과 그의 입의 법도를 기억할 지어다

- 중략 -

여호와의 법궤를 예루살렘에 모시게 됨으로 이제 예루살렘은 출애굽기 25장 22절에 "거기서 내가 너와 만나고 속죄소 위 곧 증거궤위에 있는 두 그룹 사이에서 내가 이스라엘 자손을 위하여 네게 명령할 모든 일을 네게 이르리라"고 하신바와 같이 여호와께서 땅의 보좌인 법궤 위 시은좌(The merey seat)에 shekina의 영광으로 좌정하셔서 인간의 대표인 대제사장을 만나 주시고, 거기서 모든 일을 말씀하심으로 이제 예루살렘성은 그의 영원하신 능력과 신성(shekina)이 나타나는 거룩한 신시가 되었고, 자손 만대토록 이어갈 히브리 문명의 요람이자 찬란한 여호와 신앙의 중심지가 되었다.

24

기름 부으심과 정복 전쟁

사무엘하 8장은 역대상 18장과 함께 다윗의 제위기간에 있었던 정복전쟁과 정복의 업적을 기리는 다윗의 전쟁사이다.

다윗 시대는 여호와의 영광이 충만한 시대였으며, 거기에 정비례하여 이스라엘의 국력도 팽창하였다. 여호와의 영광이 충만하면 따라서 하나님의 나라(국가, 교회, 가정, 개인)도 기운이 팽창하게 되어 그 기세가 여호와의 불 같이 꺾이지 아니한다.

국력이란? 군사력이 얼마나 되느냐 하는 것과 그 군사력을 뒷받침 할만한 경제력이 어느 정도 되느냐 하는 것이 국력의 관건이며 또한 왕을 정점으로 한 국민의 단결력, 그리고 싸우면 반드시 이긴다는 정신력, 그리고 우리는 전능하신 하나님의 군대라는 자부심과 믿음의 총집합체가 국력이다. 특히 하나님의 나라의 국력의 열쇠는 여호와의 기름 부으심이다.

그런데 전쟁은 반드시 명분이 있어야 한다. 명분 없는 전쟁은 해서는 안 된다.

다윗이 정복전쟁에 뛰어들게 된 명분은 가나안 정복전쟁과 같이 패역한 이방인들의 죄를 응징하여 썩은 부분을 집도한다는 명분이 있었다.

다윗은 팽창한 국력으로 도전받는 국가 이스라엘을 구하고 훼손되는 하나님의 영광을 회복하고자 원수들을 징벌하는 영적 전쟁에 뛰어들게 된다. 바꾸어 말하면 성령이 예수를 광야로 몰아내신 것 같이 (막 1:12) 하나님께서 다윗을 전쟁터로 몰아내신 것이었다.

이 전쟁의 전투장면을 생생하게 기록한 말씀이 삼하 22장이다. 그 중에서 35절을 보면 "내 손을 가르쳐 싸우게 하시니 내 팔이 놋 활을 당기도다" 하는 말씀이 있다. 옛부터 활은 죄에 대한 하나님의 심판과 연계되어 있었다.

시편 7편 12절에 "사람이 회개하지 아니하면 그가 그의 칼을 가심이여 그의 활을 이미 당기어 예비하셨도다 죽일 도구를 또한 예비하심이여 그가 만든 화살은 불화살들이로다." 이방인들이 패역하여 그 죄가 위험 수위에 찼으나 회개하지 아니함으로 하나님은 이미 칼을 가시고 활을 당기어 죽일 날을 예비해 놓으신 것이다.

공의의 하나님은 이유 없이 민족들을 멸하지 아니 하신다. 하나님은 죄인들을 향하여 "인생들아 어느 때까지 나의 영광을 바꾸어 욕되게 하며 헛된 일을 좋아하고 거짓을 구하려는가"(시 4:2)하고 탄식하시며 경고를 보내신다. 그래도 반응이 없으면 반드시 심판의 칼을 가시고, 활을 당기어 멸하신다.

　노아 시대때 물 심판도 소돔, 고모라, 아드마, 스보임(신 29:23)의 불 심판도, 가나안 족속들의 심판도 죄에 대한 하나님의 징벌이었다. 바꾸어 말하면 죄가 가득함으로 땅이 그 거민을 토해버린 것이다.

　다윗은 그간 광야에서 갈고 닦은 기량을 이방을 징벌하는 여호와의 심판의 도구로 쓰여진데 대하여 하나님께 깊이 감사드리며 뜨거운 소명감으로 임하게 된다. 다윗의 영혼에 이 전쟁은 여호와의 성전인 만큼 반드시 이겨야만 한다는 거룩한 부담감이 부딪혀 왔다.

- 블레셋 정벌

　블레셋은 아스돗, 아스글론, 가사, 에그론, 가드의 다섯 방백이 연합하여 국가 연맹체를 이루고 있는 나라였다. 블레셋의 뿌리는 함의 아들 미스라임의 아들 가슬루힘에게서 나온 종족이었다.(창 10:6~14)

　블레셋은 오래전부터 이스라엘과 원한 관계에 있었다. 아브라함 때에 흉년을 피하여 블레셋 족속이 사는 네게브 땅, 그랄에 내려가게 된다. 그랄 땅은 블레셋 땅을 말한다.(창 21:32) 아브라함이 블레셋 땅 그랄에서 자기 아내를 누이라고 했다가 블레셋 왕 아비멜렉에게 아내를 빼앗겼으나 여호와께서 사라를 취하기전 아비멜렉의 꿈속에 나타나셔서 "네가 데려간 이 여인으로 말미암아 네가 죽으리니 그는 남편이 있는 여자임이라"(창 20:3) 하시고 사라를 아브라함의 품으로 돌려보내게 하셨다. 아브라함 때에 첫 흉년이 들었더니 이삭 때에도 흉년이 들어 이삭이 그랄 왕 아비멜렉이 다스리는 블레셋 땅으로 내려가서 그해에 농사하여 100배나 얻었고 여호와께서 복을 주심으로 창대하고 왕성하여 마침내 거부가 되었더니 블레셋 사람들이 그를 시기하여 아브라함 때에 팠던 우물을 막고 흙으로 메웠다.(창 26:15) 이삭의 종들이 그들을 피하여 골짜기를 파서 샘 근원을 얻었더니 그랄 목자들이 이 물은 우리의 것이라 하고 다투어 왔으므로 그 우물 이름을 다툼이란 뜻으로 에섹이라 하였고(창 26:20) 또 다른 우물을 팠더니 그들이 또 다투므로 그 이름을 대적함이란 뜻으로 싯나라 하였으며(창 26:21) 이삭이 거기서 옮겨 또 다른 우물을 팠더니 이제 그들이 다투지 아니하였으므로 그 이름을 르호봇이라 하여 여호와께서 우리를 위하여 넓게 하셨으니 이 땅에서 우리가 번성하리로다(창 26:22)라고 하였다. 이렇게 블레셋 사람들은 기근을 피하여 내려간 이스라엘 조상들을 박대하며 집요하게 괴롭혔다. 이후 블레셋은 사사 삼손시대에는 주적이 되어 괴롭히기 시작하여 사무엘과 사울시대에 이르기까지 가시 노릇을 하게 된다.

블레셋 땅은 여호수아가 가나안 땅을 정복할 때 하나님께서 그 땅도 함께 포함시켰으나(수 13:2~3) 이스라엘 백성들은 하나님의 명령대로 그 땅을 정복하지 아니함으로 여호와께서 "그들로 인하여 너희에게 올무가 되며 덫이 되며 너희의 옆구리에 채찍이 되며 너희의 눈에 가시가 되리라"(수 23:13) 고 경고하신 대로 이스라엘 백성들에게 화근이 된 것이다.

가나안 정복전쟁에서 여호수아는 전체적인 측면에서 이미 주도권을 확보했으므로 안심하고 조기에 정복전쟁을 마무리 지은 것이 실수였다.

여호수아 11장 22절에 "이스라엘 자손의 땅에는 아낙사람들이 하나도 남지 아니하였고 가사와 가드와 아스돗에만 남았더라"고 했다.

이 말씀은 이스라엘 백성들이 가나안땅을 정복할 때 수복지에 살고 있던 거인족인 아낙자손은 다 멸망했으나 미수복지인 블레셋 땅, 가사와 가드와 아스돗에 살고 있던 아낙 자손은 그대로 남았다는 말이다.

가사와 가드와 아스돗은 블레셋 땅을 말한다.

여호수아가 가나안 정복 때 멸하지 않고 남겨두었던 블레셋 족속은 그 땅에 남겨진 아낙 자손과 함께 번성하여 사사시대에 이르러 이스라엘의 주적으로 나타나 이스라엘을 괴롭히게 된다.

여호수아가 블레셋 족속을 멸하지 않고 그들을 살려둔 것이 화근이 되어 블레셋 족속은 아낙 자손과 함께 이스라엘을 찌르는 가시가 된 것이다.

삼손이 20년 동안 블레셋과 싸우다가 마지막 장렬하게 숨을 거둔 곳도 블레셋 땅이었으며, 사사요 제사장인 엘리 시대에는 이스라엘이 블레셋과의 전쟁에서 패하여 여호와의 법궤마저 빼앗기는 수모를 당하기도 했다.

사울 왕 때는 블레셋과의 싸움으로 바람 잘 날이 없었으며 사울과 백성들은 계속되는 블레셋의 침공으로 지쳐서 탈진 상태에 이르렀다. 사울왕은 길보아산에서 블레셋의 공격을 막아내지 못하고 패함으로 그의 세 아들과 함께 죽임을 당하게 된다. 위의 역사를 더듬어 볼 때 블레셋은 호전적인 민족으로서 결코 얕잡아 볼 상대가 아니었다.

다윗이 뛰어든 이번 정복전쟁은 이스라엘이 유사 이래 처음으로 블레셋을 공격하는 기록적인 전쟁이었다 사무엘 선지자 때에나 다윗이 왕위에 올랐을 때에도 블레셋이 먼저 공격해왔을 때 역습한 적은 있으나 그들을 선제공격하여 적의 소굴을 완전히 소탕한 것은 아니었다.

이스라엘은 이때까지 블레셋의 침공을 받고 살아왔다. 한때는 블레셋의 속국이 되어 그들을 섬겼던 치욕스러운 역사도 있었다. 다윗은 그 치욕을 되 값아 주고자 군사를 일으켰다.

다윗의 군사들은 여호와의 영광이 충만했으므로 용맹을 발휘하여 밤이고 낮이고 적을 추격하여 마지막 숨통을 끊어놓기 전에는 손에 든 창검을 거두지 않았다

블레셋은 정예화된 다윗의 군사들의 기습공격 앞에 제대로 저항하지 못하고 여지없이 무너졌다. 마침내 블레셋은 다윗 왕 앞에 항복해 옴으로 이스라엘은 전승국이 되어 그들의 영토도 빼앗고 조공도 받아들이는 정복자가 된 것이다.

"그후 다윗이 블레셋 사람들을 쳐서 항복을 받고 블레셋 사람들의

손에서 메덱암마를 빼앗으니라"(삼하 8:1)고 했다

다윗이 주적인 블레셋을 정복하여 항복을 받아냄으로 목에 박힌 가시를 뽑은 듯 시원하고도 통쾌했다. 이제 이스라엘은 수백 년을 이어온 원수의 나라 블레셋 생각만 해도 치가 떨리는 원수를 정벌하여 발아래 꿇렸으니 그간 쌓인 원한이 후련하게 해소되었다. 이후에 블레셋이 이스라엘에 불복하고 재기를 노려 골리앗의 아우를 비롯한 거인 장수들을 내세워 다윗에게 도전했으나(삼하 21:15~22) 블레셋이 자랑하는 거인 장수들은 다윗과 그의 심복들의 손에 쓰러짐으로 반역의 꿈은 무산되고 말았다. 블레셋을 정복함으로 자신감을 얻은 다윗은 열방을 향한 정복의 꿈을 불태우며 다음 공격목표를 향하게 되었다.

- 모압 정벌

다음으로 다윗은 군사를 몰아 남쪽 깊숙한 곳에 있는 모압으로 진군했다.

모압은 롯과 그의 큰딸 사이에서 태어난 족속들로서 구속사적으로 보면 이스라엘의 원수였다. 모압은 암몬 자손과 함께 이스라엘 백성들이 애굽에서 나올 때 떡과 물로 길에서 영접하지 아니하고, 자국 영토를 통과하지 못하게 했을 뿐 아니라 메소보다미아의 브돌 사람 브올의 아들 발람을 데려다가 이스라엘을 저주하게 했던 족속이었다. 발람은 이스라엘 백성을 저주하지 말라고 하신 여호와의 말씀을 따라 저주는 하지 않았지만 대신 이스라엘 앞에 올무를 놓음으로 그들을 모압 여인들과 간음하고 그들의 우상에 미혹되어 범죄함으로 이스라엘 백성들은 하나님의 징계를 받고 하루에 24,000명이 죽임을 당하게 된다. 이렇듯이 모압 족속은 이스라엘 백성들을 대적하고, 또한 올무에 빠뜨린 전력이 있었다.

그러므로 여호와께서 신명기 23장 3절에 "암몬 사람과 모압 사람은 여호와의 총회에 들어오지 못하리니 그들에게 속한 자는 십 대뿐 아니라 영원히 여호와의 총회에 들어오지 못하리라"고 하셨다.

이제 모압의 죄가 위험수위에 찼으므로 여호와께서 다윗의 손을 들어 징벌하신 것이다.

다윗은 하나님의 심판의 대행자로서 이스라엘을 괴롭혔던 모압을 정벌하여 항복받고 "그들로 땅에 엎드리게 하고 줄로 재어 그 두 줄 길이의 사람은 죽이고 한 줄 길이의 사람은 살려 다윗의 종을 삼아 조공을 바치게 하였다.(삼하 8:2)

• 암몬 정벌

암몬 자손은 롯과 그의 작은딸 사이에서 비정상적으로 태어난 벤암미의 후손들이었다.

암몬 자손도 구속사적으로 보면 모압 자손과 마찬가지로 이스라엘 백성들이 광야에 있을 때 그들을 홀대했으며 술사 발람을 불러다가 이스라엘을 저주하게 했던 족속이었다.

특히 암몬 족속은 이방신 중에서도 인신제사를 드리는 가장 잔인하고 사악한 몰록 신을 국신으로 섬기는 족속이었다.

몰록신은 머리는 황소의 모습이요 몸통은 사람의 몸을 한 우상이었다.

암몬 사람들은 남은 자식들을 보호받기 위하여 맏아들을 몰록 신에게 제물로 바쳤다.

암몬 자손이 섬기는 몰록신은 잔인하고 사악한 풍습임으로 여호와께서 신명기 12장 31~32절에 "너는 스스로 삼가 네 앞에서 멸망한 그들의 자취를 밟아 올무에 걸리지 말라 또 그들의 신을 탐구하여 이르기를 이 민족들은 그 신들을 어떻게 섬겼는고 나도 그와 같이 하겠다 하지 말라 네 하나님 여호와께서는 네가 그와 같이 행하지 못할 것이라 그들은 여호와께서 꺼리시며 가증히 여기시는 일을 그들의 신들에게 행하여 심지어 자기들의 자녀를 불살라 그들의 신들에게 드렸느니라"(신명기 12:31~32) 고 하시며 이방인들의 가증한 우상숭배를 경계하셨다.

암몬 족속은 여호와께서 가증이 여기시는 일을 행하여 자기들의 자녀를 우상 앞에 제물로 바쳐 무죄한 피를 흘려 죄가 가득하게 되었다.

그러므로 여호와께서는 시편 106편 37~38절에서 "그들이 그들의 자녀를 악귀들에게 희생 제물로 바쳤도다 무죄한 피 곧 그들의 자녀의 피를 흘려 가나안의 우상들에게 제사하므로 그 땅이 피로 더러웠도다" 하고 탄식하셨다.

암몬 족속들은 자기들의 신에게 자식의 피를 바치는 사악하고 잔인한 풍습을 행함으로 그들의 심성도 사악하고 야만적인 심성으로 바뀌어져갔다. 사무엘상 11장 1절 이하에 "암몬 족속이 이스라엘의 요단 동편 길르앗 야베스를 대하여 진을 쳤을 때 야베스 사람들이 암몬 왕 나하스에게 나아가 우리와 언약하자 그리하면 우리가 너를 섬기리라 고 했으나 나하스는 내가 너희의 오른 눈을 다 빼야 너희와 언약하리라 내가 온 이스라엘을 이같이 모욕하리라"(삼상 11:1~) 고 한 것을 보면 암몬 족속의 심성은 사악하고 잔인하여 말이 통하지 않았고, 야만적이고 포악한 자들이었다. 이스라엘 백성들은 암몬의 왕 나하스의 말을 듣고 소리 높여 울었다. 하나님께서 백성들의 우는 소리를 들으시고 사울을 통하여 궁지에 몰린 길르앗 야베스 사람들을 구원해주셨다.(삼상 3~11) 암몬 족속들은 무죄한 피를 흘려 그 땅을 더럽혔을 뿐 아니라 그들의 포악한 죄가 위험 수위에 찼으므로 하나님께서 다윗의 손을 들어 징벌하신 것이다.

- **소바왕 하닷에셀을 정벌**

 사무엘하 8장 3절 르홉의 아들 소바왕 하닷에셀이 자기 권세를 회복하려고 유브라데 강으로 갈 때에 다윗이 그를 쳐서

 사무엘하 8장 4절 그에게서 마병 천칠백 명과 보병 이만 명을 사로잡고 병거 일백 대의 말만 남기고 다윗이 그 외의 병거의 말은 다 발의 힘줄을 끊었다고 했다.

 다윗이 소바와 하닷에셀의 마병과 보병을 사로잡고 그 말들의 발의 힘줄을 끊은 것은 말을 의지하지 않고 오직 하나님만 전심으로 의지하려는 신앙심에서 비롯된 것이었다. 다윗 자신이 "많은 군대

로 구원 얻은 왕이 없으며 용사가 힘이 세어도 스스로 구원하지 못하는 도다"(시 33:16) 라고 했고 또한 "어떤 사람은 병거 어떤 사람은 말을 의지하나 우리는 여호와 우리 하나님의 이름을 자랑 하리로다 그들은 비틀거리며 엎드러지고 우리는 일어나 바로서도다"(시 20:7~8) 라고 고백한 바와 같이 다윗은 이 전쟁은 어디까지나 하나님이 주관하시는 전쟁임을 믿었다.

그러므로 여호수아가 가나안 정복전쟁에서 오직 여호와만 의지하여 그들의 말 뒷발의 힘줄을 끊고 그들의 병거를 불사른 것 같이(수 11:9) 다윗도 눈에 보이는 말과 병거를 의지하지 않고 오직 전쟁을 주관하시는 만군의 하나님만 의지하는 믿음으로 적에게 노획한 말 뒷발의 힘줄을 아끼지 아니하고 끊어 버렸다.

여호와께서는 "너희가 온 마음으로 나를 구하면 나를 찾을 것이요 나를 만나리라"(렘 29:13)고 하신대로 온 마음과 전심으로 여호와를 구하는 다윗을 위하여 번갯불로 달리게 하시고 우박을 쏟아부어 대신 싸워주심으로 그에게 큰 승리와 영광을 안겨 주신 것이다.

다윗은 끝내 소바왕 하닷에셀을 정복하고 그로부터 금 방패와 많은 놋을 노획하여 전리품을 얻게 된 것이다.

삼하 8:

5절 다메섹의 아람사람들이 소바 왕 하닷에셀을 도우러 온지라 다윗이 아람사람 이만 이천 명을 죽이고
6절 다윗이 다메섹 아람에 수비대를 두매 아람사람이 다윗의 종이 되어 조공을 바치니라 다윗이 어디로 가든지 여호와께서 이기게 하시니라
7절 다윗이 하닷에셀의 신복들이 가진 금 방패를 빼앗아 예루살렘으로 가져오고
8절 또 다윗 왕이 하닷에셀의 고을 베다와 베로대에서 매우 많은 놋을 빼앗으니라

- 아람정벌

다윗은 궁지에 몰린 소바왕 하닷에셀을 도우러온 아람을 쳐서 파하고 아람의 수도 다메섹에 수비대를 두었다. 소바왕 하닷에셀과 아람과는 동맹을 맺은 듯하다. 아람은 동맹국 소바왕을 도우러 왔다가 패하여 다윗의 신하 국이 되고 만다. 하나님은 다윗이 두 나라와 동시에 상대해도 이기도록 강한 힘과 큰 능력을 주셨다. 다윗이 이방의 흑암의 세력을 누르고 승리하게 된 것은 오직 믿음에서 나오는 영권이었다. 한 나라가 두 나라를 상대하여 싸우는 것은 무리가 따르지만 "여호와의 눈은 온 땅을 두루 감찰하사 전심으로 자기에게 향하는 자들을 위하여 능력을 베푸시는"(대하 16:9) 분임으로 말 뒷발의 힘줄을 끊어버리고 오직 하나님만 의지하는 다윗의 믿음을 보시고 영광으로 빛나는 승리로 보상해 주신 것이다.

• 아말렉 정벌

아말렉은 이스라엘 백성들이 출애굽하여 광야를 지나올 때 뒤에 저진 노약자들을 습격한 고로 이스라엘과 전쟁이 벌어졌다. 모세는 산에 올라가 손을 들고 여호수아는 일선에 서서 아말렉과 싸웠다. 이 싸움에서 모세의 손이 올라가면 이스라엘이 이기고 손이 내려오면 이스라엘이 패하였다. 그리하여 모세가 돌 위에 앉고, 아론과 훌이 모세의 손이 내려오지 않게 잡아 올렸다. 그리하여 여호수아가 칼날로 아말렉을 쳐서 크게 이겼다. 여호와께서 아말렉의 소행을 생각하시고 내가 아말렉을 천하에서 도말하리라 고 맹세하셨다.

사사시대에는 아말렉 족속들은 미디안과 동방사람들과 연합하여 그들의 짐승과 장막을 가지고 메뚜기 떼같이 많이 올라와 이스라엘의 토지소산을 멸하며 이스라엘 가운데 먹을 것을 남겨두지 아니하며, 양이나 소나 나귀도 남기지 아니하고 다 멸하였다.(삿 6:4~5) 그리하여 이스라엘은 그들로 인하여 궁핍함이 심하여 여호와께 부르짖음으로 하나님께서 기드온의 300명 용사를 들어 아멜렉과 연합군들을 치고 이스라엘을 그들의 압제에서 구원해주셨다. 여호와께서 광야에서 모세에게 맹세하신대로 아말렉의 죄를 징벌하여 천하에서 도말 하시고자 사울 왕에게 아말렉을 멸하되 호흡이 있는 것은 다 멸하라고 하셨으나 사울은 기름지고 살진 우양과 아말렉 왕 아각을 죽이지 않고 살려서 데려왔으므로 여호와의 명령을 불순종한 죄가 되어 하나님께 버림을 받게 된다.

아말렉 족속들은 사사시대와 사울 시대에 진멸 당했으나 그때 죽음을 피하여 용케 살아남은 잔당들이 다시 번성하여 세력을 키우고 있었다. 후에 다윗이 블레셋 땅에 망명하여 시글락성에 있을 때 다윗이 자리를 비운사이 아말렉 족속들이 시글락성을 침노하여 다윗의 사람들과 가축들을 노략질 해간 원수들이었다.

하나님이 다윗을 들어 정복전쟁을 수행하게 하신 것은 광야에서 모세에게 "내가 아말렉을 천하에서 도말하리라"고 하신 맹세를 이루시고, 또한 이때까지 이스라엘 백성들에게 해악을 끼친 원수를 징벌하시고자 함이었다.

여호와께서는 사울의 불순종으로 아말렉을 도말할 기회를 놓쳐버렸으나 이제 충성스러운 다윗을 얻음으로 이제야 광야에서 모세에게 하신 맹세를 이루시게 되었다. "하나님께서 다윗을 왕으로 세우시고 증언하여 이르시되 내가 이새의 아들 다윗을 만나니 내 마음에 맞는 사람이라 내 뜻을 다 이루리라"(행 13:22) 고 하신 바와 같이 다윗은 하나님의 기대를 저버리지 않고 충성스러운 사자가 되어 용맹스럽게 아말렉을 정벌함으로 하나님의 뜻을 다 이루어 드렸다. 그러므로 다윗은 하나님 앞에 마치 추수하는 날에 얼음냉수 같이 주인의 마음을 시원케 하는 자가 되었다.

• 에돔 정벌

에돔은 에서의 후손이다. 에서는 장자의 명분을 야곱에게 팔아버림으로 스스로 하나님과의 언약을 파기해 버렸다. 그리하여 에돔 족속은 하나님의 은혜에서 탈락됨으로 약속의 땅 가나안땅을 야곱에게 내주고 세일 산을 유업으로 얻어 그 땅의 원주민인 호리족속을 몰아내고 그곳을 점령하여 자신들의 거주지로 삼았다. 에서의 족보에 관한 기사가 창세기 36장에 언급되었을 뿐 그 이후는 에돔의 자취는 사라진다.

하나님께서 에서에게 세일산을 유업으로 주셨으므로 이스라엘 백성들에게 그 땅은 범접하지 말라고 말씀하셨다.

이렇게 여호와께서는 에돔의 기업을 존중하고 보호하셨으나 에돔 족속은 하나님의 은혜를 모르고 그들도 예외 없이 하나님을 거역하고 이스라엘을 괴롭혀온 자들이었다.

그러므로 에돔도 하나님의 심판의 제물이 되어 다윗에게 정복되고 말았다.

삼하 8장 13~14절에 "다윗이 소금 골짜기에서 에돔 사람 만 팔천 명을 쳐죽이고 돌아와서 명성을 떨치니라 다윗이 에돔에 수비대를 두되 온 에돔에 수비대를 두니 에돔 사람이 다 다윗의 종이 되니라 다윗이 어디로 가든지 여호와께서 이기게 하셨더라"고 하신 바와 같이 에돔을 정복하여 확실하게 지배하게 된 것이다.

사무엘하 8장에 다윗이 정복한 나라들은 블레셋, 모압, 암몬, 소바왕 하닷에셀, 아람, 아말렉, 에돔이었다.

가나안 족속들이 여호수아에게 정복당한 이유는 근친상간, 동성연애, 수간 같은 성적인 방종과 우상숭배가 주원인이었다.(레18:~) 하나님 없는 백성이 다 그러하듯이 다윗에게 정복당한 이방 나라들도 역시 성적인 타락과 우상숭배로 날밤을 새우며 살아온 결과 그

죄 값으로 하나님의 공의를 심판을 받게 된 것이다.

　가나안 정복전쟁에 소요된 것이 7년인데 비해 다윗의 정복전쟁은 비교적 짧은 기간에 이렇게 많은 나라들을 정복하게 된 것은 하나님의 도움이 없이는 할 수 없는 일이었다.

　가나안 정복전쟁에서 아간이 하나님께 바친 물건을 도적함으로 이스라엘 군사들이 아이성 전투에서 한 차례 패한 것 외에는 단 한 번도 패하지 않았던 것은 여호와께서 맹렬한 불과 같이 이스라엘 앞에 나아가사 그들을 멸하셨기에(신 9:3) 가나안 족속들을 몰아낼 수 있었던 것 같이, 다윗의 정복전쟁도 하나님이 앞서 나가셔서 우렛소리로 화살을 날려 그들을 흩으시고, 번개로 적들을 무찌르시고, 물을 흩음 같이 그들을 흩으심으로 승리할 수 있었던 것이다.

　다윗의 정복전쟁을 기술한 사무엘하 8장에서 핵심 되는 요절은 6절과 14절로서 "다윗이 어디로 가든지 여호와께서 이기게 하셨더라"는 말씀이 반복하여 기록됨으로 이 전쟁은 여호와께서 함께 하셔서 이기게 되었다는 것을 강조하고 있다.

　다윗의 정복전쟁은 성도가 사단과 벌리는 영적 전쟁에 비유할 수 있다. 다윗이 정복전쟁에서 여호와의 기름 부음을 받으므로 여호와의 영이 다윗을 위하여 싸워주셨기 때문에 이길 수 있었던 것 같이 성도의 영적 전쟁도 반드시 성령의 기름 부음을 받으므로 성령께서 나를 위하여 싸워주시고, 사탄을 발로 밟으셔야 (시 60:12) 이길 수 있는 것이다.

　기드온에게 여호와의 영이 임하심으로 불과 300명의 적은 군사로 아말렉, 미디안, 동방연합군들을 크게 무찔렀으며, 기생이 길르앗에게 낳은 입다에게 여호와의 영이 임하시니 암몬 자손들을 크게 이기고 승리했으며, 삼손에게 여호와의 영이 강하게 임했을 때 나귀 턱뼈 하나로 단숨에 블레셋 군사 1,000명을 죽이고, "나귀의 턱뼈로 한 더미, 두 더미를 쌓았음이여 나귀의 턱뼈로 내가 천명을 죽였도다. 하고 승리의 개가를 부를 수 있었던 것이다.(삿 15:14~16)

하나님은 신분의 귀천을 불문하고, 지식의 유무를 떠나서 여호와의 기름부음을 받은 자를 세우시고, 그를 위하여 싸우시고, 그를 높이신다.

다윗이 성장기에 악동들의 괴롭힘으로 좌절과 모멸 속에서 비분의 세월을 보냈으나 그가 여호와의 기름부음을 받음으로 여호와께서 그를 일으켜 세우시고, 그에게 철장 권세로 원수들을 질그릇 같이 부수게 하시고, 그에게 즐거움의 기름을 부어 왕의 동류들 보다 뛰어나게 하심으로(시 45:7) 열방을 다스리는 권력의 정점에 서게 되었다.

하나님은 개인의 생사화복을 주관하실 뿐 아니라 국가의 흥망성쇠와 전쟁의 승패도 주관하신다. 하나님이 다윗에게 승리와 영광을 주심으로 그의 권세는 들소의 뿔 같이 높아졌고, 그의 영광은 사해에 떨치게 되었고, 그의 위상은 해 뜨는 곳에서 해지는 데까지 열방을 다스리는 영광스러운 태왕의 자리에 앉게 된 것이다.

25

기름 부으심과 다윗의 전승기

사무엘하 8장은 다윗의 정복전쟁에서 이방나라들을 정복한 업적을 기술한 것이라면 사무엘하 22장은 다윗이 이방나라들을 정복하는 과정을 현장감을 살려 기록한 것이며, 마지막에는 꺼꾸러진 원수 앞에서 승리를 주신 여호와께 감사와 영광을 돌리는 전승기이다.

다윗이 이 전쟁을 하게 된 것은 여호와께서 신명기 20장 10~12절에 "네가 어떤 성읍으로 나아가서 치려 할 때에는 그 성읍에 먼저 화평을 선언하라 그 성읍이 만일 화평하기로 회답하고 너를 향하여 성문을 열거든 그 모든 주민들에게 네게 조공을 바치고 너를 섬기게 할 것이요 만일 너와 화평하기를 거부하고 너를 대적하여 싸우려 하거든 너는 그 성읍을 에워쌀 것이며"라고 하셨다.

이 말씀은 전쟁보다 먼저 화평을 도모하고, 전쟁은 최후 수단이어야 한다는 뜻이다.

다윗은 여호와의 말씀대로 먼저 화평을 선언했으나 그들이 거부하고 대적함으로 부득이 전쟁을 하여 성을 에워싸게 된 것이다.

> **삼하 22장**
>
> 11절 "그룹을 타고 날으심이여 바람 날개 위에 나타나셨도다
> 12절 그가 흑암 곧 모인 물과 공중의 빽빽한 구름으로 둘린 장막을 삼으심이여
> 13절 그 앞에 있는 광채로 말미암아 숯불이 피었도다
> 14절 여호와께서 하늘에서 우렛소리를 내시며 지존하신 자가 음성을 내심이여
> 15절 화살을 날려 그들을 흩으시며 번개로 무찌르셨도다"

이 정복전쟁은 근본적으로 여호와께서 기름부음 받은 자를 위하여 싸우시고 기름부음 받은 자를 통하여 이방나라들을 징벌하시는 여호와의 전쟁이었다.

그러므로 여호와께서 가나안 정복전쟁에서 맹렬한 불과 같이 앞서 나가셔서 가나안 족속을 멸하신 것 같이(신 9:3) "그룹을 타고 날으시며 바람 날개 위에 나타나셔서 우렛소리를 내시며 화살을 날려 그들을 흩으시고 번갯불로 적들을 무찌르신 전쟁이었다.(삼하 22:11~15)

삼하 22장

30절 내가 주를 의뢰하고 적진을 달리며 내 하나님을 의지하고 성벽을 뛰어넘나이다.
31절 하나님의 도는 완전하고 여호와의 말씀은 진실하니 그는 자기에게 피하는 모든 자에게 방패시로다.
32절 여호와 외에 누가 하나님이며 우리 하나님 외에 누가 반석이냐.
33절 하나님은 나의 견고한 요새시며 나를 안전한 곳으로 인도하시며.
34절 나의 발로 암사슴 발 같게 하시며 나를 나의 높은 곳에 세우시며
35절 내 손을 가르쳐 싸우게 하시니 내 팔이 놋 활을 당기도다.
36절 주께서 또 주의 구원의 방패를 내게 주시며 주의 온유함이 나를 크게 하셨나이다.
37절 내 걸음을 넓게 하셨고 내 발이 미끄러지지 아니하게 하셨나이다.
38절 내가 내 원수를 뒤 쫓아 멸하였사오며 그들을 무찌르기 전에는 돌이키지 아니하였나이다.
39절 내가 그들을 무찔러 진멸시켰더니 그들이 내 발아래에 엎드러지고 능히 일어나지 못하였나이다.

위의 말씀은 다윗의 군대가 여호와의 응원에 힘입어 적진을 날리며 원수들을 무찌르는 장면을 현장감 있게 기술한 말씀이다.

30절에 "내가 주를 의뢰하고 적진을 달리며 내 하나님을 의지하고 성벽을 뛰어 넘나이다"

이 말씀은 다윗이 정복전쟁에서 인간적인 수단이나 방법을 배제하고 오직 하나님만 의뢰하는 절대적인 믿음으로 적과 싸웠다는 것을 보여주는 대목이다.

다윗이 소바 왕 하닷에셀과의 싸움에서 마병 1,700명과 보병 20,000명을 노획했으나 그 가운데 병거 100대의 말만 남기고 그 외의 말은 뒷발의 힘줄을 끊어버린 것만 보아도 그는 이 전쟁에서 여호와 하나님만 절대 신뢰했다는 것을 알 수 있다.(삼하 8:3) 다윗이 한 사람의 병사 한 마리의 말이 아쉬운 전쟁터에서 노획한 말의 뒷발의 힘줄을 끊어버린 것은 말과 병거에 마음이 빼앗기지 않기 위함이었다.

이 같은 다윗의 믿음은 그가 소년시절 적정 골리앗과의 싸움에서 "너는 칼과 단창으로 나오거니와 나는 만군의 여호와의 이름 곧 네가 모욕하는 이스라엘 군대의 하나님의 이름으로 네게 나아가노라"(삼상 17:45) 하고 물맷돌 하나로 골리앗과 맞섰던 절대적 믿음과 같은 것이었다.

34절에 "나의 발로 암사슴 발 같게 하시며 나를 나의 높은 곳에 세우시며" 이 말씀은 "여호와 외에 누가 하나님이며 우리 하나님 외에 누가 반석이냐"(삼하 22:32) 하고 전심으로 하나님만 의지하는 다윗에게 능력의 띠를 띠어 주심으로 다윗의 군대는 마치 암사슴 발 같이 빠른 걸음으로 적진을 달렸고 기민한 동작으로 험한 바위도 타고 넘었으며 적이 농성하고 있는 높은 성벽도 뛰어넘게 된 것이다. 암사슴은 날래고 민첩하여 험한 바위산도 평지와 같이 타고 넘는 동물이다. 고대 전사들의 빠른 발은 기동전에서 적보다 유리한 고지에서 싸울 수 있었다.

35절 "내 손을 가르쳐 싸우게 하시니 내 팔이 놋 활을 당기도다"

다윗이 사용한 병기들 중에 유일하게 놋 활을 언급한 것을 보면 놋 활이 주 무기로 사용된 듯하다. 시편 45편 5절에 "왕의 화살이 날카로워 왕의 원수의 염통을 뚫으니 만민이 왕의 앞에 엎드러지는도다"고 한 바와 같이 놋 활은 적의 심장을 관통하는 무서운 병기이다. 그러므로 다윗은 놋 활을 잡은 궁수 부대로 적의 예봉을 꺾은 다음 암 사슴 같이 민첩한 군사들로 달아나는 적을 사로 잡았다.

37~38절 "내 걸음을 넓게 하셨고 내 발이 미끄러지지 아니하게 하셨나이다 내가 내 원수를 뒤 쫓아 멸하였사오며 그들을 무찌르기 전에는 돌이키지 아니하였나이다"

이 말씀은 여호와께서 다윗의 군대를 가호해 주셨으므로 다윗의 군대는 보폭을 넓혀 빠른 걸음으로 전진했을 뿐 미끄러져 뒤로 물러서지 않았고 강한 승부근성으로 적을 진멸하기 전에는 군사를 거두지 않았다. 그러므로 적들은 막다른 골목으로 내 몰리게 되었다.

42~43절 "그들이 도움을 구해도 구원할 자가 없었고 여호와께 부르짖어도 대답하지 아니하셨나이다 내가 그들의 땅을 티끌 같이 부스러뜨리고 거리의 진흙 같이 밟아 헤쳤나이다"

벼랑끝에 내 몰린 적들은 궁급하여 자신들의 신의 이름을 부르며 도움을 구했으나 그들의 신은 눈이 있어도 보지 못하고 귀가 있어도 듣지 못하는 신이므로 끝내 대답이 없었다. 그러자 이번에는 여호와께 부르짖었으나 여호와께서도 그들을 버렸으므로 대답하지 아니하셨다.

주께서 전쟁하게 하려고 다윗의 군대에 능력으로 띠를 띠어 주셨으므로 다윗의 군대는 가는 곳마다 황토바람을 일으키며 적진을 티끌 같이 부수고 거리의 진흙같이 파쇄하고 적들이 마지막 의지하는 망대도 무너뜨렸다.

이제 이방인들은 그들의 신에게도 버림을 당했으므로 다윗은 무인지경을 달리듯 적진을 달리며 산을 넘고 강을 건넜다. 기름부음 받은 스룹바벨 앞에 "큰 산아 네가 무엇이냐 네가 스룹바벨 앞에서 평지가 되리라"(슥 4:7) 고 하신 것 같이 여호와께서 다윗의 군대 앞에 골짜기 마다 돋우어지며 산마다 언덕마다 낮아지게 하셨고, 험한 곳이 평지가 되게 하셨다.

44~46절에 "주께서 또 나를 내 백성의 다툼에서 건지시고 나를 보전하사 모든 민족의 으뜸으로 삼으셨으니 내가 알지 못하는 백성이 나를 섬기리이다 이방인들이 내게 굴복함이여 그들이 내 소문을 귀로 듣고 곧 내게 순복하리로다 이방인들이 쇠약하여 그들의 견고한 곳에서 떨며 나오리로다."

이방인들이 바람 같이 빠르고 신의 군대와 같이 종횡하는 다윗의 소문을 듣고 공포를 느껴 견고한 성문을 열고 굴복하며 다윗을 왕으로 받들게 된 것이다.

이제 다윗은 모든 민족의 으뜸이 되어 다윗을 알지 못하던 이방 백성들에게도 높임을 받게 됨으로 다윗은 근동에 실세로 떠오르게 되었다.

열방을 정복한 다윗은 개선장군이 되어 승리자로서 누리는 영광을 맛보며 이방인들의 견고한 성문을 들어가면서 끓어오르는 감격과 흥분을 감출 수 없었다.

그는 벅찬 감동으로 사방을 둘러보니 땅도 하늘도 모든 삼라만상도 단장을 하고 자신을 맞아주는 것만 같았다.

다윗은 환영하는 인파들 사이로 지나가면서 환희와 벅찬 감격을 맛보며 진정 이 영광은 정복전쟁에서 우렛소리를 발하시며 화살을 날려 원수들을 멸하시고 번갯불로 적진을 달리며 레바논의 백향목으로 상징되는 아람과 소바 같은 북방나라들을 꺾어 부수시고, 가데스 광야로 상징되는 에돔과 모압 같은 남방나라들을 무찌르신 만군의 여호와께 돌아가야 된다고 생각하여 여호와께 장엄한 시로서 영광을 돌려 "문들아 너희 머리를 들지어다 영원한 문들아 늘릴지어다 영광의 왕이 들어가시리로다 영광의 왕이 누구시냐 강하고 능한 여호와시요 전쟁에 능한 여호와시로다 문들아 너희 머리를 들지어다 영원한 문들아 들릴지어다 영광의 왕이 들어가시리로다 영광의 왕이 누구시냐 만군의 여호와께서 곧 영광의 왕이시로다"(시 24:7~10) 하며 빛가운데 계시는 여호와께 더 큰 영광을 돌려드리며 아울러 이방 민족들에게 영광에 묻혀 성문에 들어가시는 강하고 능하신 여호와, 전쟁에 능한 여호와를 맞아드릴 것을 주문하였다.

다윗은 이스라엘 백성들이 홍해에서 여호와께서 베푸신 구원을 보고 감격했던 것처럼 소용돌이치는 전쟁터에서 머리털 하나 상하지 않고, 피 한 방울 흘리지 않고 열방을 정복하게 된 것이 꿈만 같았다. 그는 이 모든 승리와 영광이 여호와께로 말미암았으므로 "여호와의 사심을 두고 나의 반석을 찬송하며 내 구원의 반석이신 하나님을 높일지로다"(삼하 22:47) 하고 하나님께 모든 존귀와 영광을 돌려드렸다.

다윗은 헤브론에서 온 이스라엘 장로들의 추대를 받아 왕위에 오르던 날 그는 왕이 되었다는 기쁨보다 하늘에서 보이신 여호와의 꿈에 대하여 두려운 마음을 가졌었다.

그러므로 다윗은 열방을 정복하여 태왕이 되었다는 기쁨보다 여호와께서 하늘에서 보이신 vision이 현실로 이루어져 물이 바다를 덮음 같이 여호와를 아는 지식이 온 세상에 충만하게 된 것이 더욱 감격스럽고 기뻤다. 다윗은 자신에게 위대하신 꿈을 이루게 하신 여호와께 "이르므로 여호와여 내가 모든 민중 중에서 주께 감사하며 주의 이름을 찬송하리이다"(삼하 22:50) 하고 다시 한 번 여호와께 감사와 영광을 돌리며 마지막으로 기름부음 받은 자신에게 베푸신 큰 구원과 인자하심이 영원하도록 다윗과 그의 후손에게 임하기를 기원하며 그의 전승기를 끝맺는다.(삼하 22:51)

정복전쟁은 본질적으로 다윗의 야망을 실현하는 다윗 개인의 전쟁이 아니라 여호와께서 기름부음 받은 자를 통하여 성취하실 여호와의 전쟁이었다.

　그러므로 출애굽기 14장 14절에 "여호와께서 너희를 위하여 싸우시리니 너희는 가만히 있을 지니라"고 하신 말씀과 같이 다윗은 여호와께서 이스라엘을 위하여 싸우시는 것을 서서 가만히 지켜본 전쟁이었다.

26

기름 부으심과 태왕
(King David The Great)

시편 18편은 사무엘하 22장과 같이 다윗의 정복 전쟁을 기록한 말씀이다.

시편 18편 47~49절에 "주께서 나를 백성의 다툼에서 건지시고 여러 민족의 으뜸으로 삼으셨으니 내가 알지 못하는 백성이 나를 섬기리이다 그들이 내 소문을 들은 즉시로 내게 청종함이여 이방인들이 내게 복종 하리이다 이방 자손들이 쇠잔하여 그 견고한 곳에서 떨며 나오리로다"

하나님께서 다윗이 정복전쟁에서 승리하게 하여 여러 민족의 으뜸이 되게 하심으로 그를 알지 못하던 백성들도 그 견고한 성에서 떨며 나와 다윗에게 복종하며 태왕으로 섬기게 되었다. 다윗은 전쟁터에서 한 인간으로서 또한 군인으로서 성숙해져갔고 발전해갔다.

시편 92편 10절에 "주께서 내 뿔을 들소의 뿔 같이 높이셨으며 내게 신선한 기름을 부으셨나이다"고 하신 바와 같이 여호와께서 다윗을 찾아내어 신선한 기름을 부으시고 그의 뿔을 들소의 뿔 같이 높여주셨다. 뿔은 권세와 영광을 상징한다. 결국 여호와의 기름 부음이 다윗의 위상과 대외적 역량을 높이심으로 그 권세가 들소의 뿔같이 높아졌고 그 영광은 사해에 퍼져 나갔다. 이사야 44장 3~4절에 "나는 목마른 자에게 물을 주며 마른땅에 시내가 흐르게 하며 나의 영을 네 자손에게, 나의 복을 네 후손에게 부어 주리니 그들이 풀 가운데서 솟아나기를 시냇가의 버들 같이 할 것이라"고 하신 것 같이 다윗이 기름 부음을 받고 여호와의 영이 임하심으로 그는 일곱 형들 가운데 솟아나기를 시냇가에 버들같이 솟아났고, 열방의 군왕들 가운데 솟아나기를 시냇가의 버들 같이 우뚝 솟아났다.

이제 다윗은 한나라를 다스리는 국왕의 위상을 뛰어 넘어 열방을 다스리는 태왕이 되므로 다윗을 알지 못하던 백성도 다윗의 신하가 되었고, 이방 백성들도 다윗의 백성이 되었다. 이제 다윗은 발만 옮겨도 그의 영토였고, 머리만 들어도 그의 백성이었다. 태왕이 된 다윗은 통치영역과 지경이 넓어져 전과는 비교할 수 없을 정도로 그 위엄과 영광은 화려했다. 다윗이 왕위에 오름으로 모든 것이 제자리를 잡고 나라는 굽이치는 강물같이 역동적인 나라가 되고 나날이 발전하는 근동의 중심국가가 되었다.

그러므로 다윗은 역대상 14장 2절에서 "여호와께서 자기를 이스라엘의 왕으로 삼으신 줄을 깨달았으니 이는 그의 백성 이스라엘을 위하여 그의 나라가 높이 들림을 받았음을 앎이었더라"고 했다.

태왕이 된 다윗은 신하 국들과 책봉조공 관계를 맺는다. 책봉이란 열방의 임금을 다윗의 뜻에 따라 세울 수도 있고 갈아 치울 수도 있음을 말한다. 조공이란 신하국들로부터 공물을 거두어 들이는 것을 말한다. 조란? 오곡을 말하며 (쌀, 보리, 밀, 조, 콩) 공이란? 그 지방에서 나는 특산물을 말한다. 해마다 신하국들로부터 조공물을 싣고 황도 예루살렘으로 들어오는 수레가 끝이 보이지 않았다. 공물 중에는 이스라엘에서는 볼 수 없는 진귀한 보물과 특산물이 가득했다.

금, 은, 동, 철, 놋, 상아, 각종 보석, 옥, 유향, 몰약, 향신료, 각종 약재료, 비단, 명마, 각종 희귀동물, 동물의 가죽, 수산물, 각종 악기를 제조하는 백단목, 백향목 등 이루 셀 수 없이 많은 종류의 보물과 진귀한 물산이 왕의 내탕고와 창고마다 가득했다.

여호와께서 기름부음을 받은 고레스 왕에게 "내가 그의 오른 손을 붙들고 그 앞에 열국을 항복하게 하며 내가 왕들의 허리를 풀어 그 앞에 문들을 열고 성문들이 닫히지 못하게 하리라 내가 너보다 앞서 가서 험한 곳을 평탄하게 하며 놋 문을 쳐서 부수며 쇠 빗장을 꺾고 네게 흑암중의 보화와 은밀한 곳에 숨은 재물을 주어 네 이름을 부르는 자가 나 여호와 이스라엘의 하나님인 줄을 네가 알게 하리라"(사 45:1~3) 고 하신 것 같이

다윗이 오늘과 같은 부귀와 영광을 얻게 된 것은 여호와께서 다윗

보다 앞서 나가셔서 그 앞에 열국을 굴복시키시고, 왕들의 허리를 풀어 그 앞에 성문을 열고 닫지 못하게 하시며, 놋 문을 쳐서 부수며 쇠 빗장을 꺾어 그에게 흑암중의 보화와 은밀한 곳에 숨은 재물을 내어 주셨기 때문이다.

다윗이 뿔이 높아지고 오늘과 같은 영광의 자리에 앉게 된 것은 한 순간에 되어 진 것이 아니라 작은 영광에서 시작하여 큰 영광으로 발전을 거듭해간 결과였다.

하나님의 세계는 무르익어가는 연조가 필요하다.

하나님의 법칙은 믿음에서 믿음에 이르고, 은혜에서 은혜에 이르며, 능력에서 능력에 이르는 것 같이 영광에서 영광에 이르게 되는 것이다. 작은 해가 높이 떠서 만물을 비취는 것 같이 다윗의 작은 영광이 발전에 발전을 거듭하여 오늘과 같이 큰 영광의 자리에 앉게 된 것이다. 그가 1차 기름부음 받았을 때에는 천부장이 되었고, 2차 기름부음을 받았을 때에는 유다 지파의 왕이 되었고, 3차 기름부음을 받았을 때에는 이스라엘 12지파를 다스리게 되었고, 이제 정복에 기름부음을 받음으로 열국을 정복하여 천하를 호령하는 태왕이 됨으로 그 영광은 해가 중천에 떠서 만물을 비취는 것 같았다.

다윗이 누리는 영광은 탐욕으로 스스로 취한 영광이 아니었다. 작은 일에 충성한 결과 하나님을 높여주신 영광이었다. 인간이 탐욕으로 자기를 높이고, 스스로 영광을 얻고자 하면 영광도 잃어버리고 하나님도 잃어버린다.

사울이 욕심을 내어 스스로 영광을 취하다가 땅의 것과 하늘의 것을 모두 잃어버렸다.

　탐욕으로 영광을 구하는 자는 사울같이 영광을 얻는 것 같으나 종국에는 다 잃어버리게 된다.

　하나님의 질서는 "그를 높이라 그리하면 그가 너를 높이 들리라 만일 그를 품으면 그가 너를 영화롭게 하리라 그가 아름다운 관을 네 머리에 두겠고 영화로운 면류관을 네게 주리라"(잠 4:8~9)고 하신 대로 먼저 하나님을 높이면 그가 높여주시고, 그를 품으면 그가 영화롭게 해주시고 아름다운 관을 머리에 씌워 주신다. 인간은 그것을 받아야 한다.

　이와 같이 다윗의 영광은 하나님의 질서를 따라 먼저 하나님께 영광을 돌려드림으로 하나님께로부터 되돌려 받는 영광이었다. 그럼으로 그 영광은 쇠하지도 않고, 낡지도 않는 무궁한 것이었다.

27

열방을 다스리는 다윗 왕국(Peace Of King David The Great) 은 장차 나타날 메시야 왕국의 모형이었다.

다윗이 이방 나라들을 정복함으로 이제 다윗을 대적할 주적이 사라졌다. 그리하여 다윗 주도에 의한 세계 평화가 이루어졌다. 다윗이 이룩한 평화는 정의가 승리하여 어두움을 몰아냄으로 얻어진 평화였다. 솔로몬은 평화를 얻기 위하여 이방나라의 공주들과 정략결혼을 함으로 솔로몬 자신이 이방여인들이 섬기는 우상에 미혹되어 여호와를 배도하는 지경에까지 이르고 말았다. 그리하여 여호와께서 솔로몬에게 대적자를 붙이심으로 솔로몬의 말년은 나라가 어지러워 급격한 혼란 속으로 빠져 들어갔다.

아사왕은 평화를 위하여 여호와의 곳간과 왕궁 곳간의 은금을 내어다가 다메섹에 사는 아람 왕 벤하닷에게 보내는 굴욕외교를 통하여 평화를 구걸했다. 이와 같이 하나님을 전심으로 의지하지 않고 인간적인 비굴한 방법으로 평화를 이룩하겠다는 것은 불신앙이다.

그 때에 선지자 하나니가 유다 왕 아사에게 나아와 그에게 이르되 왕이 아람 왕을 의지하고 왕의 하나님 여호와를 의지하지 아니하였으므로 아람왕의 군대가 왕의 손에서 벗어났나이다 하고 "여호와의 눈은 온 땅을 두루 감찰하사 전심으로 자기에게 향하는 자들을 위하여 능력을 베푸시나니 이 일은 왕이 망령되이 행하였은즉 이후부터는 왕에게 전쟁이 있으리이다"(대하 16:9) 하고 왕을 책망하였다. 하나님을 의지하지 않고 뇌물을 주고 구걸한 평화는 적들의 요구에 끝없이 휘둘리다가 결국 무너지고 말 것이다. 솔로몬이 정략결혼으로 얻은 평화와 아사 왕이 얻은 굴욕외교로 구걸한 평화는 모래 위에 세운 집과 같아서 오래가지 못했다. 그러나 다윗이 이룩한 평화는 임시 미봉책이 아니라 기름 부음을 받으므로 인하여 나타나는 영권으로 이방 나라들을 누르고 승리함으로 당당하게 얻어낸 평화였다. 다윗이 이방과 벌인 전쟁은 배후에서 이방세력들을 조종하는 사단과의 영적 전쟁이었다. 그러므로 뱀과 전갈을 밟으며 원수의 모든 능력을 제어할 영권이 있어야 원수를 이기고 지배할 수 있다. 평화는 감상적인 평화주의로 얻어지는 것이 아니며, 더군다나 정략결혼이나 굴욕외교와 같은 인간적인 방법으로 얻을 수 없다. 진정한 평화는 기름 부음으로 나타나는 영적 권세로 불의를 누르고 빛으로 어두움을 몰아낼 때 오는 것이다. 그러므로 여호와의 기름 부으심은 평화를 보장하는 지렛대이다.

지금 이스라엘 백성들이 누리고 있는 평화가 오기까지는 백성들은 너무나 많은 전쟁에 시달렸다 사울 왕 때에는 블레셋과의 전쟁으로 날밤을 세웠고, 사울이 죽은 후 7년 6개월 동안은 사울의 아들 이스보셋과 다윗과의 전쟁이 있었고, 이스보셋이 죽은 후 이스라엘의 왕이 된 다윗은 이방나라들을 정벌하는 정복전쟁에 나서게 된다. 그간 이스라엘의 목에 가시와 같은 블레셋을 시작으로 모압과 소바 왕 하닷에셀, 아람, 암몬, 아말렉과 에돔을 정복하기까지 백성들은 소용돌이치는 격변의 나날을 보냈다. 이제 이스라엘에 주적이 사라짐으로 평화가 찾아 왔다. 그리하여 백성들은 다윗이 이룩한 평화에 승차하여 병장기를 내려놓고 각자 생업으로 돌아가 평화를 누리며 휴식하게 되었다. 이제 백성들은 긴장을 풀고 칼을 쳐서 보습을 만들고 창을 쳐서 낫을 만들고 이 나라와 저 나라가 칼을 들고 서로 치지 아니하며 다시는 전쟁을 연습하지 아니하며 각 사람이 자기 포도나무 아래와 자기 무화과나무 아래에 앉아 편히 쉬게 되었다.(미 4:3~4) 장기간 전쟁에 시달린 백성들이 전쟁에 염증을 느낄 즈음 찾아온 평화는 꿀맛 같이 달았다. 백성들은 각각 포도나무와 무화과나무 아래에 앉아 남녀노소 할 것 없이 영원한 안식을 미리 맛보며 태평한 시대를 누렸다. 다윗이 이룩한 평화는 장차 나타날 메시야 시대에 도래할 항구적인 평화를 예표 하는 그림자였다. 장차 메시야가 다스릴 왕국은 모든 불의를 제거하고 공의를 세울 것이며 그의 나라는 반목과 갈등 분쟁과 다툼 같은 것은 존재하지 않으며 그의 나라의 법은 죄와 사망의 법이 아닌 생명의 성령의 법으로 판단과 정죄의 법이 아닌 은혜와 사랑의 법으로 다스려질 평화스러운 왕국이 될 것이다.

> **이사야 11**
>
> 6절 "그 때에 이리가 어린양과 함께 살며 표범이 어린 염소와 함께 누우며 송아지와 어린 사자와 살진 짐승이 함께 있어 어린 아이에게 끌리며
> 7절 암소와 곰이 함께 먹으며 그것들의 새끼가 함께 엎드리며 사자가 소처럼 풀을 먹을 것이며
> 8절 젖 먹는 아이가 독사의 구멍에서 장난하며 젖 뗀 어린 아이가 독사의 굴에 손을 넣을 것이라
> 9절 내 거룩한 산 모든 곳에서 해 됨도 없고 상함도 없을 것이니 이는 물이 바다를 덮음 같이 여호와를 아는 지식이 세상에 충만할 것임이니라"

메시야 시대에 회복될 평화로운 이상향에 대하여

위의 말씀은 아담이 범죄하기 이전 에덴동산의 행복한 모습이 회복된 모습이며 그곳에는 해됨도 없고 상함도 없을 것이며, 경쟁의식도 비교의식도 없고, 다툼도 분쟁도 없고, 다만 은혜와 사랑의 법이 지배하는 곳이며 언제나 기쁨과 행복이 넘치는 아름다운 동산이 될 것이다.

28

기름 부으심과 다윗에게
나타난 은사

여호와의 영이 사울에게서 떠나고 여호와의 부리신 악령이 그를 번뇌케 한지라 그 악령을 쫓아내고자 수금을 타는 연주자를 구하게 되었다. 그때 한 소년이 "내가 베들레헴사람 이새의 아들을 본즉 수금을 탈줄 알고 용기와 무용과 구변이 있는 준수한 자라 여호와께서 그에게 계시더이다"(삼상 16:18) 하고 다윗을 천거했다. 소년이 다윗을 사울 왕에게 추천한 시기는 다윗이 여호와의 기름 부음을 받은 직후였다. 그러나 다윗은 기름부음 받기 이전에 선천적으로 용감한 기질을 타고 났으며 후천적으로는 실력을 연마하여 무용이 뛰어났다. 무용이란 병장기를 다루는 무예실력을 말한다. 다윗이 단 하나의 물맷돌로 골리앗의 급소를 때리는 것을 보면 그의 무예실력은 걸출했다. 그리고 구변이 있는 자라는 뜻은 선천적으로 언어 감각이 예민한 자로서 말솜씨가 뛰어나 사람을 따르게 할 리더의 자질을 가지고 있었다는 뜻이다. 이와 같이 다윗은 기름부음 받기 이전부터 선천적인 자질과 후천적으로 갈고 닦은 무예가 있었다. 그러므로 여호와께서 다윗에게 기름을 부어 쓰신 것은 백지상태에서 기름을 부어 쓰신 것이 아니라 이미 다윗에게 내재된 재능과 자질위에 기름을 부어 그것을 하나님의 사역에 쓰게 하셨다. 선천적으로 타고난 재능을 자연은총이라고 하며 일반은총이라고도 한다. 자연은총이란 뜻은 인간이 자연인으로 태어날 때 선천적으로 타고난 재능을 말하며 일반은총이란 하나님께서 선민과 이방인을 구별하지 않고 누구에게나 일반적으로 주시는 재능을 말한다. 여호와의 기름이 부어지면 자연은총으로 받은 나의 재능과는 상관없이 초자연적인 능력이 나타 날 수도 있고, 한편으로는 이미 내 속에 내재된 모든 자질이 하나님이 쓰시기에 합당한 은사로 재탄생되어 하나님의 사역에 귀하게 쓰여 지기도 한다. 그러므로 기름 부으심과 자연은총 간에는 충돌이 일어나지 않고 서로 보완하며 서로 조화가 된다. 하나님은 다윗의 자연은총 위에 기름을 부으심으로 다윗에게 내재된 훌륭한 자질을 아름답게 쓰셨다. 그러므로 은사는 하나님이 나를 창조하신 그대로 사용되어지는 것이며 따라서 성공도 하나님이 나를 통하여 계획하신 그 계획을 이루어 드리는 것이다.

- 다윗의 정치적 재능에 기름을 부어 태평한 시대를 만들게 하셨다.

다윗은 "용기와 무예와 언변이 있는" 뛰어난 사람으로 지도자가 되기에 손색이 없었다.

하나님은 왕으로 세움 받은 다윗에게 기름을 부어 다스리는 일에 능력이 발휘되도록 하셨다. 왕의 제일 되는 책무는 나라를 잘 다스려 안으로는 정의로운 사회를 만들어 백성들이 왕을 마음으로부터 신뢰하고 존경하며 잘 따르게 해야 하며, 밖으로는 외침으로부터 국민의 생명과 재산을 지키고 보호하는 데 있다. 왕은 국가의 백년대계를 위하여 꿈을 잃어버린 젊은이들의 가슴속에 내일을 향한 부푼 꿈을 찾아 주어야 한다. 여호와께서 다윗에게 다스림의 기름을 부으심으로 그의 치세는 변신에 변신을 거듭하여 경이적인 국가가 된다. 다윗은 부국강병한 나라를 만들어 먼저 백성들의 삶의 질을 높여 백성을 평안하고, 행복하게 하였고, 다음으로 사방에 국경을 맞대고 있는 원수들을 정복하여 국민의 불안을 제거하였을 뿐 아니라 그들을 신민으로 삼아, 조공을 받는 태왕의 나라가 되게 하였다. 그러므로 지금도 이스라엘 국민들은 추억 속에 묻힌 다윗시대를 그리워 할 정도로 그 시대는 4,000년 이스라엘 역사에서 가장 눈부신 시대였다.

영적으로 보면 구약시대의 국가 이스라엘은 구약시대의 신앙 공동체인 교회였다. 구약시대의 국가를 다스리는 정치는 세속정치가 아니라 구약시대의 교회를 다스리는 목양이었다.

그러므로 다윗이 국가 이스라엘을 뜨겁게 사랑한 애국심은 하나님의 교회를 뜨겁게 사랑한 것이며, 다윗이 외침으로부터 백성을 지키고자 나라의 국방을 튼튼히 한 것은 도전 받는 하나님의 교회와 위기에 처한 양떼를 지키고자 울타리를 튼튼하게 한 것이며,

다윗이 사나운 이방 나라들을 정벌한 것은 목자가 양을 헤치려는 흉악한 이리의 소굴을 소탕한 것이며, 다윗의 선정으로 백성들을 각기 자기 포도원과 무화과나무 아래서 안식을 누리며 휴식하게 한 것은 목자가 양떼를 푸른 초장과 잔잔한 시냇가로 인도하여 쉬게 한 목회였다.

여호와께서 다윗의 정치적인 재능에 기름을 부어 그의 손끝에서 이루어지는 정치로 인하여 안으로는 백성을 행복하게 하고 밖으로는 여호와의 영광이 사해에 떨쳐나가게 함으로 하나님으로 하나님 되게 한 위대한 신정정치를 구현하게 되었다.

다윗의 기름부음의 정치는 강함과 부드러움이 함께 조화되는 정치였다. 다윗이 원수들을 공격할 때에는 독수리보다 빠르고 사자보다 강하였으나 막상 항복한 패자에게는 관대한 마음과 긍휼히 보는 눈으로 다스리는 강함과 부드러움이 어우러진 아름다운 정치를 만들어 냈다.

정치란 권위주의의 상징으로 자칫 경직되기 쉬우나 다윗은 기름부음의 정치로 부드럽고 아름다운 예술로 승화시켜 정치 뿐 아니라 경제, 사회, 군사, 문화, 예술 등 각 분야에서 괄목할 업적을 남기게 된 것이다.

- 다윗의 무인 기질에 기름을 부어 이방나라들을 정복하게 하셨다.

다윗을 가리켜 "용기와 무용과 구변이 있는 준수한 자"(삼하 16:18) 라고 한 것을 보면 그는 영락없는 타고난 무골이었다.

다윗의 기질은 온화한 선비형이라기보다 진취적이고 씩씩한 기상과 뛰어난 무예 실력과 탁월한 언변으로 부하들의 충성심을 이끌어 내는 전형적인 무인기질을 타고난 사람이었다.

다윗이 전쟁터에 간 형들을 위문하러 갔다가 골리앗을 보고 나가서 싸우려고 했을 때 사울 왕이 너는 소년이요 그는 어려서부터 용사임이니라 하고 염려했다. 그때 다윗은 말하기를 "주의 종이 아버지의 양을 지킬 때에 사자나 곰이 와서 양떼에서 새끼를 물어 가면 내가 따라가서 그것을 치고 그 입에서 새끼를 건져내었고 그것이 일어나 나를 해하고자 하면 내가 그 수염을 잡고 그것을 쳐 죽였나이다"(삼상 17:34~35) 한 것을 보면 그는 소년 시절부터 벌써 곰과 사자 같은 맹수와 맞서 싸울 정도로 담력과 무예가 뛰어난 걸출한 무인이었다.

그가 어린 시절 성장기에 베들레헴 골짜기에서 원수들에게 당한 무서운 박해 속에서도 살아남을 수 있었던 것도, 사울에게 쫓겨 광야에서 초근목피로 연명하며 인내의 한계를 시험하는 거친 땅에서 필사적으로 헤쳐 나올 수 있었던 것도 기질이 강한 무골이었기 때문에 가능했다.

사무엘상 16장 18절에 다윗을 가리켜 "수금을 탈줄 알고 용기와 무용과 구변이 있는 준수한 자"라고 한 것을 보면 그는 온화한 선비형이라기보다 씩씩한 기상과 뛰어난 무예 실력을 갖추고 언변으로 부하들의 충성심을 이끌어내는 전형적인 무인이었다.

다윗이 왕이 된 후에 성전을 짓고자 했을 때 "여호와께서 말씀하시기를 너는 피를 심히 많이 흘렸고 크게 전쟁 하였느니라 네가 내 앞에서 땅에 피를 많이 흘렸은즉 내 이름을 위하여 성전을 건축하지 못하리라"(대상 22:8) 하고 하신 것을 보면 다윗은 여호와께서도 인정하는 군인이었다.

다윗시대는 부국으로 가는 길목에서 국가의 기틀을 다지는 시대였으므로 평화를 가로 막고 있는 적들을 정벌해야만 하는 시대적 소명이 있었다. 그러므로 이 시대가 요구하는 지도자형은 온화한 학자풍보다 야성적 기질이 강한 무인이 적격 이었다. 지도자는 도덕성과 신뢰성을 갖추어야 하지만 보다 더 중요한 것은 특별히 그 시대가 요구하는 전문성이 있어야 하며, 또 그 전문성을 펼쳐나갈 지혜와 실행능력이 있어야 한다. 다윗이 전쟁터에서 물맷돌 하나로 골리앗을 죽인 것이나 천부장이 되어 모든 일을 지혜롭게 행함으로 백성들로부터 신뢰와 사랑을 받게 된 것도 병법에 탁월한 전문성과 실행능력을 두루 갖추고 있었기 때문이다. 그러므로 다윗은 강한 무인기질의 소유자로서 출중한 무예를 갖춘 전사 일뿐 아니라 수행 능력과 지혜가 충만한 리더로서 그 시대의 요구에 따라 그 시대의 소명을 위하여 태어난 자였다.

다윗시대의 군사정책은 사사시대와는 달리 국민개병제로서 모든 국민이 곧 군사가 되어 나라를 지키는 병영국가였다. 군대가 모인

병영은 엄격한 군율과 절도가 있는 곳이며 군사들은 지휘관의 명령 한마디에 일사불란하게 움직이는 조직사회이며 움직일 때에는 바람같이 신속하다. 이와 같이 다윗시대에는 왕을 정점으로 하여 일사불란하게 움직이는 조직력과 질서의식, 온 백성이 왕을 중심하여 한마음으로 응집하고 결집하는 단결력, 힘차게 뻗어가는 역동성은 무인이 나라를 다스린 결과로 자연스럽게 군사문화가 유입된 결과였다. 심지어 여호와를 섬기는 제사장들도 24반열로 나누어 각기 자기 반차를 따라 섬기게 한 것이나 (대상 24:1~19) 4,000명의 찬양대를 조직하여 24반으로 나누고 그들 위에 288명의 우두머리를 세워 그들을 가르치며 인도하게 하고 제비를 뽑아 차별 없이 봉사하게 한 것이나 (대상 25:1~31) 성전 문지키는 레위인도 예외 없이 24반으로 나누어 각각 맡은 순서에 따라 성전을 관리하며 수비하게 (대상 26:1~32) 한 것을 보면 흡사 한 치의 흐트러짐 없는 군대 조직과도 같이 절도 있고, 기품이 있었다. 그것은 다윗 왕이 전형적인 군인이었으므로 병영에서 군사를 조련하고 군대를 통솔하던 군사문화가 자연스럽게 반영된 듯하다. 어느 시대를 막론하고 나라를 세우고 국가의 토대를 튼튼하게 한 왕은 신사풍의 유순한 사람이 아니라 모험심이 강한 야성이 있는 무인이었다. 다윗도 그중 한 사람이었다. 다윗의 치적에서 예술적인 아름답고 섬세한 면도 있었으나 역동적이면서 선이 굵은 업적들을 남긴 것은 그의 무인 기질이 작용했다고 본다. 다윗의 후대 왕들은 단 한사람도 다윗같이 옹골찬 무인이 아니라 문약에 치우쳐 적을 정복한다는 것은 생각할 수도 없었고, 다윗이 애써 정복한 땅을 지키지도 못했다. 다윗 시대는 부국강병으로 가는 개척시대와 맞물려 있었으므로 여호와께서는 다윗의 강한 무인 기질에 기름을 부어 그 기질대로 쓰셨다. 그러므로 은사는 하나님이 나를 창조하신 내 모습 이대로 하나님께 쓰여지는 것이며 성공은 하나님이 나를 통하여 계획하신 뜻을 수행하는 것이다.

- 다윗의 음악적 재능에 기름을 부어 경배와 찬양의 꽃이 피게 하였다.

다윗의 수금 타는 연주 실력은 사울 왕에게 천거될 정도로 이름이 나 있었다. 다윗은 소년시절부터 수금을 타며 손수 작시한 아름다운 시로 하나님을 찬양하는 감수성이 예민한 예능 소년이었다. 다윗에게는 강한 무인 기질이 있음과 동시에 시를 짓고 별을 노래하는 부드럽고도 섬세한 예능적 기질도 있었다. 다윗의 이룩한 업적 중 찬란한 문화적인 업적은 그에게 예능적 재능이 있었으므로 가능했다. 다윗의 예술적 재능은 왕이 된 후에는 국가의 중요시책에 반영되어 찬양 예술에 꽃을 피우게 된다. 다윗이 여호와의 법궤를 아비나답의 집에서 수도 예루살렘으로 옮길 때 여러 가지 악기를 동원하여 연주 소리에 맞추어 뛰놀며 노래했다.

"다윗과 이스라엘 온 무리는 하나님 앞에서 힘을 다하여 뛰놀며 노래하며 수금과 비파와 소고와 제금과 나팔로 연주 하니라"(대상 13:8) 고 했다. 그러나 법궤를 여호와의 규례대로 메지 아니하고 수레에 싣고 가다가 소들이 뛰므로 웃사가 법궤를 붙잡은 일로 인하여 여호와의 징계로 죽게 되자 법궤를 예루살렘으로 옮기는 일을 중단하고 오벧에돔의 집으로 메어갔다. 법궤가 오벧에돔의 집에 석 달을 있었는데 여호와께서 오벧에돔의 집과 그 모든 소유에 복을 내리셨다는 소문을 듣고 석 달 후 법궤를 다시 예루살렘으로 옮기게 되었다. 이번에는 레위 자손이 규례를 따라 하나님의 궤를 채에 꿰어 어깨에 메고 옮기는데 "다윗과 및 궤를 멘 레위 사람과 노래하는 자와 그의 우두머리 그나냐와 모든 노래하는 자도 다 세마포 겉옷을 입었으며 다윗은 베 에봇을 입었고 이스라엘 무리는 크게 부르며 뿔 나팔과 나팔을 불며 제금을 치며 비파와 수금을 힘 있게 타며 여호와의 언약궤를 메어 올렸더라"(대상15:27~28) 고 했다. 이와 같이 다윗이 여호와의 법궤를 옮기는 중요행사에 많은 악기를 동원하여 연주하며 주악에 맞추어 춤추며 찬양하게 된 것은 그에게 예능적 기질이 있었기 때문이다. 다윗이 많은 악기를 제조한 것은 세속적인 쾌락을 위한 것이 아니라 순수하게 여호와를 찬양하기 위함이었다. 이후에 다윗은 각종악기로 아름다운 음악을 연주하는 4,000명의 거대한 오케스트라를 만들어 아름답고 황홀한 주악소리로 여호와께 살아있는 경배와 찬양을 드리게 된다. (대상 23:5)

　다윗은 절기 때마다 웅장하고도 장엄한 주악소리에 맞추어 손수 지은 찬양 시로서 여호와를 송축함으로 그 소리는 땅을 진동하고 하늘도 진동했다. 특히 다윗시대는 여호와의 절기 의식이 성대하게 지켜졌으며 찬양 예술이 꽃이 핀 시대였다. 이렇게 찬양 예술이 꽃이 피게 된 것은 다윗의 깊은 음악적 조예위에 여호와의 기름 부음이 있었기 때문이다.

- **다윗의 시적인 재능에 기름을 부어 아름다운 시를 남기게 하셨다.**

다윗은 베들레헴 외로운 산골에서 유 소년기를 보내게 된다. 그는 집단 따돌림을 당하는 외로운 환경 속에서 하나님을 간절히 찾으므로 하나님을 향한 영의 문이 열리게 되었다. 다윗은 소년 시절부터 수금을 타며 손수 지은 아름답고 황홀한 시로서 여호와를 찬양하는 시적인 신동이었다. "여호와는 나의 목자시니 내게 부족함이 없으리로다 그가 나를 푸른 풀밭에 누이시며 쉴 만한 물 가로 인도하시는 도다"(시 23:1~2) 로 시작되는 그의 대표적인 목양시도 소년 시절 베들레헴 골짜기에서 양치기하던 일을 회상하며 지은 시이다. 베들레헴 골짜기에서부터 싹튼 그의 시심은 해를 거듭 할수록 영성의 깊이와 함께 깊은 경지에 이르게 된다.

사무엘하 23장 2절에 "여호와의 영이 나를 통하여 말씀하심이여 그의 말씀이 내 혀에 있도다"고 하신 바와 같이 여호와의 영이 다윗의 다듬어진 인격과 아름다운 입술을 통하여 말씀하셨으므로 그 말씀은 일곱 번 단련한 은처럼 맑고도 순결했으며, 그 말씀은 생기에 차고 은하수 같이 아름답고도 오묘한 말씀이며 지금도 그 소리는 아름다운 운율 속에서 살아있는 듯 움직이는 말씀이다.

다윗의 입술에서 주옥같은 시들이 한없이 쏟아져 나오게 된 배경은 무엇인가? 먼저 그가 성장한 배경은 정서가 마르지 않는 아름다운 산과 들을 양떼와 함께 뛰놀며, 철따라 변하는 자연의 오묘한 순환 속에서 성장했으므로 그에게 풍부한 정서가 길러졌기 때문이며, 또한 보리밭과 밀밭 가득한 푸근한 어머니 품 같은 자연 속에서 달과 별, 하늘과 바람, 산과 들, 시원한 그늘과 맑은 샘이 솟아나는 분천과 잔잔한 시냇물 같은 아름답고 기묘한 시의 소재를 접하면서 그의 잠자던 시심이 싹튼 때문이었다. 뿐만 아니라 다윗의 시가 영적인 깊이가 있고 오묘하여 고난 받는 영혼들에게 깊은 울림을 주는 것은 그 자신이 인생의 밑바닥에서 처절한 고생을 체험했기 때문이다.

혹독한 겨울이 있어야 여름에 초목이 무성하며, 처절한 고생이 있은 후에야 화려한 인생의 봄이 오며, 상처 입은 조개가 고통의 세월을 보내야 아름다운 진주가 만들어지듯, 다윗이 악동들에게 당한 고난으로 인하여 섶에 눕고 쓸개를 먹는 처절한 고난 속에서 이처럼 깊이가 느껴지는 오묘한 시를 지을 수 있게 된 것이다.

다윗은 성장기부터 뼈에 사무치도록 깊은 고난이 있었기에 하나님을 향한 영의 문이 열려졌으며, 그의 인격은 조숙하여 일찍부터 인생의 깊이를 알았고, 인생의 의미를 깨달았으므로 그의 시는 뼈에 녹아드는 깊이가 있었고, 오묘하여 영적인 무게감마저 느껴지게 된 것이다. 구덩이에 빠져보지 않고서는 요셉이 형들에게 살려달라고 애걸하는 괴로운 심정을 헤아릴 수 없는 것 같이(창 42:21) 인생의 밑바닥에서 좌절과 모멸 속에서 비분의 세월을 체험해보지 않고서는 결코 깊은 샘에서 길어낸 맑은 물같이 심오하고도 아름다운 시들을 지을 수 없을 것이다.

"여호와께서 환난 날에 나를 그의 초막 속에 비밀히 지키시고 그의 장막 은밀한 곳에 나를 숨기시며 높은 바위위에 두시리로다 이제 내 머리가 나를 둘러싼 내 원수위에 들리리니 내가 그의 장막에서 즐거운 제사를 드리겠고 노래하며 여호와를 찬송하리로다"(시 27:5~6) "나를 눈동자 같이 지키시고 주의 날개 그늘 아래에 감추사 내 앞에서 나를 압제하는 악인들과 나의 목숨을 노리는 원수들에게서 벗어나게 하소서"(시 17:8~9) 하며 하나님께 호소하는 다윗의 주옥같은 시들은 다 그의 고난의 깊은 심연에서 나온 시들이었다.

또한 그의 시성이 아름답고 순결했던 것은 그의 눈은 마치 비둘기 눈 같이 상대를 측은히 여기는 순진무구한 심성이 있었기 때문이다. 다윗은 원수인 사울이 길보아 산에서 블레셋 군사들에게 쫓겨 그의 세 아들과 함께 죽임을 당했다는 부음을 듣고, 그의 죽음을 슬퍼하며 "이스라엘아 네 영광이 산위에서 죽임을 당하였도다 오호라 두 용사가 엎드러졌도다. 이 일을 가드에도 알리지 말며 아스글론 거리에도 전파하지 말지어다 블레셋 사람들의 딸들이 즐거워할까 할례 받지 못한 자의 딸들이 개가를 부를까 염려로다"(삼하 1:19~20) 하고 시작되는 애가로 사울과 요나단을 애도하는 것을 보게 된다.

다윗은 이 슬픈 노래를 군사들에게도 가르쳐 부르게 하여 사울과 요나단의 죽음을 그의 군사들과 함께 슬퍼하였다. 또한 사울의 아들 이스보셋의 장수였던 아브넬이 헤브론에 있는 다윗에게 전향할 뜻을 전하러 왔다가 요압에게 죽임을 당했을 때에도 아브넬을 헤브론에 장사하고 아브넬의 무덤에서 소리를 높여 울었다. 다윗은 아브넬을 위하여 즉석에서 슬픈 노래를 지어 "아브넬의 죽음이 어찌하여 미련한 자의 죽음 같은고 네 손이 결박되지 아니하고 네 발이 차꼬에 채이지 아니하였거늘 불의한 자식의 앞에 엎드러짐 같이 네가 엎드러졌도다"(삼하 3:33~34) 하매 온 백성이 다시 그를 슬퍼하여 울었다고 했다. 패륜아 압살롬이 죽었을 때에도 압살롬의 이름을 부르며 "내 아들 압살롬아 내가 너를 대신하여 죽었더면 내 아들 내 아들아" 하며 목 놓아 울었다. 이렇게 위대한 시성이 탄생하게 된 배경은 그의 예민하고 뛰어난 천부적인 재능 외에도, 철 따라 변하는 오묘한 자연의 순환이 교차되는 성장배경이 그의 잠든 시심을 깨웠고, 또한 그가 당한 고난이 그의 믿음과 인격을 더욱 깊이 있게 하였고, 또한 그의 때 묻지 않은 순진무구한 심성이 있었기 때문이었다. 그리고 가장 중요한 것은 삼하 23장 2절에 "여호와의 영이 나를 통하여 말씀하심이여 그의 말씀이 내 혀에 있도다"고 하신바 와 같이 여호와의 영이 다윗의 입을 통하여 말씀하셨으므로 그의 입술에서 은하수 같이 맑고도 황홀한 시들이 마치 땅 속에서 분천이 솟아나듯 한도 끝도 없이 흘러나오게 된 것이다.

- **다윗에게 선지자의 기름을 부어 예언자가 되게 하셨다.**

성경은 다윗을 선지자라고 했다.(행 2:30) 선지자는 하나님이 그에게 예언자의 기름을 부으심으로 앞으로 될 일을 미리보고 말하는 자이다. 다윗은 자신이 원수들에게 당한 고난의 체험이 모형이 되어 장차오실 메시야의 받을 고난을 예언하게 되고 동시에 메시야의 부활을 예언하게 된다. 시편 22편과 시편 69편은 다윗의 시로서 고난 받는 메시야에 대한 예언적인 시였다.

시 22:12절 이하의 말씀을 보면,

시 22:

12절 많은 황소가 나를 에워싸며 바산의 힘센 소들이 나를 둘러쌌으며.
13절 내게 그 입을 벌림이 찢으며 부르짖는 사자 같으니이다.
    나는 물 같이 쏟아졌으며 내 모든 뼈는 어그러졌으며 내 마음은 밀랍 같아서 내 속에서 녹았으며
15절 내 힘이 말라 질그릇 조각 같고 내 혀가 입천장에 붙었나이다
    주께서 또 나를 죽음의 진토 속에 두셨나이다.
16절 개들이 나를 에워쌌으며 악한 무리가 나를 둘러 내 수족을 찔렀나이다.

이 말씀은 예수께서 찢고 부르짖으며 물어뜯는 맹수 같은 포악한 원수들에게 에워싸여 악담과 저주와 조롱을 당하실 것을 예언한 말씀이며, 또한 십자가에서 그의 손과 발이 찔리는 고통과 아픔으로 인하여 그의 모든 뼈는 어그러졌으며, 그의 마음은 밀랍 같이 녹았

으며, 그의 힘이 말라 질그릇 조각 같고, 그의 혀는 입천장에 붙게 되어 죽음의 진토에 버려지게 될 것을 예언하신 말씀이다.

시 22:

17절 내가 내 모든 뼈를 셀 수 있나이다 그들이 나를 주목하여 보고
18절 내 겉옷을 나누며 속옷을 제비 뽑나이다.
19절 여호와여 멀리하지 마옵소서 나의 힘이시여 속히 나를 도우소서

이 말씀은 원수들이 예수님의 수족을 찔렀을 뿐 아니라 겉옷을 벗겨가고 남은 속옷도 제비를 뽑아 가져감으로 발가벗겨 최소한의 인간의 존엄가지도 남김없이 짓밟히는 절망적인 상태에서 여호와여 멀리하지 마소서 나의 힘이시여 나를 도우소서 하고 하나님께 호소할 것까지도 예언한 말씀이다.

시편 69편도 시편 22편과 같이 메시야의 고난에 관한 대표적인 예언 시이다.

그 중에서 시 69:19~21절을 보면

시 69:

19절 주께서 나의 비방과 수치와 능욕을 아시나이다 나의 대적 자들이 다 주님 앞에 있나이다.
20절 비방이 나의 마음을 상하게 하여 근심이 충만하니 불쌍히 여길 자를 바라나 없고 긍휼히 여길 자를 바라나 찾지 못하였나이다.
21절 그들이 쓸개를 나의 음식물로 주며 목마를 때에는 초를 마시게 하였사오니.

이 말씀도 수난의 메시야에 관한 예언으로서 예수님이 십자가에서 말로 형언할 수 없는 고통 속에서 애타게 구원자를 찾았으나 사방을 둘러봐도 그를 도와 줄 자가 없었고, 도리어 그들은 쓸개를 음식물로 주며 초를 마시게 할 것을 예언한 말씀이다.

이 예언의 말씀은 후에 예수님께 그대로 이루어져

예수님이 십자가의 고통 속에서 신음하듯 내가 목마르다고 하셨을 때 군병들은 쓸개 탄 포도주를 주었고, 그 포도주는 시어서 마실 수 없는 신 포도주였다.(마 27:46)

뿐만 아니라 다윗은 시편 34편 20절에 "그의 모든 뼈를 보호하심이여 그 중에서 하나도 꺾이지 아니하도다"고 예언함으로 고난 받는 메시야의 뼈가 하나도 꺾이지 아니 할 것을 예언하였다.

유월절 어린양을 잡아 그 피를 문설주와 인방에 바르고 머리와 다리와 내장을 다 불에 구워 먹되 그 고기를 조금도 집 밖으로 내지 말고 먹되 그 뼈는 꺾지 말아야 했다. (출 12:9.46) 유월절 아린양은 예수 그리스도를 상징하는 것이었다. 예수께서 유월절 희생양이 되셔서 십자가에 못 박혀 살과 피를 남김없이 우리 죄를 위하여 내어 주실 때 뼈마디가 다 어그러졌으나 다윗의 예언이 적중하여 그 뼈는 하나도 꺾이지 않았다.(요 19:32~33)

다윗이 예언한 메시야는 영광스럽고 화려한 정치적인 메시야가 아니라 고난 받는 메시야를 예언함으로 다른 성경에 기록된 구속사와 일관성을 유지하였다. 그리하여 현세적이고 정치적인 메시야를 기다리는 유대인들에게 잘못된 메시야관의 미몽에서 깨어나도록 하였다.

다윗은 고난 받는 메시야를 예언함과 동시에 시편 16:10절에서 "이는 주께서 내 영혼을 스올에 버리지 아니하시며 주의 거룩한 자를 멸망시키지 않으실 것임이니이다"고 하며 메시야의 부활을 미리 보고 예언하였다.

오순절 날 베드로가 무리들 앞에 서서 시편 16편 10절에 다윗이 예언한 말씀을 인용하여 그리스도의 부활을 증거 하며 우리는 다 이 일의 증인이라고 하였다.(행 2:30~32) 부활은 인류의 바라는 꿈이자 모든 성도들의 소망이다. 다윗이 부활의 첫 열매인 그리스도의 부활을 예언함으로 죄로 인하여 죽음 앞에 무능하고 소망 없는 인생들에게 빛과 함께 광명한 소망을 가지게 하였다.

하나님은 다윗의 천부적 재능에 기름을 부어 많은 은사를 나타내게 하신 중 특별히 예언자의 기름을 부으셨다. 그리하여 다윗은 한 시대를 담당했던 위대한 정치가요, 위대한 군인이요, 찬양예술인이요, 시인일 일 뿐 아니라 모세와 사무엘 같은 아름답고도 영화로운 예언자 반열에 서게 되었고, 이사야와 학사 에스라 같이 학자의 혀로서 알아듣기 좋은 말로 백성을 깨우치는 선지자가 된 것이다.

29

기름 부으심과
죄로 무너지는 거룩성

거룩성과 기름 부으심은 떼어놓을 수 없는 관계이며, 거룩성과 기름부음의 사역은 정비례한다. 거룩하신 여호와의 영은 거룩한 자에게 임하시고, 거룩한 자와 함께 일 하신다. 그러므로 거룩성이 무너지면 여호와의 영은 역사를 중지하거나 아니면 사울같이 떠나신다. 그러나 거룩성이 있는 한 여호와의 영은 떠나지 아니하시고, 동거하시며 사역을 이끌어가신다. 그러므로 거룩성은 기름 부음의 시효라 할 수 있다. 하나님은 수족같이 쓰시던 사람도 거룩성이 무너지면 미련 없이 버리신다. 삼손이 여호와의 영이 임했을 때 나귀 턱뼈 하나로 단숨에 1,000명의 블레셋 군대를 죽이는 기염을 토했으나 그가 육신의 정욕에 빠져 거룩 성이 무너졌을 때는 여호와의 영은 그를 떠나셨다. 그리하여 그는 원수들에게 붙잡혀 두 눈이 뽑히고 쇠사슬에 묶여 감옥으로 끌려갔으며, 사울이 불순종과 탈선으로 거룩 성이 무너졌을 때 여호와의 영은 그를 떠나셨고, 대신 여호와께서 부리시는 악신이 그를 괴롭혔다.

　다윗이 미혹을 떨치지 못하고 우리야의 아내 밧세바를 취함으로 거룩 성이 무너졌다. 다윗은 밧세바에게 임신이 되자 자기의 불륜을 은폐하고자 전쟁터에 나간 그녀의 남편 우리야를 불러 집으로 가서 발을 씻으라 하고 음식을 내려 보냈다. 그러나 우리야는 집으로 내려가지 않고 왕궁 문에서 모든 부하들과 함께 잠을 잤으므로 계책이 빗나가자 다윗은 요압에게 편지를 써서 우리야 편에 보내며 그를 적진 깊숙이 보내어 죽게 하라고 하였다. 다윗은 충신 우리야를 죽이되 암몬 자손의 손을 빌어 죽임으로 완전 범죄를 꾀했으나 하나님의 눈은 속일 수 없었다.

　다윗이 우리야의 아내 밧세바를 취하여 범죄한 때는 암몬 족속과의 전쟁 중에 행해진 일이었다. 암몬 왕 나하스가 죽고 그의 아들 하눈이 왕위에 오르자 다윗이 예전에 나하스에게 은혜를 입었으므로 그의 부왕을 생각하여 하눈에게 은총을 베풀려고 사절을 보냈으나 하눈은 부하들의 말을 듣고 도리어 다윗의 신하들을 잡아 수염을 베고, 옷을 중동볼기까지 잘라 돌려보냈다. 이 같은 행위는 다윗 왕을 조롱한 것이며 또한 악으로 선을 갚는 것이었다.

　그러므로 다윗은 암몬 왕의 불의에 대하여 복수하고자 군사를 일으켰다. 이에 요압과 그의 아우 아비새가 암몬 자손을 치고 랍바를 에워싸고 적과 마주 대하여 싸우는 그 시기에 다윗이 저녁때에 침상에서 일어나 왕궁 옥상을 거닐다가 목욕하는 여인을 보고 순

간적으로 엉뚱한 생각에 잡혀 여인을 데려와 동침하게 된다.(삼하 10:1~19)

이사야 59장 1~2절에 "여호와의 손이 짧아 구원하지 못하심도 아니요 귀가 둔하여 듣지 못하심도 아니라 오직 너희 죄악이 너희와 너희 하나님 사이를 갈라 놓았고 너희 죄가 그의 얼굴을 가리어서 너희에게서 듣지 않으시게 함이니라"고 하신 바와 같이 죄는 하나님과 원수가 되게 하는 독소이다. 죄는 하나님과 나 사이를 소원하게 만들고, 아름답고도 친근한 관계를 깨뜨린다. 아담이 범죄 함으로 하나님과 원수가 되었고, 하나님과 가졌던 아름답고 친근한 관계가 깨어짐으로 동산에 거니시는 하나님을 두려워하여 나무사이에 숨어버린 것이다.

이와 같이 죄는 나와 하나님 사이를 갈라놓고 그의 얼굴의 가리어 우리의 기도를 듣지 못하게 한다.

여호와께서 죄로 인하여 두려워하여 숨어버린 아담을 찾아오셔서 '아담아 네가 어디 있느냐' 하고 부르신 것 같이 하나님께서 범죄한 다윗을 찾아오셔서 양심의 가책을 주셨으나 다윗은 괴로워 하면서도 양심의 소리를 외면해 버렸다. 다윗에게 찾아온 양심의 소리는 회개를 촉구하시는 하나님의 음성이었다.

시편 32편 3절에 "내가 입을 열지 아니할 때에 종일 신음함으로 내 뼈가 쇠하였도다 주의 손이 주야로 나를 누르시오니 내 진액이 빠져서 여름가물에 마름 같이 되었나이다"고 한 것을 보면 여호와의 손이 주야로 다윗의 양심을 누르셨다는 것을 알 수 있다. 그래도 다윗이 끝까지 입을 열지 않자 여호와께서 나단 선지자를 보내어 책망하신 것이다.

여호와께서 나단 선지자를 통하여 "어찌하여 네가 여호와의 말씀을 업신 여기고 나 보기에 악을 행하였느냐 네가 칼로 헷 사람 우리야를 치되 암몬 자손의 칼로 죽이고 그의 아내를 빼앗아 네 아내로 삼았도다 이제 네가 나를 업신 여기고 헷 사람 우리야의 아내를 빼앗아 네 아내로 삼았은즉 칼이 네 집에서 영원토록 떠나지 아니하리라 하셨고 여호와께서 또 이와 같이 이르시기를 보라 내가 너와 네 집에 재앙을 일으키고 내가 네 눈앞에서 네 아내를 빼앗아 네 이웃들에게 주리니 그 사람들이 네 아내들과 더불어 백주에 동침하리라 너는 은밀히 행하였으나 나는 온 이스라엘 앞에서 백주에 이 일을 행하리라 하고 엄히 경고하셨다.(삼하 12:9~12) 다윗이 나단의 책망을 듣고 마음에 찔려 그때야 "내가 여호와께 범죄 하였노라" (삼하 12:13) 하고 양심고백을 하게 된다. 다윗이 그간 양심의 소리를 억눌러 왔으나 나단 선지자의 책망을 들었을 때 양심에 찔림을 받고 괴로워 하며 여호와께 자복하며 회개하기에 이른다.

다윗이 "내가 여호와께 죄를 범하였노라" 하고 자신의 지은 죄를 자백했을 때 나단 선지자는 여호와께서도 당신의 죄를 사하셨나니 당신이 죽지 아니하려니와 이 일로 말미암아 여호와의 원수에게 크게 비방할 거리를 얻게 하였으니 당신이 낳은 아이가 반드시 죽으리이다고 하였다.

이 말씀이 시사하는 바는 다윗이 죄를 자백함으로 용서는 받았으나 여호와의 원수인 사단에게 크게 비방할 빌미를 제공했으므로 하나님의 공의 차원에서 무서운 징계는 피해 갈 수 없다는 것을 암시한다.

죄는 결코 하나님과 공존할 수 없으며 하나님이 기뻐하지 아니하신다. 기름 부음의 사역은 낮은 데로 내려가 내가 받은 은사로 이웃을 섬기는 것이다. 그런고로 다윗은 그가 받은 은사인 정치권력을 가지고 낮은 데로 내려가 백성을 섬겨야 함에도 오히려 그것을 남용하여 한 인생의 귀중한 생명을 빼앗고, 한 가정을 망가뜨렸다. 다윗은 기름부음을 받은 왕으로서 그 시대의 머리요, 구심점이요, 핵심인물이었으나 하나님의 뜻을 저버리고, 왕도에서 벗어났으므로 하나님의 징계를 피해갈 수 없게 되었다. 하나님께서 그에게 거는 기대가 있었고 또한 맡겨진 직분이 큰 만큼 그에게 내리시는 징계도 컸다.

- 하나님의 징계 받는 다윗

하나님께서 다윗에게 내리신 징계는 이방인에게 내리는 심판과는 차원이 다르다.

하나님께서 범죄 한 이방인을 징벌하시는 것은 징벌 그 자체가 목적이었다. 그러나 다윗에게 내리시는 징벌은 "주께서 그 사랑하시는 자를 징계하시고 그 받아들이시는 아들 마다 채찍질하심이라"(히브리서 12:6) 고 하신 바와 같이 아들을 교훈하시기 위하여 내리시는 사랑의 매였다.

히브리서 12장 8~10절에 "징계는 다 받는 것이거늘 너희에게 없으면 사생자요 친아들이 아니니라 또 우리 육신의 아버지가 우리를 징계하여도 공경하였거든 하물며 모든 영의 아버지께 더욱 복종하며 살려하지 않겠느냐 그들은 잠시 자기의 뜻대로 우리를 징계하였거니와 오직 하나님은 우리의 유익을 위하여 그의 거룩하심에 참여하게 하시느니라."

이 말씀은 징계의 목적을 밝힌 말씀이다. 징계의 목적은 우리의 유익을 위하여 징계하시는 것이며, 보다 구체적으로 말하면 하나님의 거룩하심에 참예하기 위함이다.

다윗이 사무엘 선지자 앞에서 기름부음을 받은 사건은 다윗의 인생의 분수령이었다면 밧세바를 취하여 범죄 한 사건은 그의 치세의 분수령이었다.

다윗이 왕이 되었을 때 그 세력은 힘 있게 떠오르는 태양 같이 나날이 발전해 갔으나 범죄 한 사건을 기점으로 그의 세력은 힘을 잃고 낙엽이 지듯 추락하는 것을 보게 된다.

그것은 하나님의 징계로 인하여 허리를 펼 수 없었고, 정신을 차릴 수 없었기 때문이다.

• 여호와의 징계로 인한 정신적인 고통

아담이 범죄하기 이전에는 하나님과 아름답고도 친근한 관계 속에서 행복을 누렸으나 범죄 한 후에는 하나님 앞에 자유 함을 잃어버리고 근심으로 괴로워 하며 숲 속에 숨어버린 것 같이 다윗도 범죄하기 전에는 하나님과 아름답고도 친근한 관계를 가졌으나 범죄한 이후는 양심의 가책으로 마음이 짓눌려 괴로워 하며 하나님 뵈옵기를 두려워 하는 것을 보게 된다.

시편 32편 3~4절에 "내가 입을 열지 아니할 때에 종일 신음함으로 내 뼈가 쇠하였도다 주의 손이 주야로 나를 누르시오니 내 진액이 빠져서 여름 가물에 마름 같이 되었나이다"고 한다.

이 말씀은 다윗이 나단 선지자의 책망을 받기 전에 벌써 양심의 가책을 느껴 괴로워 했다는 것을 알 수 있다. 이와 같이 죄는 짓는 그 순간부터 양심의 자유를 억압하고 마음에 기쁨을 빼앗아 가고 깊은 고통 속으로 몰아 넣는다.

다윗의 참회의 시 가운데 특별히 시편 102편은 다윗의 심적인 괴로움을 호소하는 말씀이다.

시 102편

1절 여호와여 내 기도를 들으시고 나의 부르짖음을 주께 상달하게 하소서.
2절 나의 괴로운 날에 주의 얼굴을 내게서 숨기지마소서 주의 귀를 내게 기울이사 내가 부르짖는 날에 속히 내게 응답 하소서.
3절 내 날이 연기 같이 소멸하며 내 뼈가 숯 같이 탔음 이니이다.
4절 내가 음식 먹기도 잊었으므로 내 마음이 풀 같이 시들고 말라 버렸사오며.
5절 나의 탄식 소리로 말미암아 나의 살이 뼈에 붙었나이다.

> 6절 나는 광야의 올빼미 같고 황폐한 곳의 부엉이 같이 되었사오며
> 7절 내가 밤을 새우니 지붕 위의 외로운 참새 같으니 이다.
> 8절 내 원수들이 종일 나를 비방하며 내게 대항하여 미칠 듯이 날뛰는 자들이 나를 가리켜 맹세하나이다.
> 9절 나는 재를 양식같이 먹으며 나는 눈물 섞인 물을 마셨나이다.
> 10절 주의 분노와 진노로 말미암음이라 주께서 나를 들어서 던지셨나이다.
> 11절 내 날이 기울어지는 그림자 같고 내가 풀의 시들어짐 같으니이다.

 이와 같이 죄책감에 사로잡힌 다윗의 마음은 번민으로 인하여 풀같이 시들어 말라버렸으며 탄식소리로 인하여 살이 뼈에 붙었고, 밀려드는 슬픔과 고뇌로 인하여 밤마다 잠을 이루지 못하였다.

 그리하여 시편 31편 10절에는 "내 일생을 슬픔으로 보내며 나의 연수를 탄식으로 보냄이여!" 하고 긴 한숨을 짓는다.

 죄책감으로 괴로워 하는 다윗의 마음은 온 천지가 잿빛으로 변하여 답답하고 괴로워 인생의 아름다움도, 기쁨도 사라지고, 꿈도, 이상도, 생의 의미마저도 사라짐으로 평안대신 슬픔과 우울함이 그를 지배하게 되었다.

 뿐만 아니라 그의 몸의 상처에서 나는 악취로 인하여 가까운 사람들조차 그의 곁은 떠나버렸다. 이제 다윗의 주변에는 사람이 없었다. 그토록 사랑했던 자식들도 배우자도 보이지 않았고 충성스러운 신하들도 보이지 않았음으로 그는 밤마다 외로워서 우는 광야의 올

뻬미 같이 지붕위의 참새같이 슬피 울며 고독한 밤을 혼자서 지새우게 된다.

이와 같이 죄는 다윗에게 기쁨 대신 슬픔과 탄식을 가져다 주었고, 화관 대신 재를 뿌려 주었으며, 찬송 대신 근심의 옷을 입혀주었고, 화려한 영광 대신 암울한 그림자를 드리우게 하였다.

• 여호와의 징계로 인한 육체적인 고통

시편 38편은 특히 다윗이 하나님의 징계로 인하여 육체적으로 당하는 고통을 호소하는 내용이다.

시 38편

1절 여호와여 주의 노하심으로 나를 책망하지 마시고 주의 분노하심으로 나를 징계하지 마소서.
2절 주의 화살이 나를 찌르고 주의 손이 나를 심히 누르시나이다.
3절 주의 진노로 말미암아 내 살에 성한 곳이 없사오며 나의 죄로 말미암아 내 뼈에 평안함이 없나이다.
4절 내 죄악이 내 머리에 넘쳐서 무거운 짐 같으니 내가 감당 할 수 없나이다.
5절 내 상처가 썩어 악취가 나오니 내가 우매한 까닭이로소이다.
6절 내가 아프고 심히 구부러졌으며 종일토록 슬픔 중에 다니나이다.
7절 내 허리에 열기가 가득하고 내 살에 성한 곳이 없나이다.
8절 내가 피곤하고 심히 상하였으매 마음이 불안하여 신음하나이다.
9절 주여 나의 모든 소원이 주 앞에 있사오며 나의 탄식이 주 앞에 감추이지 아니하나이다.

> 10절 내 심장이 뛰고 내 기력이 쇠하여 내 눈의 빛도 나를 떠났나이다.
> 11절 내가 사랑하는 자와 내 친구들이 내 상처를 멀리 하고 내 친척들도 멀리 섰나이다.

위의 말씀은 다윗이 화살로 찌르듯 하는 고통과 주의 손으로 누르는 아픔으로 인하여 탄식하는 장면이다. 그는 살에 성한 곳이 없었고 뼈에 평안함이 없었다.

그러므로 다윗은 온 날과 밤을 고통으로 보내고 고통으로 맞았다. 다윗의 병은 점점 깊어져 상처가 썩어 악취가 날 정도로 고치기 어렵게 되었고 그의 허리는 열기가 가득함으로 구부러져 기를 펴지 못하고 중병환자가 되었으므로 마치 황혼 길을 걷는 사람처럼 행색이 초라하였다.

다윗은 고치지 못할 중병이 들었으므로 그에게서 삶의 활력은 떨어지고, 생명은 꺼져가듯 급격히 쇠잔해 갔으므로 그의 심장도 뛰고, 기력도 쇠하고, 눈의 빛도 떠나 버렸다.(시 38:10) 다윗이 사무엘 선지자 앞에서 기름부음을 받을 때 그의 모습은 "빛이 붉고 눈이 빼어나고 얼굴이 아름답더라고"(삼상 16:12)고 했는데 이제 그에게서 생기발랄한 모습도 에메랄드 빛 아름다운 눈빛도 찾아볼 수 없게 되었다.

이에 다윗은 "여호와여 내가 고통 중에 있사오니 내게 은혜를 베푸소서 내가 근심 때문에 눈과 영혼과 몸이 쇠 하였나이다 내 일생을 슬픔으로 보내며 나의 연수를 탄식으로 보냄이여 내 기력이 나의 죄악 때문에 약하여지며 나의 뼈가 쇠 하도소이다"(시 31:9~10) 하고 탄식한다. "나의 뼈가 쇠 하다고 하는 것은 병이 뼈 속까지 깊어져 고칠 수 없는 지병이 되었다"는 뜻이다.

이제 다윗의 모습에서 영웅다운 기상은 찾아볼 수 없었고, 죽음을 기다리는 초라한 중병 환자의 모습이었다.

죄의 대가는 이렇게 무섭고도 혹독했다.

삼손이 여호와의 기름부음 받은 자로서 여호와의 기대를 저버리고 육신의 정욕을 좇다가 블레셋 사람들에게 두 눈이 뽑히고 쇠사슬에 묶여 감옥에서 혹독한 징계를 받은 것 같이 다윗도 여호와의 기름부음을 받은 자로서 하나님의 기대를 저버렸으므로 인간 채찍과 사람 막대기로 징계를 받는 외에도 육신의 혹독한 질병으로 징계를 받게 된 것이다.

다윗은 위치가 중하고 책임이 큰 만큼 그가 받는 징계도 무거웠다.

• 가문에 내린 재앙으로 인한 고통

다윗의 맏아들 암논이 이복누이 다말을 겁탈한 일로 인하여 다말의 오라비 압살롬이 복수하여 암논을 죽임으로 다윗 가문에 골육상쟁이 일어나게 되었다. 압살롬은 여기서 그치지 않고 아버지를 쫓아내고 아버지의 왕위를 찬탈하였다. 뿐만 아니라 다윗이 왕궁을 지키라고 남겨두었던 후궁들과 대낮에 백성들이 보는 앞에서 동침함으로 스스로 인간이기를 포기하는 만행을 저지르게 된다. 압살롬의 난이 끝난 후 다윗은 예루살렘에 이르러 전에 머물러 왕궁을 지키게 한 후궁들을 잡아 별실에 가두고 먹을 것만 주고 그들에게 관계하지 아니하니 그들은 죽는 날까지 갇혀서 생과부로 지내게 되었다.

여호와께서 나단 선지자를 통하여 "네가 나를 업신여기고 헷 사람 우리야의 아내를 빼앗아 네 아내로 삼았은즉 칼이 네 집에서 영원토록 떠나지 아니하리라"(삼하 12:10) 고 하신대로 칼이 다윗의 집을 떠나지 아니하였고, "보라 내가 너와 네 집에 재앙을 일으키고 내가 네 눈앞에서 네 아내를 빼앗아 네 이웃들에게 주리니 그 사람들이 네 아내들과 더불어 백주에 동침하리라"(삼하 12:11) 고 하신대로 다윗의 아내들은 대 낮에 딴 남도 아닌 자식에게 능욕을 당하게 되었다. 이렇게 다윗의 가문은 수치스러운 일들로 인하여 백성들의 조롱거리가 되어 얼굴을 들 수 없게 되었다.

다윗은 시시각각으로 옥죄어오는 자식늘의 일탈로 뭉가져기는 그의 가문을 지켜보며 한숨 지어야만 했다. 다윗은 한 순간 육신의 정욕을 따라 짜릿한 쾌락을 맛보았으나 그 대가는 처절했다.

• 대적 자로 인한 고통

하나님 앞에 범죄하면 하나님의 영광은 떠나고, 대신 그 자리에 대적 자를 붙이 신다.

여호와께서 솔로몬에 대하여 말씀하시기를 "그가 만일 죄를 범하면 내가 사람의 매와 인생의 채찍으로 징계하리라"(삼하7:14) 고 하셨다.

"사람의 매와 인생의 채찍으로" 징계하신다는 뜻은 대적 자를 붙이신다는 뜻이다.

이후 솔로몬이 범죄했을 때 여호와께서 에돔 사람 하닷을 일으켜 솔로몬의 대적 자가 되게 하셨고,(왕상 11:14) 또 엘리아다의 아들 르손을 일으켜 수리아 왕이 되어 솔로몬을 대적하여 미워하게 하셨으며,(왕상 11:25) 또한 솔로몬의 신하 느밧의 아들 여로보암을 일으켜 그를 대적하게 하셨다. 다윗이 범죄했을 때에도 여호와께서 그에게 대적 자를 붙이셨다.

• 다윗의 대적 자는 먼저 그의 아들 압살롬이었다.

압살롬은 아버지의 왕위를 찬탈할 목적으로 기습해왔으므로 다윗은 대비할 사이도 없이 황급히 피난길에 올라 감람산 길로 갈 때에 그의 머리를 가리고 맨발로 울며 가고 그와 함께 가는 모든 백성들도 각각 자기의 머리를 가리고 울며 광야 길을 향하여 올라가는 처량한 신세가 되었다.(삼하 15:30)

• 다음으로 다윗을 대적한 자는 다윗의 친구이며 모사였던 아히도벨이었다.

아히도벨은 압살롬의 모반이 일어나자 압살롬의 모사가 되어 다윗을 대적하게 된다.

아히도벨은 압살롬이 다윗의 미움거리가 되면 백성들의 마음을 얻을 수 있다고 하여 다윗이 남겨둔 후궁들을 능욕할 것을 사주하였다.(삼하 16:21)

아히도벨은 이어서 압살롬에게 정병 12,000명을 택하여 다윗의 뒤를 추적하여 그가 곤하고 힘이 빠졌을 때 기습하여 그를 무섭게 하여 다윗만 죽이면 백성들은 당신에게로 돌아올 것이라고 하며 합당한 계교를 베풀기도 하였다.(삼하 17:2~3)

다윗은 모반한 자들 가운데 아히도벨이 있다는 말을 듣고 "여호와여 원하옵건대 아히도벨의 모략을 어리석게 하옵소서"(삼하 15:31)하고 여호와께 기도한다. 결국 압살롬은 아히도벨의 모략을 버리고 위장 전향한 후새의 계교를 따르게 됨으로 모반은 실패로 끝나게 된다. 이렇게 하나님은 진노 중에서도 다윗의 기도를 들으시고 아히도벨의 모략을 어리석게 하셨다.

• 다음으로 다윗을 대적한 자는 군사들과 백성들이었다. 압살롬 편에 서서 다윗을 죽이고자 에브라임 수풀에서 요압의 군사들과 맞선 군사들은 한때는 다윗에게 충성을 맹세했던 자들이었다.

사울의 아들 이스보셋이 죽자 이스라엘의 모든 장로가 헤브론에 있는 다윗에게 나아와 "보소서 우리는 왕의 한 골육이니이다 전에 곧 사울이 왕이 되었을 때에도 이스라엘을 거느려 출입하게 하신 분은 왕이시었고 여호와께서도 왕에게 말씀하시기를 네가 내 백성 이스라엘의 목자가 되며 네가 이스라엘의 주권자가 되리라 하셨나이다"(삼하 5:1~2) 하고 한결같은 마음으로 다윗을 왕으로 옹립하고 충성을 맹세하였다.

그러나 압살롬의 반역이 점점 커지자 백성과 군사들이 자신을 배반하고 압살롬에게로 떠나가는 것을 바라보며 다윗은 인생의 쓴맛과 함께 비애를 맛보게 되었다.

다윗은 압살롬에게 쫓겨 보좌를 버리고 도망할 때에는 권력의 무상함을 느꼈으며, 백성과 군사들에게 배신을 당했을 때에는 인간에 대한 회의와 함께 인생무상을 느꼈다.

• 사울의 친족 중 게라의 아들 시므이가 다윗을 대적하였다.

다윗이 울며 머리를 가리고 맨발로 그의 신하들과 함께 처량하게 피난 갈 때 시므이가 "다윗과 그의 신하들을 향하여 돌을 던지며 피를 흘린자여 사악한 자여 가거라 가거라 사울의 족속의 모든 피를 여호와께서 네게로 돌리셨도다 그를 이어서 네가 왕이 되었으나 여호와께서 나라를 네 아들 압살롬의 손에 넘기셨도다 보라 너는 피를 흘린 자이므로 화를 자초하였느니라"(삼하 16:5~9) 하고 티끌을 날리며 독설을 내 뱉었다. 그때 보다 못한 "아비새가 왕께 여짜오되 이 죽은 개가 어찌 내 주 왕을 저주하리이까 청하건대 내가 건너가서 그의 머리를 베게 하소서 하고 간청했으나 다윗은 그가 저주하는 것은 여호와께서 그에게 다윗을 저주하라 하심이니 네가 어찌 그리하였느냐 할 자가 누구겠느냐 하고 복수하는 것을 접었다."(삼하 16:9~10)

이와 같이 다윗은 대적 자들로 인하여 왕위를 버리고 처량하게 쫓겨나는 신세가 되었으며 죽은 개와 같은 자에게 조롱당함으로 그의 권위는 짓밟혔고 그의 명예는 땅바닥에 굴러 떨어졌다.

• 다윗의 대적 자는 여기서 끝나지 않고 베냐민 사람 비그리의 아들 세바의 반역이 있었다. 압살롬의 난이 평정된 후 예루살렘으로 환궁할 때 이스라엘 사람들이 왕을 모신 유다 사람에게 너희가 어찌 우리를 멸시하여 왕을 모시는 일에 우리와 의논하지 아니하였느냐 하고 시비해왔다. 유다 사람들이 강경하여 왕은 우리의 종친인 까닭이라(삼하 19:42) 고 했을 때 베냐민 사람 비그리의 아들 세바가 나팔을 불며 우리는 다윗과 나눌 분깃이 없으며 이새의 아들에게 받을 유산이 우리에게 없도다 하매 이스라엘 사람들이 다윗 따르기를 그치고 세바를 따르게 되었다.

세바와 반역의 무리들이 벧마아가 아벨로 가서 농성하였다. 그 때 요압이 성을 에워싸고 언덕위에 토성을 쌓아 성을 함락시키고자 했을 때 그 성에 한 여인이 성이 파괴되는 것을 막고자 요압에게 내응하여 그의 지혜로 세바를 잡아 그의 목을 베어 요압에게 던짐으로 세바의 반역은 끝이 나게 된다.

이와 같이 다윗의 한 순간 실수로 인하여 비롯된 형벌은 너무나도 컸다.

다윗은 왕으로서 백성들이 그에게 거는 기대가 있었고 바라는 열망이 있었다. 그러나 그 모든 기대를 내 팽개치고 여호와의 말씀을 업신 여기고 육신의 정욕을 따라 죄를 범함으로 하나님께서는 사람 막대기와 인생 채찍으로 그를 엄중히 징계하신 것이다.

- **국가적인 재난으로 인한 다윗의 고통**

 다윗이 군사령관 요압에게 단에서부터 브엘세바까지 인구를 조사하여 백성의 수를 보고하라고 지시했다. 인구조사는 사탄이 일어나 이스라엘을 대적하고 다윗을 올무에 빠뜨리고자 다윗을 충동질 한 결과였다.(대상 21:2)

 모세가 이스라엘 백성들이 출애굽했을 때와(민 1:1~3) 광야에서 40년 후 가나안땅에 들어가기 직전에(민 26:1~2) 두 차례에 걸쳐 인구조사를 했다. 인구 조사의 대상자는 남자 20세 이상으로 싸움에 나갈만한 자들이었다. 인구조사의 목적은 앞으로 있을지도 모를 전쟁을 대비하기 위하여 군사 편재상 인구를 조사한 것이었다. 모세가 인구조사할 때 여자를 계수하지 아니한 것은 여자에게는 병역의무를 지우지 않았기 때문이며, 남자 20세 이하의 유소년을 계수하지 아니한 것은 그들은 20세가 될 때까지 병역을 유보했기 때문이며, 레위인은 20세 이상이라도 계수하지 아니한 것은 그들은 여호와의 성막에서 봉사하는 것으로 병역을 대신했기 때문이다. 모세가 이스라엘 백성의 인구를 조사할 때 이스라엘 12지파 가운데 병적에서 빠진 레위지파의 빈자리를 메우기 위하여 요셉지파를 에브라임과 므낫세 지파로 나누어 12지파로 계수하였다. 모세가 인구를 조사한 것은 하나님의 말씀을 따라 좋은 뜻으로 계수한 것이었다. 그러나 다윗이 인구조사를 하고자 한 것은 사울이 아말렉과의 전쟁에서 승리한 후 자신의 공명을 위하여 기념비를 세운 것 같이 자기의 부와 권력을 자랑하고자 하는 불순한 동기에서 시작한 것이며, 또한 하나님 보다 군사의 수를 더 의지하고자 하는 불신앙에서 비롯된 것이었다.

다윗이 정복전쟁 때 전심으로 하나님만 의지하고자 적에게 노획한 말의 뒷발의 힘줄을 끊어버렸던 지난날과는 달리 이제는 하나님보다 군대를 더 의지하려는 인간적인 모습을 보게 된다. 군대사령관 요압이 다윗의 불순한 계획을 중지시키고자 왕께 진언했으나 왕은 듣지 않고 도리어 요압과 군대 사령관들을 재촉하였다. 이렇게 왕의 독단과 전횡으로 시작된 인구조사는 아홉 달 스무날 만에 마치고 그 결과를 왕께 보고하기에 이른다. 요압이 왕의 명령을 마땅치 않게 여겨 레위와 베냐민 지파는 계수하지 않고 그 수를 보고하니 이스라엘 중에 칼을 빼는 담대한 자가 백십만 명이요 유다 중에 칼을 뺄만한 자가 사십칠만 명이었다(대상 21:5) 다윗이 인구조사를 강행하게 된 것은 "사탄이 일어나 다윗을 충동하여 교만한 마음을 집어넣었기 때문이다"(대상 21:1)

다윗은 서듭되는 선생의 승리와 나라의 번영으로 자신도 모르게 교만한 마음이 들었다. 사단은 언제나 약점을 노리고 공격한다. 사람이 죄에 떨어지는 것은 인간의 죄악된 속성이 사단의 유혹에 반응 할 때 죄를 짓게 된다. 다윗이 한 순간 방심함으로 사탄의 미혹에 걸려들어 자기 공명심과 명예욕에 충동을 느껴 미혹에 빠지고 말았다.

다윗이 자기의 마음을 지키지 못하고 사단이 던진 미끼에 걸려든 것은 우리야의 아내 밧세바를 취한 일로 인하여 하나님께서 징계 하시고자 유기하셨기 때문이다. 인구조사를 끝낸 다윗은 비로소 하나님 앞에 자신의 교만과 불신앙의 죄를 뉘우치며 때늦은 후회를 하게 된다. "다윗이 하나님께 아뢰되 내가 이 일을 행함으로 큰 죄를 범 하였나이다 이제 간구 하옵나니 종의 죄를 용서하여 주소서 내가 심히 미련하게 행하였나이다"(대상 21:8) 하고 하나님 앞에 뉘우치며 회개한다. 다윗이 교만의 죄를 회개함으로 하나님께 용서는 받았으나 죄의 책임까지는 면할 수 없었다. 하나님께서 다윗의 소행을 악하게 여기사 이스라엘을 치시고자 선견자 갓을 통하여 다윗에게 혹 삼 년 기근이든지, 혹 석 달을 적군에게 패하여 적군의 칼에 쫓길 일이든지, 혹 전염병이 사흘 동안 유행하여 온 지경을 멸할 일이든지, 이 세 가지 징벌 중 하나를 택하라고 하셨다. 다윗은 내가 곤경에 빠졌도다 여호와께서는 긍휼이 심히 크시니 내가 그의 손에 빠지고 사람의 손에 빠지지 아니하기를 원하나이다. 하고 여호와의 자비심에 내맡겨 삼일 간 전염병의 징벌을 택하게 된다.

그리하여 여호와께서 이스라엘 백성들에게 삼일동안 전염병을 내리시매 백성 중에서 7만 명이 죽임을 당하게 된다. 하나님이 예루살렘을 멸하시려고 천사를 보내셨더니 천사가 예루살렘을 멸하려 할 때에 여호와께서 보시고 이 재앙 내림을 뉘우치사 족하다 이제는 네 손을 거두라 고 하시며 재앙을 멎게 하셨다. 하나님은 교만한 다윗을 징계하시는 과정에 수 많은 사람이 죽자 자녀의 고통을 마음 아파하는 부모와 같은 심정으로 마음 아파하셨다. 공의로우신 하나님은 지도자의 죄로 인하여 백성을 징계하셨으나 다른 한편으로는 진노 중에라도 긍휼을 잊지 아니하셨다.

다윗은 자기의 죄로 인하여 애꿎은 백성이 죽자 백성들 앞에서 얼굴을 들 수 없었다. 다윗이 눈을 들어 보매 여호와의 천사가 칼을 빼어 예루살렘을 멸하려고 섰는지라 다윗이 장로들과 더불어 굵은 베옷을 입고 얼굴을 땅에 대고 엎드려 하나님께 아뢰되 "백성을 계수하게 명령하여 범죄하고 악을 행한 자는 곧 나이니이다 이 양 떼는 무엇을 행하였나이까 청하건대 나의 하나님 여호와여 주의 손으로 나와 내 아버지의 집을 치시고 주의 백성에게 재앙을 내리지 마소서" 하고 간청했다. (대상 21:16~17) 하나님께서는 다윗이 장로들과 함께 굵은 베옷을 입고 얼굴을 땅에 대고 회개 하므로 이에 여호와의 천사가 선견자 갓에게 명령하여 다윗은 올라가서 여부스 사람 오르난의 타작마당에 여호와를 위하여 단을 쌓으라고 말씀하셨다. 다윗이 하나님의 명령을 따라 금 600세겔로 오르난의 타작마당을 사서 거기서 여호와를 위하여 제단을 쌓고 번제와 화목제를 드려 여호와께 아뢰었더니 여호와께서 하늘에서부터 불을 내려 응답하시고 천사를 명하시매 그가 칼을 칼집에 꽂았다고 했다. 여호와께서 다윗이 드린 번제와 화목제물을 받으심으로 비로소 다윗이 징계의 사슬에서 풀려나 죄로 인한 응보가 멎게 된다. 다윗이 하나님께 드린 번제는 죄사함을 받는 속죄의 의미가 있었고, 화목제는 죄가 사해졌으므로 하나님과 원수된 관계에서 화목 되어졌음을 의미했다.

다윗이 범죄함으로 애꿎은 백성들이 징계를 받은 것은 아담이 범죄함으로 그의 후손인 모든 인류가 죄인이 된 것 같은 대표의 원리에 의한 것이었다.

다윗은 한 순간 통제력을 잃고 밧세바를 취한 죄로 인하여 너무나 많은 것을 잃었다.

먼저 다시 돌이킬 수없는 귀중한 시간을 잃었다. 다윗은 할 일이 많고, 아직 정복해야 할 땅이 많았으나 계속되는 하나님의 징계로 정신을 차릴 수 없었고, 아무것도 할 수 없었다. 그는 사랑스러운 자식도 잃었고, 가정의 순결도 잃었고, 친구도 잃었고, 수많은 군사들도 잃었고, 백성도 잃었고, 백성들의 마음도 잃어 버렸다.

다윗이 잃어버린 것 중 무엇보다 영적인 감각을 잃어 버렸다. 다윗은 남이 보지 못하는 것을 보았고 남이 듣지 못하는 것을 들었으나 이제 그 영계가 막혀 청기가 멎어 버렸다. 다윗이 광야에 있을 때에는 위급할 때마다 여호와께 물으면 즉시로 레마의 음성이 들려왔다. 다윗이 하나님의 지시대로 움직이면 단 한치도 어긋남이 없었다. 그리하여 다윗은 신기하고 놀라운 신비감속에서 고난의 기간을 보낼 수 있었다. 그러나 이제 그 레마의 음성이 들리지 아니하고, 나단 선지자와 선견자 갓을 통하여 간접적으로 하나님의 음성을 들어야만 했다. 이는 다윗이 너무나도 귀한 영적인 세계를 잃어버렸음을 말해준다.

다윗에게도 빛과 그림자가 있었다.

다윗이 사무엘 선지자 앞에서 기름부음을 받은 사건은 다윗의 인생에 명암이 교차하는 분수령이었다면 그의 범죄사건은 그의 치세의 분수령이 되었다. 다윗이 범죄하기 이전은 기세가 돋는 해 아침 빛 같이 솟아올랐으나 범죄한 후에는 기세가 꺾여 땅바닥으로 추락하는 모습을 보게 된다. 하나님이 다윗의 죄로 인하여 그를 끌어 어려운 짐을 지게 하시고 사람들로 다윗의 머리를 타고 가게 하셨다. (시 66:12) 이렇듯 다윗이 밧세바로 인하여 맛본 쾌락의 순간은 짧았고 고통은 길었다.

30

기름 부으심과 거룩성의 회복

거룩성의 회복이란? 뼈아픈 회개를 통하여 잃어버렸던 정직성과 진실성을 되찾고 그 위에 여호와의 거룩하신 영이 임재하시는 것을 말한다.

거룩성 회복은 단순히 도덕적인 차원을 넘어 종교적인 차원에서 하나님과의 관계성이 회복되어야 한다.

죄인이 회개 없이는 하나님 앞에 용서받을 길이 없으며, 회개 없이는 하나님과의 관계성이 회복될 수 없다.

하나님은 상하고 통회하는 심령을 회복시키신다. 회개를 하려면 먼저 죄를 알아야 한다.

죄를 헬라어로 ἁμαρτία(하마르티아) 라고 하며 그 뜻은 화살이 과녁에서 빗나가듯 하나님의 뜻에서 빗나간 행위와 하나님의 만족에서 부족한 것을 말한다.

다윗이 남의 아내를 빼앗아 간음을 하고 그의 남편을 죽이되 암몬 자손의 손을 빌어 죽인 것은 화살이 과녁에서 빗나간 것 같이 하나님의 뜻에서 빗나갔을 뿐 아니라 하나님의 만족에서 부족하였다.

다윗이 나단 선지자의 책망을 받았을 때 "내가 여호와께 범죄했노라" 하고 자백함으로 나단 선지자로부터 "여호와께서 당신의 죄를 사하셨나니 당신이 죽지 아니하리이다."(삼하 12:13) 하는 말을 듣게 된다. 다윗이 여호와께서 자신의 죄를 용서하셨다는 말을 듣고도 눈물로 회개한 것은 하나님의 말씀을 의심해서가 아니라 회개를 통하여 하나님의 노하신 마음을 풀어드리고, 하나님과 관계성을 회복하기 위함이었다.

다윗은 잃어버린 거룩성을 회복하기 위하여 하나님 앞에 재를 양식같이 먹으며 눈물 섞인 물을 마시며 뼈가 저리도록 회개하게 된다.(시 102:9)

회개를 히브리어로 나함(naham) 이라고 하며 그 뜻은 '슬퍼하다', '애통하다'는 뜻이다. 그러므로 회개는 양심의 가책을 받고 하나님 앞에 지은 죄를 탄식하며 슬퍼하는 것을 말한다.

또한 회개를 슈브(seuv)라고 하며 그 뜻은 '돌이키다'는 뜻으로 의지적으로 죄에서 털고 일어나 하나님께로 돌아가는 것을 말한다.

나함(naham)은 마음으로 애통하며 죄를 슬퍼하는 정적인 회개라면, 슈브(seuv)는 죄에서 돌아서는 의지적인 회개이다.

참된 회개는 탕자의 비유에서 보듯 "내가 하늘과 아버지께 죄를 얻었사오니 지금부터는 아버지의 아들이라 일컬음을 감당치 못하겠나이다"(눅 15:18~19) 하고, 지은 죄를 탄식하며 슬퍼하는 정적인 회개와 "이에 일어나 아버지께로 돌아가니라"(눅 15:20)고 하는 의지적인 회개가 있을 때 무너졌던 탕자가 다시 회복되고, 모든 것이 제 자리를 잡게 된 것이다. 이와 같이 다윗도 자신이 지은 죄에 대하여 애통하며 죄를 슬퍼하는 정적인 회개와 그 자리에서 일어나 두 손 들고 하나님 앞에 돌아가는 의지적인 회개를 통하여 다시 거룩성이 회복되고 모든 것이 제 자리를 잡게 된 것이다.

  회개하는 것도 인간의 힘으로 되는 것이 아니라 오직 하나님의 은혜로 되는 것이다.
  다윗이 범죄했으나 하나님은 한 순간도 다윗을 포기한 적이 없었다.
  하나님은 다윗을 회개시키기 위하여 양심에 자극과 심령에 고통을 가하셨다.
  시편 32편 3~4절에 "내가 입을 열지 아니할 때에 종일 신음함으로 내 뼈가 쇠하였도다 주의 손이 주야로 나를 누르시오니 내 진액이 빠져서 여름 가뭄에 마름 같이 되었나이다" 위의 말씀은 다윗이 입을 열지 않음으로 주의 손이 주야로 그를 눌러 그의 양심에 자극을 가하시는 말씀이다.
  다윗이 범죄한 후 1년이 다 되도록 주의 손이 계속하여 누르셨으나 방해하는 세력에 막혀 회개하지 못하자 하나님께서 이번에는 나단 선지자를 보내어 책망으로 더 강한 자극을 가하심으로 비로소 "내가 여호와께 범죄 했노라" 하고 굳게 닫혔던 입이 열리며 회개가 봇물 같이 터져 나오게 되었다.

스가랴 12장 10절에 "내가 다윗의 집과 예루살렘 주민에게 은총과 간구하는 심령을 부어주리니 그들이 그 찌른바 그를 바라보고 그를 위하여 애통하기를 독자를 위하여 애통하듯 하며 그를 위하여 통곡하기를 장자를 위하여 통곡하듯 하리로다" 한 바와 같이 다윗이 회개하게 된 것은 하나님의 은혜로 된 것이었다.

배에 물이 들어와도 깨닫지 못하는 자는 탈출하지 못하는 것 같이 자신이 죄인인 것을 깨닫지 못하는 자는 회개하지 못한다.

그러므로 자신이 만물보다 거짓되고 심히 부패한 죄인이라는 것을 깨닫는 것이 은혜다.

다윗이 하나님의 은총으로 죄를 깨닫게 되고 그 죄로 인하여 애통하기를 마치 독자를 위하여 애통하듯, 통곡하기를 장자를 위하여 통곡하듯 눈물로 회개한 것은 하나님의 은총으로 된 것이었다.

다윗이 회개하는 참회의 시가 시편 6편, 32편, 38편, 51편, 102편, 130편, 143편이다.

다윗의 참회의 시에서 보여주는 바와 같이 그는 밤마다 침상을 띄우며 눈물로 요를 적시며 회개하였고, 재를 양식 같이 먹으며 눈물 섞인 물을 마시며, 참회하는 것을 보게 된다.

사람이 회개할 때 가장 인간다워지는 것이며 회개는 약한 자의 언어가 아니라 위선과 가면을 벗고 하나님 앞에 마음의 창을 열어 보이는 용기 있는 행동이다.

　인간은 신이 아닌 이상 절대 실수를 하지 않는다는 보장은 없다. 문제는 인간이 비록 실수했을 지라도 회개하여 다시 거룩성을 회복하느냐 아니면 그 영광이 떨어진 채로 불행한 생을 마감하느냐 하는 것이 문제이다.

　인간은 지은 죄를 회개하여 땅에 떨어진 영광을 회복하지 못하면 영원히 하나님께 버림받는 미아가 되고 만다.

　다윗에게 거룩성이 무너짐으로 여호와의 영이 사울을 버림같이 다윗을 버리고 떠날 수밖에 없었다.

　여호와의 영이 떠나시면 다윗은 사울같이 존재의 의미도 생명의 가치도 사라진다. 그러나 다윗은 시편 38편 5절에 "내가 이르기를 내 허물을 여호와께 자복하리라 하고 주께 내 죄를 아뢰고 내 죄악을 숨기지 아니하였더니 곧 주께서 내 죄악을 사하셨나이다" 하고 고백하게 된다. 우리가 하나님 앞에 죄를 숨기지 아니하고 솔직하게 자복하면 죄보다 크신 하나님의 사랑이 그 어떤 죄라도 용서하시고 덮어주신다.

　회개는 하나님의 상하신 마음을 풀어 드리고, 하나님의 진노를 멈추게 하는 위대한 능력이 있다. 그러므로 하나님 앞에 회개하면 사는 길이 있고 회복의 길이 있다. 그래서 사도행전 11장 18절에 회개를 "생명 얻는 회개"라고 했다. 따지고 보면 사울이 범죄해서 망했다기 보다 회개하지 못함으로 망한 것이다. 회개는 하나님이 가장 기뻐 받으시는 향기로운 제물이다.

> **레 3:**
>
> 12절 이하의 말씀을 보면 "만일 그의 예물이 염소면 그것을 여호와 앞으로 끌어다가
> 13절 그것의 머리에 안수하고 희막 앞에서 잡을 것이요 아론의 자손은 그 피를 제단 사방에 뿌릴 것이며
> 14절 그는 그 중에서 예물을 가져다가 여호와께 화제를 드릴지니 곧 내장에 덮인 기름과 내장에 붙은 모든 기름과
> 15절 두 콩팥과 그 위의 기름 곧 허리 쪽에 있는 것과 간에 덮인 꺼풀을 콩팥과 함께 떼어낼 것이요
> 16절 제사장은 그것을 제단 위에서 불사를지니 이는 화제로 드리는 음식이요 향기로운 냄새라 모든 기름은 여호와의 것이니라
> 17절 너희는 기름과 피를 먹지 말라 이는 너희의 모든 처소에서 너희 대대로 지킬 영원한 규례니라"

위의 말씀에서 염소를 잡아 그 피를 제단 사방에 뿌리고 모든 기름과 간에 덮인 꺼풀을 두 콩팥과 함께 떼내어 제사장은 그것을 단 위에서 불사를지니 이는 화제로 드리는 식물이요 향기로운 냄새라고 했다. 위에서 말한 피, 모든 기름, 두 콩팥, 간에 덮인 꺼풀은 독이 있는 부위이다. 이것들을 취해서 제단위에 올려놓고 불에 살라 드리는 화제를 하나님이 기쁘게 받으시는 향기로운 냄새라고 했다. 이것은 무엇을 뜻하는가? 독이 있는 부위는 우리 몸에 있는 독과 같은 죄를 상징한다. 이와 같이 하나님은 나의 모든 죄를 토설하여 하나님 앞에 쏟아놓고 회개할 때 가장 기뻐하시며 향기로운 제물로 받으신다는 뜻이다.

다윗은 그의 참회록인 시편 32편 3~5절에 "내가 입을 열지 아니할 때에 종일 신음함으로 내 뼈가 쇠하였도다 주의 손이 주야로 나를 누르시오니 내 진액이 빠져서 여름 가물에 마름 같이 되었나이다 내가 이르기를 내 허물을 여호와께 자복하리라 하고 주께 내 죄를 아뢰고 내 죄악을 숨기지 아니하였더니 곧 주께서 내 죄악을 사하셨나이다" 하고 고백한다.

다윗이 독소와 같은 죄를 품은 체 토설하지 아니할 때에는 종일 신음함으로 뼈가 쇠하고 진액이 빠져 여름가뭄에 마름 같이 되었으나 하나님 앞에 죄를 토설하고 자백했을 때 하나님은 그것을 향기로운 냄새로 받으시고 그 죄를 사하여 주신 것이다.

다윗이 거룩성을 회복하는 과정에서 그의 참회록인 시편 51편 11절에서 "나를 주 앞에서 쫓아내지 마시며 주의 성령을 내게서 거두지 마소서" 하며 특별히 성령을 거두지 마시기를 간구하고 있다.

주의 종과 성도들은 여호와의 영이 떠나시면 그 순간부터 인생의 의미도 사라지고 가치도 사라진다. 여호와의 영이 떠나시면 사울같이 방황하는 영적인 미아가 될 수밖에 없다.

하나님께서 다윗의 참회의 기도를 들으시고 그에게서 주의 성령을 거두지 아니하심으로 다윗은 성령의 은혜로 거룩성을 회복할 수 있었다.

거룩성의 회복은 인간의 의로 되는 것이 아니다.

이사야 64장 6절에 "무릇 우리는 다 부정한자 같아서 우리의 의는 다 더러운 옷 같으며 우리는 다 잎사귀같이 시들므로 우리의 죄악이 바람같이 우리를 몰아가나이다"고 했다. 이와 같이 인간의 의는 다 더러운 옷과 같아서 수양이나 선행같은 인간의 의로는 하나님 앞에 설 수 없다.

그러므로 사람이 거룩하게 되는 것은 하나님 앞에 죄를 자백하고 주 예수 그리스도의 이름과 우리 하나님의 성령 안에서 씻음을 받을 때 거룩성이 회복하는 것이다.(고전 6:11)

거룩성이 회복된다는 것은 윤리 도덕적으로 거룩하게 된다는 뜻이 아니라 종교적인 의미로 하나님께서 회개하는 믿음을 보시고 거룩하게 여겨주신다는 뜻이며, 그 증표로서 성령을 선물로 주시는 것이다.

- **기름 부으심과 심령의 회복**

다윗은 죄책감으로 인하여 근심에 사로잡혀 인생의 즐거움도 인생의 의미도 잃어버리고 깊은 회의에 빠져 "여호와여 내가 고통 중에 있사오니 내게 은혜를 베푸소서 내가 근심 때문에 눈과 영혼과 몸이 쇠하였나이다 내 일생을 슬픔으로 보내며 나의 연수를 탄식으로 보냄이여 내 기력이 나의 죄악 때문에 약하여지며 나의 뼈가 쇠하도소이다"(시 31:9~10) 하고 탄식하며 괴로워 하는 것을 보게 된다.

다윗이 나단 선지자의 책망을 듣고 범죄한 사실을 솔직하게 자백함으로 나단 선지자로부터 "여호와께서도 당신의 죄를 사하셨나니 당신이 죽지 아니하리이다" 하는 위로의 말을 듣게 되었으나 그는 자신을 책하며 눈물로 참회하게 된다.

　다윗이 몸부림치며 회개하게 된 것은 하나님 앞에 괴로운 마음의 짐을 덜고자 했기 때문이다.

　다윗은 원래 양심이 깨끗하고 고결한 사람이었다.

　그가 사울을 피하여 들 염소 바위굴에 숨어있을 때 사울이 뒤를 보려고 굴속으로 들어왔을 때 함께 한 자들이 사울을 죽이라고 주문했으나 그는 내가 손을 들어 여호와의 기름부음을 받은 내 주를 치는 것은 여호와께서 금하시는 것이라 하고 사울의 겉옷 자락만 베었다. 그러나 다윗은 그것 조차도 마음이 아파 괴로워 할 정도로 양심이 깨끗했다.(삼상 24:5)

　그가 깨끗하게 살아온 만큼 나단 선지자의 책망을 들었을 때 충격을 받고 큰 자책감에 사로잡히게 된다.

　하나님은 죄보다 크심으로 하나님 앞에서는 어떠한 죄라도 용서받지 못할 죄가 없지만 인간은 스스로 만든 틀에 갇혀 자신을 용서하지 못함으로 고통이 가중되는 것을 보게 된다. 우리가 진정으로 하나님 앞에 회개했으면 자신도 자기를 용서해야 한다. 그렇지 아니하면 언제까지나 죄책감에 눌려 어두움에 사로잡히게 된다.

　다윗은 그간 밤마다 침상을 띄우며 눈물로 참회한 회개로 마음의 짐을 덜게 되었으므로 이제 자책을 접고 자신을 용서함으로 스스로 묶였던 올무에서 벗어나게 되었다.

　다윗을 괴롭히던 마음의 근심은 근본적으로 죄 때문에 온 것이므로 죄 문제가 해결되자 그를 짓누르던 근심은 사라지고 그의 심령은 다시 구원의 즐거움으로 회복된 것이다.

심령이 회복된 다윗은 시편 32편 1~2절에 "허물의 사함을 받고 자신의 죄가 가려진 자는 복이 있도다 마음에 간사함이 없고 여호와께 정죄를 당하지 아니하는 자는 복이 있도다" 하며 허물의 사함을 받고 여호와께 정죄를 당하지 않은 자신이 정녕 복 있는 자라는 것을 고백하게 된다.

이제 다윗에게는 그를 짓누르던 무거운 짐이 벗어짐으로 슬픔 대신 기쁨의 기름이 흐르게 되었고, 근심 대신 찬송의 옷을 입게 되어 새로운 전기를 맞게 되었다.

다윗에게는 빛과 그림자가 있었다.

다윗에게 어둠이 없었다면 빛이 온들 그것이 얼마나 황홀한 축복인지 알지 못했을 것이다.

다윗은 그간 어두운 터널에 갇혀 우울하게 살아오면서 마음에 평안을 빼앗아가는 죄가 얼마나 무섭다는 것을 뼈 속 깊이 새겼으며 마음의 평안이야말로 세상에 그 무엇과도 바꿀 수 없는 행복이라는 것을 깨닫게 되었다.

인간이 누리는 기쁨 중에 하나님 앞에 죄사함을 받은 기쁨보다 더 큰 기쁨은 없으며, 그 기쁨은 마치 아담이 범죄 하기 이전 하나님 앞에 당당하게 나아가 자유와 환희 속에서 기쁨을 누렸던 것과 같은 것이다.

하나님은 죄를 범한 성도들이 언제까지나 죄책감에 사로잡혀 우울하게 사는 것을 원치 아니하신다. 하나님은 성도가 죄의 속박으로부터 하루 빨리 벗어나 하나님의 풍성한 은혜를 누리기 원하신다.

그러므로 내가 하나님 앞에 진심으로 회개했으면 죄가 해결되었다는 것을 믿고, 단장의 애끊는 슬픔을 털어내고, 참된 평안과 구원의 즐거움을 누려야 한다.

• 기름 부으심과 건강회복

다윗은 그의 죄로 인하여 육신이 만신창이가 되어 살에 성한 곳이 없었고, 뼈에는 평안함이 없었으므로 온 날과 밤을 고통으로 보내고 고통으로 맞았으나 여호와께서 그의 회개의 눈물을 받으시고 아버지가 자식을 불쌍히 여김 같이 그를 불쌍히 여기셔서 은혜로 육신의 질병을 치료해주셨다.

이사야 30장 26절에 "여호와께서 자기 백성의 상처를 싸매시며 그들의 맞은 자리를 고치시는 날에는 달빛은 햇빛 같겠고 햇빛은 일곱 배가 되어 일곱 날의 빛과 같으리라"는 말씀과 같이 여호와께서 치료의 광선으로 다윗의 모든 병을 고쳐 주심으로 그간 메말랐던 뼈가 윤택해지고 움츠러 들었던 힘줄이 다시 살아나고 눈빛도 살아나고 기력도 살아났다.

다윗이 얻은 지병은 본질적으로 죄에서 온 것이므로 죄 문제가 해결되자 그의 육체를 묶고 있든 병마의 사슬이 벗겨지면서 새로운 기운으로 충만하였다.

기력을 되찾은 다윗은 먼저 사죄의 은총과 함께 건강을 회복해주신 하나님께 낮아지고 겸손한 마음으로 감사와 영광을 돌린다.

시편 103편은 다윗이 건강을 회복한 후 하나님께 감사하는 찬양시이다.

> **시 103:**
>
> 1절 내 영혼아 여호와를 송축하라 내 속에 있는 것들아 다 그의 거룩한 이름을 송축하라
> 2절 내 영혼아 여호와를 송축하며 그의 모든 은택을 잊지 말지어다
> 3절 그가 네 모든 죄악을 사하시며 네 모든 병을 고치시며
> 4절 네 생명을 파멸에서 속량하시고 인자와 긍휼로 관을 씌우시며
> 5절 좋은 것으로 네 소원을 만족하게 하사 네 청춘을 독수리 같이 새롭게 하시는도다

건강을 회복한 다윗은 먼저 여호와께 내 모든 죄악을 사하시며, 내 모든 병을 고치시며, 나의 생명을 파멸에서 건져주시고 내 청춘으로 독수리같이 새롭게 해주신 은혜를 감사하며 이 모든 은택을 잊지 말 것을 자신에게 다짐하고 있다.

다윗은 그간 질병에 눌려 삶의 의욕을 잃고 인생의 의미도 상실한 채 우울하고 불안한 나날을 보냈으나 이제 건강이 완전히 회복됨으로 그 청춘이 독수리 같이 새롭게 되어 새로운 기운으로 충만하였다.

병상에서 일어난 다윗은 자신이 병상에 있을 때 주위 사람들이 자기 곁을 떠나는 것을 보면서 많은 생각을 했다. 그는 시편 146편 3~4절에 "귀인들을 의지하지 말며 도울 힘이 없는 인생도 의지하

지 말지니 그의 호흡이 끊어지면 흙으로 돌아가서 그날에 그의 생각이 소멸하리로다"는 말씀과 같이 결정적인 순간에 도울 힘이 없는 인생을 의지해서는 안 되며 물거품 같이 사라질 인생에게 마음을 두어서도 안 된다는 것을 깨닫게 되면서 그간 인간에 대하여 가졌던 환상을 접고 대신 괴로우나 즐거우나 언제나 내 곁을 떠나지 아니하시고 지켜주신 하나님의 은혜에 감사하며 이제는 육체를 죄의 기회로 삼지 아니하고 하나님의 영광을 위하여 그의 생을 불사를 마지막 사역을 차근히 구상하였다.

- **기름 부으심과 영광의 회복**

다윗이 하나님의 징계를 받을 때에는 기울어져가는 그림자 같고 풀의 시들어짐 같았으므로 아무도 다윗이 다시 회생하리라고 생각하지 못했다.

거기다가 압살롬의 모반으로 최대의 위기를 맞으면서 다윗의 미래는 암담했다.

다윗이 압살롬의 모반 때 지은 시편 3장 1~2절을 보면 "여호와여 나의 대적이 어찌 그리 많은지요 일어나 나를 치는 자가 많으니이다 많은 사람이 나를 대적하여 말하기를 그는 하나님께 구원을 받지 못한다 하나이다" 한 것을 보면 사람들은 다윗이 다시 회생하리라고 생각지 못했다. 그러나 하나님은 여호와의 영으로 다윗을 다시 일으켜 세우셨다. 그리하여 다윗은 시편 3편 3절에서 "여호와여 주는 나의 방패시요 나의 영광이시요 나의 머리를 드시는 자이 시니이다" 한 것 같이 여호와께서는 그의 머리를 들게 하셨다.

하나님의 위대성은 일흔 번씩 일곱 번이라도 회개하면 "동이 서에서 먼 것 같이 우리의 죄과를 우리에게서 멀리 옮기시며 아버지가 자식을 긍휼히 여김 같이 여호와께서는 자기를 경외하는 자를 긍휼히 여기실 뿐 아니라"(시 103:12~13) 다시 머리를 들게 하신다.

하나님은 과거보다 미래보다 현재를 중히 여기신다.

하나님은 다윗의 과거보다 회개하는 현재를 귀중히 여기시고 다시 그의 머리를 들게 하시고 영광을 회복시키셨다.

다윗이 결정적으로 다시 일어날 수 있었던 동력을 여호와의 영이었다. 여호와의 영이 다윗을 떠나지 아니하시고, 여호와의 영이 그를 잡아주셨고, 그를 다시 일으키셨다.

> **시편 139:**
>
> 7절 내가 주의 영을 떠나 어디로 가며 주의 앞에서 어디로 피하리이까.
> 8절 내가 하늘에 올라갈지라도 거기 계시며 스올에 내 자리를 펼지라도 거기 계시니이다.
> 9절 내가 새벽 날개를 치며 바다 끝에 가서 거주할지라도.
> 10절 거기서도 주의 손이 나를 인도하시며 주의 오른손이 나를 붙드시리이다.

위의 말씀과 같이 다윗은 주의 영이 나와 함께 하심으로 이 세상 어디에도 주의 영을 떠나 피할 곳이 없음을 고백하고 있다.

로마서 8장 11절에 "예수를 죽은 자 가운데서 살리신 이의 영이 너희 안에 거하시면 그리스도 예수를 죽은 자 가운데서 살리신 이가 너희 안에 거하시는 그의 영으로 말미암아 너희 죽을 몸도 살리시리라" 고 하신 바와 같이 내 속에 주의 영이 거하시면 하나님은 내 속에 거하시는 주의 영으로 말미암아 우리의 죽을 몸도 다시 살리시고, 눌린 것도 놓임을 받게 하시고, 찢겨진 상처도 싸매 주시고, 매인 환경도 풀어주시고, 땅에 떨어진 영광도 회복시키신다.

여호와의 영이 에스겔을 일으켜 세우신 것같이 (겔 2:2) 무너진 다윗을 다시 일으켜 세우셨고, 여호와의 영이 에스겔을 천지사이로 들어 올리신 것 같이(겔 8:3) 다윗을 천지사이로 들어 올리셨고, 여호와의 영이 에스겔을 높은 산위에 앉게 하신 것같이(겔 40:2) 다윗을 다시 이전 영광보다 더 큰 영광의 자리에 앉게 하셨다. 본질적으로 하나님의 영은 영광의 영이시므로(벧전 4:14) 하나님의 영이 임하는 곳에 영광이 따라오는 법이다.

인간은 근본적으로 하나님의 영이 없으면 하나님의 사람이 아니며(롬 8:9) 하나님의 영에 붙잡혀 있지 않으면 하나님의 영광에 이르지 못한다. 하나님이 주신 영광이 아닌 것은 욥기 20장 6~7절에 "그 존귀함이 하늘에 닿고 그 머리가 구름에 미칠지라도 자기의 똥처럼 영원히 망할 것이라 그를 본 자가 이르기를 그가 어디 있느냐 하리라"고 하신 바와 같이 허망하게 무너지고 말 것이다. 그러므로 기름 부으심이 없는 영광은 생명이 아니며, 가치도 없고, 인생에게 위로도 되지 못하고, 의미도 없으며, 다만 공허할 뿐이다.

이때까지 다윗이 얻은 영광은 여호와의 영으로부터 온 영광이었다. 다윗이 물맷돌 하나로 골리앗을 죽이고 영광을 얻게 된 것이나 천부장이 되어 지혜롭게 행함으로 백성들로부터 영광과 존귀를 얻게 된 것이나 또한 유다지파의 왕이 되어 사울의 아들 이스보셋과의 전쟁에서 승리한 것이나 그가 이스라엘의 왕이 되어 열방을 정복하여 영광스러운 태왕의 자리에 오르게 된 것이나 그가 왕으로서 나라를 부강하게 만든 눈부신 업적들은 사무엘상 16장 13절에 "사무엘이 기름 뿔병을 가져다가 그의 형제 중에서 그에게 부었더니 이 날 이후로 다윗이 여호와의 영에게 크게 감동 되니라"는 말씀과 같이 근본적으로 여호와의 영에 의해서 얻어진 영광이었다.

여호와의 영은 본질적으로 영광의 영이시다. 그러므로 무너진 자리에서 다시 회복되려면 반드시 여호와의 영에 붙잡혀야한다. 그렇지 않고 인간이 자기 의지와 수단 방법으로 영광을 회복하려고 시도하면 점점 더 깊은 수렁으로 빠져들게 된다. 그러므로 무너진 자리에서 반드시 여호와의 영 곧 영광의 영으로 다시 일어나야 한다.

회복의 원리는 가지가 포도나무에 붙어있으면 나무 둥지의 힘으로 꽃이 피고 열매를 맺는 것 같이 시냇가에 심겨진 나무가 시내의 힘으로 잎사귀가 마르지 않는 것 같이 영광의 영에 붙어있으면 영광의 영으로 다시 회복되어 인생의 꽃이 피고 사역에 열매를 맺게 되고 끝내는 영광으로 영광에 이르게 되는 것이다.

다윗은 하나님의 영광의 영을 떠나지 않았다. 즉 기름부음을 떠나지 않았다는 말이다. 매를 맞아도 여호와의 영을 떠나지 않았고,

징계를 받아도 "나를 주 앞에서 쫓아내지 마시며 주의 성령을 내게서 거두지 마소서"(시 51:11) 라고 간절히 소원하며 여호와의 영에 붙어 있었으므로 끝내는 여호와의 영 곧 영광의 영에 이끌려 다시 화려한 비상을 하게 된 것이다.

• 기름 부으심과 회복된 꿈

다윗이 아라우나의 타작마당에서 드린 번제와 화목제가 여호와 앞에 열납되므로 이제 모든 죄가 사하여졌고, 하나님과 화목이 이루어졌다. 그리하여 다윗은 이때까지 자신을 짓누르던 모든 억압에서 벗어나 인생의 새봄을 맞은 듯 독수리 같이 새롭게 되고 기력이 다시 살아나게 되었다. 그가 징계를 받을 때에는 "내 심장이 뛰고 내 기력이 쇠하여 내 눈의 빛도 나를 떠났나이다"(시 38:10) 하며 피로한 기색이 역력했으나 이제 모든 것이 회복되어 제자리를 찾게 되자 그간 잠자던 꿈이(vision) 다시 꿈틀거리기 시작했다.

그간 초췌한 다윗의 모습을 바라보며 안타까워 하던 백성들도 이제 패기에 차고 늠름한 모습으로 회복된 왕의 모습을 바라보며 한숨을 놓게 되었다.

하나님과 관계가 회복된 다윗은 가장 두려운 하나님이 내 편이 되심으로 이제 세상에 두려울 것이 없었다.

기력을 되찾은 다윗은 온 이스라엘의 장로들이 헤브론에 나아와 자기에게 기름을 부어 왕으로 세우던 날 하나님 앞에 맹세하며 자신에게 다짐했던 사명을 생각했다.

그것은 하나님께서 내게 주신 지혜와 힘과 재능과 능력을 다하여 누란의 위기로부터 나라를 구하고, 훼손되는 하나님의 영광을 지켜낼 뿐 아니라 모든 열방이 주께 돌아와 하나님을 찬양하며 경배하게 되는 당찬 꿈이었다.

다윗이 가졌던 꿈은 인간의 사사로운 야망이 아니라 여호와께서 자기의 기쁘신 뜻을 위하여 주신 계시적인 꿈이자 우주적인 vision이었다.(욜 2:28)

배를 항구에 정박해 놓으면 안전하겠지만 그렇게 하려고 배를 만든 것이 아니다. 배는 넓은 바다로 나가기 위하여 만든 것이다. 여호와께서 다윗의 기력을 회복시켜 주신 것도 여생을 안주하며 편하게 보내라고 회복하신 것이 아니라 아직 이루지 못한 사명을 위하여 입신의 장으로 꿈의 무대로 몰아내시고자 회복하신 것이다.

이렇듯이 다윗에게는 할 일이 있고 달려갈 길이 있어 행복했다.

다윗이 밧세바를 취하여 범죄한 시기는 암몬 족속과의 전쟁에서 요압과 이스라엘 군대가 랍바를 에워싸고 마지막 공격을 가하고 있던 때였다.(삼하 11:1)

그러므로 다윗이 하나님께 징계를 받으며 심적, 육체적 아픔을 삯인 때는 아직 전쟁을 마무리 짓지 못한 미완의 상태에서 된 일이었다.

따라서 다윗에게는 아직 할 일이 남아 있고, 갈 길이 멀었다.

이제 다윗은 마음을 추슬러 못다 이룬 미완의 꿈을 위하여 꿈의 무대로 향하게 되었다.

꿈은 생명력이 있어 자라나기도 하며 또 다른 꿈을 낳기도 한다.

하나님이 주신 꿈(vision)은 곧 생명이다. 그러므로 가슴속에 하나님이 주신 꿈으로 가득한 사람은 내일에 대한 기대감으로 가슴이 설레며, 기력도 살아나고, 모험하고자 하는 의욕도 솟아나며, 어떤 극한 상황이 올지라도 인생을 포기하지 않고, 일곱 번 넘어질지라도 다시 일어나게 되는 것이다.

갈렙이 여호수아에게 나아와 "오늘 내가 85세로되 모세가 나를 보내던 날과 같이 오늘도 내가 여전히 강건하니 내 힘이 그 때나 지금이나 같아서 싸움에나 출입에 감당할 수 있으니 이 산지를 지금 내게 주소서"(수 14:10~12) 라고 했다.

가나안 정복시대에 이미 갈렙의 나이 85세였으나 그 속에 하나님이 주신 꿈이 있을 때 나이도 잊고, 청년 같은 의욕을 보이며 새로운 역사에 도전 하고자 하는 것을 보게 된다.

그러나 꿈이 없는 백성은 있는 기력마저도 제대로 쓰지 못하고 방자해지는 것이다.

잠언 29장 18절에 "묵시가 없으면 백성이 방자히 행한다"고 했다. 묵시는 꿈(vision)이라고도 할 수도 있다.

꿈(vision)이 없는 백성은 내일에 대한 기대감도 없고 미래도 없으므로 결국 동물적 감각으로 사는 방자한 인간이 될 수밖에 없다. 따지고 보면 소돔과 고모라 백성들도 내일에 대한 꿈이 없었으므로 쾌락주의에 빠져 동성연애 같은 방자한 행동을 하게 된 것이다.

그러므로 꿈은 위대하다! 꿈은 잠자는 영혼을 깨우고, 희망으로 가득하게 하며, 가슴이 뛰고 피가 끓게 하며, 다시 모험하여 역경에

도전하게 한다.

그러므로 꿈이 있는 자는 살아있는 자요, 꿈이 없는 자는 죽은 자이다.

야곱이 사랑하는 아들 요셉을 17세 때 잃어버리고 애통하며 실의의 나날을 보냈으나 그로부터 22년 후 요셉이 지금까지 살아있고, 애굽의 총리가 되었다는 소식을 듣고도 믿지 못했으나 요셉이 자기를 태우려고 보낸 수레를 보고서야 "족하도다 내 아들 요셉이 지금까지 살았으니 내가 죽기 전에 가서 그를 보리라" 하고 기운이 소생하였다(창세기 45:26~28)고 했다. 이렇게 야곱이 그리워 하던 요셉을 만난다는 꿈이 있을 때 다시 힘줄이 움직이고 눈동자에 빛이 났다.

꿈은 기다림이 필요하다. 야곱이 요셉을 만나려는 꿈을 가지게 된 것은 긴 기다림 속에서 얻어진 것이며, 다윗이 새로운 사명에 눈을 뜨고 꿈을 가지게 된 것도 오랜 기다림 속에서 얻어진 것이다. 다윗에게는 아직 열방을 평정하는 일과 여호와의 전을 위하여 재료들을 준비하는 일을 비롯하여 아직 못다 이룬 일들이 많았다.

다윗이 긴 기다림 끝에 다시 잡은 꿈은 도전받는 나라를 구하고 훼손되는 하나님의 영광을 드높일 뿐 아니라 해 뜨는데서 부터 해 지는데까지 온 열방이 주께 돌아와 살아계신 하나님께 엎드려 경배하며 찬송과 영광을 돌리게 하는 vision이었다.

이제 다윗은 충만한 기운과 뜨거운 열정으로 못다 이룬 꿈을 위하여 저 바다가 있고 태양야 떠오르는 지평선 저 멀리 기회의 땅이요, 꿈의 무대인 열방을 향하여 힘찬 걸음을 내딛게 된 것이다.

31

기름 부으심과 예배의 회복

다윗은 여호와의 영으로 자신을 묶고 있던 모든 사슬에서 풀려나 그의 몸과 마음은 마치 새가 사냥꾼의 올무에서 벗어남 같이 자유와 기쁨을 얻게 되면서 먼저 하나님께 드리는 예배를 회복하게 된다.

예배의 본질은 인간이 영과 진리로 하나님께 영광을 돌리는 것이며 피조된 인간이 조물주께 드리는 최고의 예우이다. 예배는 받은 바 은혜에 감격하여 여호와께 경배하며 감사와 찬송으로 영광을 돌리는 것이다. 진정한 예배는 예배자를 기쁘게 하는 것이 아니라 하나님을 기쁘시게 하는 것이다.

이사야 43장 7절에 "내 이름으로 불려지는 모든 자 곧 내가 내 영광을 위하여 창조한 자를 오게 하라 그를 내가 지었고 그를 내가 만들었느니라"고 하심으로 하나님께서 인간을 지으신 목적이 예배를 받으시기 위함이었다.

여호와께서 이스라엘 백성을 구원하시려고 모세를 바로에게 보내실 때 "우리가 우리 하나님 여호와께 제사를 드리려 하오니 사흘길 쯤 광야로 가도록 허락하소서 라고, (출 3:18) 일러주신 것만 봐도 여호와께서 이스라엘을 애굽에서 구원하신 목적이 예배(제사)를 받으시기 위함이었다.

이와 같이 하나님께서 인간을 지으신 목적도 예배를 받으시기 위함이요, 인간을 죄의 속박으로부터 구원해주신 목적도 예배를 받으시기 위함이었다.

그러므로 하나님이 인생들에게 바라시는 것은 "나의 힘이 되신 여호와여 내가 주를 사랑 하나이다" 하는 사랑의 고백과 함께 경배와 찬양으로 예배(제사) 드리는 것을 가장 기뻐하신다.

시편 50편 5절에 "이르시되 나의 성도들을 내 앞에 모으라 그들은 제사로 나와 언약한 이들이니라"고 하신 것을 보면 성도가 세상에서 구원받은 것은 하나님 앞에 예배(제사) 드리기로 언약되어진 자임을 알아야 한다.

그러므로 홍해에서 구원받은 이스라엘 백성들이 감격을 이기지 못하여 "내가 여호와를 찬송하리니 그는 높고 영화로우심이요 말과 그 탄자를 바다에 던지셨음이로다"(출 15:1) 하며 하나님께 영광을 돌린 것 같이 구원받은 모든 성도는 멸망의 죽음에서 구원해 주신 은혜에 감격하여 경배와 찬양으로 하나님께 영광(예배)을 돌려야 한다.

이사야 42장 8절에 "이는 내 이름이라 나는 내 영광을 다른 자에게, 내 찬송을 우상에게 주지 아니하리라"고 하셨다. 그 뜻은 하나님께 돌려야 할 예배는 어느 누구에게도 양보할 수 없다는 뜻이다.

그러므로 인간은 어느 누구라도 예외없이 예배를 받아서는 안 된다.

인간이 예배를 받게 되면 피조물이 조물주의 자리에 앉는 교만이 되는 것이다.

느브갓네살이 교만하여 자기를 위하여 금신상을 만들어 놓고 백성들에게 신상에 절하게 하였다. 느브갓네살 왕은 그로 인하여 하나님의 징계를 받아 그의 총명이 흐려지고 짐승의 마음이 되어 왕위에서 쫓겨나 소처럼 풀을 먹고 짐승처럼 하늘 이슬을 맞으며 일곱 해를 보내게 된다. 정한 기한이 지난 후 하나님의 은혜로 총명을 회복한 느브갓네살은 비로소 인간은 영광을 받을 존재가 아니라 인간 나라를 다스리시는 하나님께 영광을 돌려야 할 존재라는 것을 깨닫고 인간 나라를 다스리시며 영생하시는 하나님께 감사하며 찬양과 경배를 돌리게 된다.(단 4:34)

다윗도 한 순간 자기공명과 영광을 탐하여 인구조사를 강행하다가 하나님의 징계의 채찍을 맞고서야 비로소 인간은 영광을 받아서는 안되는 하나님의 피조물이라는 인간 본질을 깨닫게 되면서 하나님 앞에 회개하게 된다.

그가 하나님 앞에 교만을 회개하게 되자 그의 혼미하던 정신과 총기가 돌옴으로 이제 예배자로서 하나님을 향한 소명감은 더욱 불타올랐고 영성은 금강석같이 더욱 단단해 졌다.

조개가 아픈 상처에서 영롱한 진주를 만들어 내듯 다윗은 그간 얼룩진 상처와 오욕의 세월을 보내면서 헛된 공명심을 철저히 걸러내고 이전 보다 더 온유하고 겸손한 마음으로 낮은 데로 내려가 이제는 영광을 탐하는 자가 아니라 살아계신 여호와께 경배와 찬양과 영광을 돌리는 예배 자로 거듭나게 된 것이다.

피조된 인간은 영광을 받을 때 기쁨과 행복이 있는 것이 아니라 본질로 돌아가 조물주께 영광을 돌릴 때 진정한 기쁨이 있고 행복이 있다.

사역에 있어서도 일이 우선이 아니라 관계성이 우선한다. 먼저 하나님과 인격적으로 깊은 관계에서 영과 진리로 예배를 드리게 되면 성령이 내안에서 잠든 영혼을 깨우시고, 성령이 나의 길을 열어 역동적으로 사역을 펼쳐가게 하신다.

하나님은 영이심으로 영과 진리로 예배하는 자를 찾으신다. (요 4:23) 고 했다.

성령의 기름 부음이 없는 예배는 건성으로 드리는 의식에 불과하며, 의무적으로 드려지는 종교행위일 뿐이다 그러므로 도리어 하나님께 무거운 짐이 되며 성전 마당만 밟을 뿐이다.(사 1:12~14)

다윗은 하나님께 뜨거운 마음으로 드리는 영과 진리의 예배에 마지막 생애를 불사르게 된다.

이제 예배가 회복된 다윗에게는 입신출세나 성공이 인생의 의미가 아니었으며 또한 이방나라들을 정복하고 땅을 넓히는 것이 궁극의 목표도 아니었다. 이제 다윗에게 궁극의 목표는 무궁한 생명을 주신 여호와께 뜨거운 사랑과 불붙는 마음으로 경배하며, 감사와 찬양으로 영광을 돌리며 예배자의 삶을 사는 것이 생의 의미요, 궁극적인 목표가 되었다.

- **경배와 찬양의 회복**

다윗에게는 어두운 밤이 지나고 새날이 밝았다.

그간 어두움의 터널에 갇혀 탄식으로 밤을 새며 고통으로 지새우던 다윗이 여호와의 영으로 다시 회복됨으로 말할 수 없는 기쁨이 밀물처럼 밀려왔다. 다윗에게는 하늘도 땅도 새로운 모습으로 다가왔고, 눈에 보이는 모든 만물이 아름답고도 황홀할 뿐이었다.

죄사함 받은 기쁨은 그 무엇에도 비교할 수 없었다. 마치 올무에 갇혔던 새가 올무가 끊어짐으로 벗어난 것 같이 자유롭고도 황홀했다.

다윗에게 어둠이 없었다면 빛이 얼마나 황홀한 축복인지 알지 못했을 것이다.

다시 빛을 보게 된 다윗은 값없이 주시는 하나님의 은혜에 북받쳐 오르는 감동을 주체할 수 없어 찬양으로 영광을 돌리지 않을 수 없었다.

찬양은 하나님이 인간을 지으신 목적이자 구원받은 성도가 여호와께 드릴 영적 예배이다.

이사야 43장 21절에 "이 백성은 내가 나를 위하여 지었나니 나를 찬송하게 하려 함이니라"고 했다.

그러므로 찬양은 예배의 극치이며 여호와께 드리는 최고의 제사이다.

시편 69편 30~31절에 "내가 노래로 하나님의 이름을 찬송하며 감사함으로 하나님을 위대하시다 하리니 이것이 소 곧 뿔과 굽이 있는 황소를 드림보다 여호와를 더욱 기쁘시게 함이 될 것이라"고 했다.

다윗은 천부적인 시성답게 인생의 희로애락을 넘나드는 감정의 기복 속에서도 붓을 놓지 않고 하나님을 향한 영혼의 고백인 주옥 같은 불멸의 찬양시들을 남기게 된다. 다윗의 고백한 찬양시의 주제는 자신이 느끼며 체험한 거룩하신 주님의 은혜와 사랑, 주님의 보호와 간섭, 주님의 주권과 권능, 주님의 위로와 평화, 주님의 거룩하심과 영광을 노래하는 찬양시들이었으며 그 찬양시는 맑고도 아름다운 운율에 맞추어 여호와께 드려지는 예배가 되었다.

이사야 6장 3~4절에 여호와를 모셔선 천사들이 만군의 여호와의 영광을 찬미하는 소리에 성전 문지방의 터가 요동했으며 하나님의 영광의 상징인 연기가 충만하게 피어오르는 것을 보면 찬양은 하나님께 드려지는 영광의 극치임을 알 수 있다.

다윗은 영광중에 계셔서 세세토록 찬양을 받으시기에 합당하신 여호와께 모든 힘과 능력과 지혜와 재능을 다하여 찬양의 제사를 돌려 드렸다.

다윗이 꿀과 송이 꿀 보다 더 단 여호와의 말씀을 읽으려고 새벽 전에 일어난 것처럼(시 119:148) 나 같은 죄인에게 은총을 베풀어 주신 여호와께 찬양하고자 "내 영광아 깰지어다 비파야, 수금아, 깰지어다 내가 새벽을 깨우리로다"(시 57:8) 하고 새벽에 일어나 비파와 수금을 손에 잡았다.

단정한 자세로 여호와를 찬양하는 다윗의 찬미소리는 그의 손끝에서 연주되는 청아한 비파의 선율을 타고 고요한 새벽의 정적을 깨웠다.

다윗은 자신이 지나온 날들을 뒤돌아보았다. 멸시받고 천대받던 무명의 목동이 영광스러운 대왕의 자리에 앉게 된 것이 꿈만 같았다. 다윗은 지난날을 돌아보며 나의 나된 것은 오직 하나님의 은혜로 되어졌으며 자신은 온전히 하나님의 사랑의 포로가 되어 하나님의 품속에서 적장자로 살아왔다는 것을 깨닫게 되었다. 다윗에게 베푸신 하나님의 은총과 진리는 분에 넘치는 축복이며 감당할 수 없는 강권적인 은혜였다. 그러므로 그는 여호와께 받은 모든 은총과 진리를 감당할 수 없어 보좌에 앉으신 이에게 면류관을 벗어드리며 모든 지혜와 힘과 영광과 찬송을 세세토록 받으시기에 합당하신 하나님께 찬양시로서 영원하신 주의 이름을 송축하게 된다.

시편 145편 1~7절은 다윗이 영원히 주의 이름을 송축하며 그 이름에 합당한 영광을 돌리는 찬양시이다.

시 145편

1절 "왕이신 나의 하나님이여 내가 주를 높이고 영원히 주의 이름을 송축 하리이다
2절 내가 날마다 주를 송축하며 영원히 주의 이름을 송축 하리이다

> 3절 여호와는 위대하시니 크게 찬양 할 것이라 그의 위대하심을 측량하지 못하리로다
> 4절 대대로 주께서 행하시는 일을 크게 찬양하며 주의 능한 일을 선포하리로다
> 5절 주의 존귀하고 영광스러운 위엄과 주의 기이한 일들을 나는 작은 소리로 읊조리리이다
> 6절 사람들은 주의 두려운 일의 권능을 말할 것이요 나도 주의 위대하심을 선포 하리이다
> 7절 그들이 주의 크신 은혜를 기념하여 말하며 주의 의를 노래 하리이다 "

    다윗은 측량할 수 없는 하나님의 은총과 사랑에 전율되어 끓어오르는 감격을 주체할 수 없어 모든 악기를 동원하여 그 주악소리와 함께 여호와를 찬양하게 된다. 다윗은 여호와께 찬양을 드리기 위하여 만든 4,000명의 연주단이 각종악기로(대상 23:5) 연주하는 주악소리에 맞추어 그가 손수지은 찬양 시로 여호와를 송축하였다.

    다윗의 찬양소리는 4,000명의 악사들의 손끝에서 만들어내는 거룩하고도 웅장한 선율을 타고 하나님 보좌 앞에 드려지는 깊고도 부드러운 찬양 소리가 황홀경에 이르자 하늘에 천군과 천사들도 한데 어우러져 부르는 대합창이 되어 땅만 아니라 하늘도 진동시키는 천상의 찬양이 되었다.

    이 찬양은 이스라엘 백성 뿐 아니라 태왕의 관활 하에 있는 모든 열방들도 홀로 높으시며 그의 영광이 땅과 하늘에 뛰어나신 여호와

께 경배하며 찬양했고, 산천도 초목도 찬양했으며, 땅과 흉흉한 바다도 찬양했다. 그러므로 이 감동적인 찬양은 영광의 보좌에 계신 하나님께 드려지는 영광! 영광! 으로 가득한 거룩한 찬양이 되었고, 그 영광의 찬양은 이 세상 그 어떤 아름다움도 그 어떤 영광도 그 앞에서는 빛을 잃고 마는 아름답고도 환상적인 경배찬양이 된 것이다.

- 감사의 회복

사람이 하나님의 은혜를 받는 것도 귀하지만 받은 은혜에 감사하는 것은 더욱 귀하다.

다윗이 하나님께 받은 은혜는 헤아릴 수 없었다.

사도행전 7장 46절에 "다윗이 하나님 앞에서 은혜를 받아"라고 한 것을 보면 그는 누구보다 하나님의 은혜를 많이 받았다. 그는 벌써 어머니의 태로부터 하나님의 택함을 입었고,(시 71:6) 일곱 형들을 제쳐두고 말째인 자신이 왕으로 선택을 받아 왕이 되었고 이어서 열방을 정복하여 태왕의 자리에까지 오르는 은혜를 입었다. 그가 여호와께 악을 행했을 때에도 은총을 빼앗기지 않고 긍휼을 입게 된 것도 하나님의 은혜였다.

다윗이 지나온 일들을 곰곰이 생각해 보니 하나님의 은혜가 아닌 것이 없었다. 심지어 내가 호흡하는 것도 움직이는 것도 존재하는 것도 다 하나님의 은혜임을 깨닫게 되면서 그는 하나님 앞에 빚진 자의 심정으로 "내게 주신 모든 은혜를 내가 여호와께 무엇으로 보답할까"(시 116:12) 하고 감사할 거리를 찾게 된다.

감사는 하나님의 은혜를 깨닫는 데서부터 시작된다.

세상 모든 사람이 하나님의 은혜를 누리고 살지만 감사하지 못하는 것은 하나님의 은혜라는 것을 깨닫지 못하기 때문이다.

그러므로 시편 49편 20절에 "존귀하나 깨닫지 못하는 사람은 멸망하는 짐승 같도다"고 했다.

다윗은 오늘의 내가 존재하는 것도 내가 누리는 모든 축복도 하나님께로부터 온 것임을 깨닫고 하나님 앞에 진정으로 감사로 영광을 돌리게 된다.

다윗이 드린 감사는 단순히 내게 주신 은혜에 대한 고마움을 표시하는 정서적 감사를 넘어 하나님의 광대하고도 높은 경륜을 바라보는 깊은 신앙심에서 나온 것이었다.

다윗이 하나님 앞에 감사드리게 된 것은 "감사로 제사를 드리는 자가 나를 영화롭게 하나니 그의 행위를 옳게 하는 자에게 내가 하나님의 구원을 보이리라"(시 50:23) 는 말씀과 같이 하나님을 영화롭게 하는 방편이기 때문에 감사한 것이며,

또한 하나님을 향한 사랑의 표현이자 하나님께 드리는 최고의 기쁨이기 때문에 감사한 것이다.

시편 69편 9절에 "내가 노래로 하나님의 이름을 찬송하며 감사함으로 하나님을 위대하시다 하리니 이것이 소 곧 뿔과 굽이 있는 황소를 드림보다 여호와를 더욱 기쁘시게 함이 될 것이라"고 했다.

감사를 모르는 사람은 매사에 짜증스럽게 살다가 끝내는 원망과 불평 속에서 죽게 된다.

그러나 모든 일을 긍정적으로 생각하고 진정으로 감사할 때 하나님이 기뻐 받으시고, 그에게 감사할 것을 더욱 넘치게 하시고 모든 것을 합력하여 선을 이루게 하신다.

그러므로 감사는 더 많은 감사를 낳게 되고 인생을 풍요롭게 하고 아름답게 한다.

다윗의 감사는 곡식이 무르익어 머리를 숙이는 것같이 그의 무르익은 깊은 신앙심에서 나온 감사였다.

다윗의 깊은 신앙심은 모든 것을 하나님의 섭리로 받아들였으므로 내 뜻이 이루어짐으로 감사한 것이 아니라 하나님의 섭리이기 때문에 감사한 것이다.

그러므로 그는 범사에 감사할 수 있었고, 어떤 형편에서도 감사하는 절대적인 감사자가 될 수 있었다.

향기가 있는 꽃에 벌과 나비가 날아오는 것 같이 감사가 있는 곳에는 반드시 좋은 소식이 찾아온다.

하나님은 감사하는 자에게 더욱 감사할 것이 넘치게 하신다.

다윗은 하나님 앞에 입술로 감사할 뿐 아니라 물질로 감사드리는 것도 잊지 않았다.

그는 평생 갚아도 갚을 수 없는 하나님의 은혜를 생각하며 열려진 마음으로 감사에 인색하지 않고 셀 수 없을 정도로 많은 물질을 드려 풍성한 감사를 드리게 된다.

그는 환난 중에 여호와의 성전을 위하여 금 십만 달란트와 은 백만 달란트와 놋과 철을 그 무게를 달 수 없을 만큼 심히 많이 준비

하였고, 재목과 돌을 준비하였고,(대상 22: 14)

또 하나님의 성전의 기구를 만들 금과 은과 놋과 철과 나무와 또 마노와 가공할 검은 보석과 채석과 다른 모든 보석과 옥돌을 매우 많이 준비하였다 (대상 29: 2)고 했다.

다윗은 이렇게 많은 물질을 여호와께 드리면서도 자기 의를 내세우지 않고 나와 내 백성이 무엇이기에 이처럼 즐거운 마음으로 드릴 힘이 있었나이까 모든 것이 주께로 말미암았사오니 우리가 주의 손에서 받은 것으로 주께 드렸을 뿐이니이다"(대상 29:14) 하고 오히려 하나님께 모든 공을 돌리며 겸손한 마음으로 감사드렸다.

하나님은 무르익은 신앙 인격에서 드려지는 다윗의 감사를 받으시고 기쁨을 이기지 못하여하셨다. 무르익은 겸손한 인격에서 드려지는 감사는 하나님 편에서도 만족한 것이며 드리는 인간 편에서도 기쁨과 즐거움이 있는 것이다.

32

기름 부으심과 이스라엘의 등불

과거 이스라엘의 전통은 전쟁이 나면 지도자인 사사나 왕들이 앞장섰다. 다윗도 예외가 아니었다. 대상 21:15~17절에 "블레셋 사람들이 다시 이스라엘을 치거늘 다윗이 군사들과 함께 내려가서 블레셋 사람과 싸우더니 다윗이 피곤하매 블레셋 사람의 거인족의 아들 중에 무게가 300세겔 되는 놋 창을 들고 다윗을 죽이려 하므로 스루야의 아들 아비새가 그 블레셋 사람을 쳐 죽이니라 그때에 다윗왕의 신하들이 맹세하여 이르되 왕은 다시 우리와 함께 전장에 나가지 마옵소서 이스라엘의 등불이 꺼지지 않게 하옵소서 하니라"

이 때 다윗은 엘라 골짜기에서 골리앗과 싸울 때와 같이 젊고 패기에 찬 다윗이 아니었다. 이제 다윗도 늙었고 수많은 전투로 인하여 심신이 피곤해 있었다. 더군다나 다윗 왕은 적들의 집중 표적이 되었으므로 공격해오는 적들을 상대하느라 지쳐 있었다. 이런 상태에서 블레셋의 거인장수는 다윗에게 벅찬 상대였다. 다윗은 용사 아비새의 도움으로 가까스로 위기를 모면하게 된다. 다윗의 신하들은 다윗에게 이제 전쟁을 젊은 용사들에게 맡기고 이스라엘의 등불이 꺼지지 않게 해 주십사 하고 하고 간언하게 된다. 이제 다윗은 일선에서 물러나 이스라엘의 등불이 되어 보좌를 굳건히 지키는 일을 감당해야 했다.

세례 요한이 어두워진 그 시대에 켜서 비추는 등불이었듯이(요 5:35) 다윗은 신하들의 말과 같이 그 시대를 비취는 등불이었다. 등불은 어두운 밤을 밝히며 길을 잃고 헤매는 자들에게 길잡이가 되어 준다. 다윗은 어두워진 그 시대에 하나님의 영광의 빛으로 세상을 비춰주는 등불이었고, 길을 잃고 헤매는 자들에게 하나님의 말씀으로 진리를 가르쳐 주었고 흑암의 세력인 사단과 사단의 사주를 받는 이방들로부터 이스라엘을 지키는 병거와 마병이었다.

암흑 세상에 불을 밝히는 등불은 사람들에게 희망이 되고, 존재하는 것만으로도 기쁨을 주는 것 같이 다윗은 그 시대의 등불로서 백성들의 희망이었고, 존재하는 것만으로도 백성들의 기쁨이 되었고 자부심이 되었다.

등불은 반드시 기름이 부어져야 제 역할을 감당한다. 맛 잃은 소금이 아무 쓸데없어 밖에 버려져 사람들에게 밟히듯이 기름이 떨어진 등도 아무데도 쓸모없어 밖에 버려지게 된다. 등은 항상 기름이 있어야 한다. 하나님은 성전 등잔에 항상 기름을 가득히 부어 불이 꺼지지 않게 하라고 하셨다. 이와 같이 하나님은 반드시 기름부음이 가득한 사람을 그 시대의 등불로 세우신다. 그러므로 기름부음이 끊어진 사람은 이미 등불의 시효도 끝이나 그의 존재의 의미는 사라졌다고 봐야 한다. 하나님은 왕과 제사장과 선지자와 사사들에게 기름을 부어 구약시대의 등불로 삼으셨고 사도와 종들에게 기름을 부어 은혜 시대의 등불로 삼으셨다.

하나님의 종과 성도들에게 기름부음이 계속되는 한 여호와께서는 그를 시대의 빛으로 삼으시고 그가 어느 곳에 있든지 무엇을 하든지 그 자리에서 어둠을 밝히는 등불이 되게 하시고, 또한 방황하고 절망하는 자들에게 희망의 빛이 되게 하신다.

33

기름 부으심과 죽어서도 등불이 된 다윗

여호와의 기름부음을 받고 그 시대의 등불이 되었던 다윗은 죽었어도 그의 믿음은 살아서 등불이 되고 있다.

히브리서 11장 4절에 "믿음으로 아벨은 가인보다 더 나은 제사를 하나님께 드림으로 의로운 자라 하시는 증거를 얻었으니 하나님이 그 예물에 대하여 증언하심이라 그가 죽었으나 그 믿음으로서 지금도 말하느니라"고 하신 바와 같이 하나님의 기름부음을 받고 그 시대의 등불의 역할을 감당했던 기드온, 바락, 입다와 다윗, 및 사무엘과 선지자들은 죽었어도 믿음의 등불이 되어 지금도 어두운데서 방황하는 인생들에게 한줄기 빛이 되고 있다.

유다왕 히스기야 제14년에 앗수르의 산헤립이 올라와서 유다 모든 성읍을 쳐서 점령하고 이제 마지막 남은 예루살렘을 에워싸게 되었다. 앗수르는 북 이스라엘을 무너뜨리고 그 여세를 몰아 남 유다를 침공해온 것이다. 앗수르 군대는 잔인하고 무자비했으며 그들은 가는 곳마다 벌떼같이 덤벼들어 죽이고, 빼앗고 무너뜨리고, 포로들은 온 세상에 흩어버렸다. 무자비한 앗수르 대군이 먹이 감을 찾아 예루살렘 성을 에워싸고 여호와 하나님을 모욕했다.

이에 히스기야 왕은 바람 앞에 등불 같은 나라의 운명을 앞에 놓고 성전에 올라가 이스라엘의 하나님 여호와께 간절하게 기도하게 된다.

왕하 19장

15절 그 앞에서 히스기야가 기도하여 이르되 그룹들 위에 게신 이스라엘의 하나님 여호와여 주는 천하만국의 홀로 하나님이시라 주께서 천지를 만드셨나이다.

16절 여호와여 귀를 귀울여 들으소서 여호와여 눈을 떠서 보시옵소서 산헤립이 살아계신 하나님을 비방하러 보낸 말을 들으시옵소서.

17절 여호와여 앗수르 여러 왕이 과연 여러 민족과 그들의 땅을 황폐하게 하고.

18절 또 그들의 신들을 불에 던졌사오니 이는 그들이 신이 아니요 사람의 손으로 만든 것 곧 나무와 돌 뿐이므로 멸하였나이다.

19절 우리 하나님 여호와여 원하건대 이제 우리를 그의 손에서 구원하옵소서 그리하시면 천하만국이 주 여호와가 홀로 하나님이신 줄 알리이다. 하나라.

여호와께서 히스기야의 기도를 들으시고 이사야 선지자를 통하여 말씀하시기를 네가 앗수르왕 산헤립 때문에 내게 기도하는 것을 내가 들었노라 하시고 "내가 나와 나의 종 다윗을 위하여 이 성을 보호하여 구원하리라"(왕하 19:34)고 말씀하셨다. 그 밤에 여호와의 사자가 앗수르 진영에서 군사 185,000명을 친지라 아침에 일찍이 일어나보니 한 사람도 남김없이 다 송장이 되었다고 했다. 홀로 남은 앗수르 왕 산헤립이 참담한 심정으로 니느웨로 돌아가 그의 신 니스록의 신전에서 경배할 때에 자객이 저를 칼로 살해하고 도망쳤다. 하나님께서 "내가 나와 나의 종 다윗을 위하여 이 성을 보호하여 구원하리라"고 하신 바와 같이 다윗은 예루살렘이 이방인들에게 짓밟혀 유린당하는 암흑의 세력을 막아낸 등불이었다. 이와 같이 다윗은 살아서도 이스라엘의 등불이었고 죽어서도 예루살렘을 구원하는 등불이 되어 이스라엘 백성들에게 구원의 빛을 주었고, 소망을 안겨주었다.

히브리서 11장 4절에 "믿음으로 아벨은 가인보다 너 나은 제시를 하나님께 드림으로 의로운 자라 하시는 증거를 얻었으니 하나님이 그 예물에 대하여 증언하심이라 그가 죽었으나 그 믿음으로서 지금도 말하느니라" 고 하신 것은 하나님의 기름부음을 받고 그 시대의 등불의 역할을 감당했던 아벨은 죽었어도 믿음의 등불이 되어 지금도 방황하는 인생들에게 믿음의 길잡이가 되어 주고 있다는 뜻이다.

사람이 얼마나 큰 사람이냐 하는 것은 그의 미치는 영향력에 따라 달라진다.

거목은 그림자를 먼 곳까지 드리우듯 큰 사람은 영향력을 멀리까지 미치게 된다.

다윗은 자기 시대뿐 아니라 후 시대에까지 큰 영향력을 끼쳐, 횡적으로는 국경을 넘어 사해에 떨쳤고, 종적으로는 자기 시대뿐 아니라 먼 훗날까지 미치게 하였다.

그러므로 온 천하를 종횡하며 가는 곳 마다 큰 영향력을 미쳤던 다윗은 정녕 시대를 뛰어넘는 거목이었다.

여호와의 기름 부음을 받은 하나님의 종들은 살아서도 등불이 되었고, 죽어서도 등불이었다. 기드온, 바락, 삼손, 입다와 사무엘과 다윗 같은 종들은 죽었어도 등불의 사명은 끝나지 않고, 길 잃은 영혼들에게 진리의 길을 비춰주는 한줄기 빛이 되어주고 있다.

기름 부으심과 다윗의 고별사

고별사는 일생을 하나님께 바쳐 살아온 지도자들이 현직에서 물러나면서 백성들에게 마지막 남기는 결별의 말씀이다.

선지자 모세, 여호수아, 사무엘 같은 위대한 생애를 산 사람들은 그간 고와 낙을 함께 했던 백성들과 아름다운 결별을 위하여 백성들에게 위대한 고별사를 남겼다.

노래를 잘 했던 다윗도 소중한 사람들과 헤어져야 할 운명의 순간이 다가왔음을 알고 아름다운 작별을 위하여 시적인 노래로 고별사를 남긴다.

삼하 23:1~7절 말씀은 다윗의 고별사이며 그의 마지막 말이라고 했다.

> **삼하 23장**
>
> 1절 이는 다윗의 마지막 말이라 이새의 아들 다윗이 말함이여 높이 세워진 자, 야곱의 하나님께로부터 기름 부음 받은 자, 이스라엘의 노래 잘하는 자가 말하노라
> 2절 여호와의 영이 나를 통하여 말씀하심이여 그의 말씀이 내 혀에 있도다
> 3절 이스라엘의 하나님이 말씀하시며 이스라엘의 반석이 내게 이르시기를 사람을 공의로 다스리는 자, 하나님을 경외함으로 다스리는 자여
> 4절 그는 돋는 해의 아침 빛 같고 구름 없는 아침 같고 비 내린 후의 광선으로 땅에서 움이 돋는 새 풀 같으니라 하시도다
> 5절 내 집이 하나님 앞에 이 같지 아니하냐 하나님이 나와 더불어 영원한 언약을 세우사 만사에 구비하고 견고하게 하셨으니 나의 모든 구원과 나의 모든 소원을 어찌 이루지 아니 하시랴
> 6절 그러나 사악한 자는 다 내버려질 가시나무 같으니 이는 손으로 잡을 수 없음이로다
> 7절 그것들을 만지는 자는 철과 창 자루를 가져야 하리니 그것들이 당장에 불살리리로다 하니라.

사무엘하 23장 1~7절에 남긴 다윗의 고별의 시는 공인으로서 위대했던 시성의 마지막 남긴 옥음이었다.

1~2절에서 다윗은 자신이 야곱의 하나님께로부터 기름 부음을 받았음으로 노래 잘하는 자가 되었고 여호와의 영이 나를 통하여 말씀하셨으므로 내 혀끝에서 생명의 말씀이 흘러 나왔다고 고백한다.

다윗은 그의 예술의 차원을 넘어 신의 경지에 이른 우아하고 아름다운 시와 찬미와 그의 혀끝에서 나온 하나님의 말씀은 여호와의 영이 나를 통하여 말씀 하셨으므로 되어 진 것이라고 그 출처를 밝히고 있다.

다윗의 입술에서 나온 찬미 시는 하나님을 영화롭게 하였으며, 사람들에게 기쁨을 주었고, 그의 입에서 나온 말씀은 사람을 행복하게 할 수 있었던 것은 여호와의 영이 다윗의 입을 의탁하여 말씀하셨기 때문이다.

3절에 "이스라엘의 하나님이 말씀하시며 이스라엘의 반석이 내게 이르시기를 사람을 공의로 다스린 자 하나님을 경외함으로 다스린 자여"라고 하신 것은 왕으로서 다윗의 통치행위가 하나님 보시기에 공의롭고 정당했다는 것을 말해준다. 그러므로 하나님께서 다윗에게 아래와 같은 복을 주셨다.

4절 "그는 돋는 해의 아침 빛 같고 구름 없는 아침 같고 비 내린 후의 광선으로 땅에서 움이 돋는 새 풀 같으니라"고 한 말씀은 다윗 자신을 가리켜 한 말이다. 다윗의 통치행위가 공의롭고 정직했으므로 하나님께서 그를 돋는 해 아침 빛 같고 구름 없는 아침 같이 그의 사역을 빛나게 하셨고, 비 내린 후의 광선으로 땅에서 움이 돋는 새 풀이 대지를 아름답게 수를 놓듯이 이 땅에 아름답고도 경이로운 업적들을 남기게 하셨다.

5절 "내 집이 하나님 앞에 이 같지 아니하냐 하나님이 나와 더불어 영원한 언약을 세우사 만사에 구비하고 견고하게 하셨으니 나의 모든 구원과 나의 모든 소원을 어찌 이루지 아니 하시랴."

이 말씀은 다윗이 여호와의 전을 건축하고자 했을 때 여호와께서 나단 선지자를 통하여

사무엘하 7장 12~13절에 다윗에게 약속하신 영원한 언약을 말한다.

> **삼하 7장**
>
> 12절 네 수한이 차서 네 조상들과 함께 누울 때에 내가 네 몸에서 날 네 씨를 네 뒤에 세워 그의 나라를 견고하게 하리라
> 13절 그는 내 이름을 위하여 집을 건축할 것이요 나는 그의 나라 왕위를 영원히 견고하게 하리라. 하고 언약 하셨다.

이 말씀은 솔로몬을 세워 여호와의 전을 건축하게 하시고 그 나라를 견고하게 하시겠다는 언약이며, 궁극적으로는 다윗의 씨로 오실 메시야(Messiah)와 그의 영원한 왕국에 관한 언약의 말씀이었다. 다윗은 하나님께서 세우신 영원하신 언약인 만큼 나의 모든 구원과 나의 모든 소원을 어찌 이루지 아니하시랴 하고 그 약속의 성취를 믿었다. 장차 하나님께서 세우실 메시야 왕국은 견고하여 아무도 무너뜨릴 수 없으며, 그 나라는 하늘의 날과 같이 무궁할 것이다.

이와 같이 사람을 공의로 다스리고 하나님을 경외함으로 다스린 다윗에게 하나님은 돋는 해 아침 빛 같고, 비 내린 후의 움이 돋는 새 풀같이 소생하는 기운으로 위대한 시대를 만들어 가게 하셨다. 뿐만 아니라 다윗의 아들을 일으켜 여호와의 전을 건축하고 그 나

라를 견고하게 하실 것도 약속해 주시고, 더 나아가 장차 그의 씨에서 날 메시야가 영원무궁한 왕국을 건설할 것까지 언약하셨다.

다윗이 고별사에서 특별히 이 말씀을 하게 된 것은 사람이 공의롭고 정직하게 살면 하나님이 풍성한 은혜를 주신다는 것을 교훈하기 위함이었다.

6~7절 "그러나 사악한 자는 다 내 버려질 가시나무 같으니 이는 손으로 잡을 수 없음이로다 그것들을 만지는 자는 철과 창 자루를 가져야 하리니 그것들이 당장에 불살리리로다 하니라."

다윗은 고별사의 마지막 부분에서 사악한 자의 운명은 가시나무 같이 될 것을 언급함으로 사악함을 경계하는 것을 끝으로 고별사를 마무리 짓는다.

가시나무의 운명은 밖에 버리어지고 당장에 불에 살라지듯이 사악한 자는 결국 하나님 앞에 버림 당하고 불에 태워질 것이다.

다윗은 그의 생애에서 마지막 남기는 유언과도 같은 고별사에서 사람을 공의로 다스리고 하나님을 경외함으로 다스린 자신에게는 신선한 축복을 내리신데 비해 사악한 자에게는 불 심판이 내려질 것을 대조하여 말함으로 남겨진 사람들에게 큰 교훈을 주고자 했다.

다윗은 생을 마감하는 순간 자신이 걸어온 인생을 뒤 돌아보았다.

어린 시절 야생화같이 버려져 짓밟히며 살아온 불우한 환경 속에서 하나님의 점지를 받아 기름 부음을 받고 인생역전의 주인공이 되어 태왕의 자리에 오르기까지 한 인간으로서 당했던 좌절과 비애 그리고 왕으로서 맛본 영광과 승리는 아름답고도 장엄한 한편의 대서사시였다. 이제 그는 아쉬움도 미련도 없이 내 모든 재능과 정열을 쏟아 바쳤던 이 세상을 떠나 꿈에도 못 잊어 하며 그렇게도 사랑했던 나의 목자 되신 주님의 품으로 돌아가야 할 순간이 다가왔다.

다윗은 자신에게 사랑을 알게 해주셨고, 행복을 알게 해주셨고, 인생의 아름다움을 알게 해주셨던 그 주님께로 돌아가게 되어 가슴이 설레었다.

다윗은 수많은 사람들에게 아름다운 시로서 감동을 주었던 위대한 시성답게 삶을 마감하는 마지막 순간에도 시로서 아름다운 작별을 고하게 된다.

시인이었던 그는 삶도 시처럼 별처럼 아름답게 살면서 그의 혀 밑에서 흘러나온 은하수 같이 맑고 아름다운 말씀은 동산의 샘이요 생수의 우물이요 레바논에서부터 흐르는 시내와 같아서 그 말씀을 듣는 자들의 영혼을 소성케 하고, 삶의 의미와 생의 기쁨을 가져다 주었다. 그는 누가와도 차별하지 않고, 언제와도 금하지 않고 값없이 원 없이 목마른 자에게 마음껏 마시게 하였다. 이제 위대했던 시성은 고별사를 끝으로 그 샘을 봉하고, 우물을 덮을 때가 되었다.

다윗은 하나님께 "내가 늙어 백발이 될 때에도 나를 버리지 마시며 내가 주의 힘을 후대에 전하고 주의 능력을 장래의 모든 사람에게 전하기까지 나를 버리지 마소서" (시 71:18)하고 기도한 대로 하나님께서 다윗이 백발이 된 때에도 버리지 아니하셨고, 주의 힘을 후대에 전하고 주의 능력을 장래의 모든 사람에게 전하기까지 버리지 아니하셨으므로 남겨진 사람들에게 아름다운 고별사로 깊은 울림을 남기게 되었다.

  이스라엘 백성들은 다윗 왕과의 작별을 앞두고, 그가 살아있는 것만으로도 행복했고, 존재하는 것만으로도 자부심이 되었던 존경하고 사랑하는 사람과의 이별을 앞에 두고 마음이 착잡했다.
  이스라엘 백성들은 양을 따르던 목동이 왕위에 올라 누란의 위기로부터 백성과 나라를 구하고, 도전받는 하나님의 나라를 영광스럽게 만들었던 위대한 태왕과의 마지막 작별을 아쉬워하며 다시는 볼 수 없는 시성의 마지막 옥음을 가슴에 새기며 안타까운 마음으로 지켜보았다.

- 끝 -

쓰고나서

   이 책은 다윗의 생애를 내면 깊은 곳까지 해부하여 그 속살을 드러내어 한 인간으로서 절망과 비애 회복과 영광의 자리에 오르는 전 과정을 기술한 다윗의 대서사시이며, 다윗의 여정을 통하여 인간세상을 다스려 나가시는 하나님의 섭리를 전개해 나간 책이다.
   여호와의 기름 부으심은 다윗의 인생의 분수령이자 영광의 시발점이었다.
   다윗을 다윗 되게 한 것도 여호와의 기름 부으심이었으며,
   무너진 그를 다시 일으켜 세우신 것도, 그를 영광의 정점에 서게 한 것도, 영광의 영이신 여호와의 영이었다. 위대했던 다윗도 자기의 지혜나 자기의 열정을 의지 하지 않았다.
   인간의 지혜와 인간의 열정은 한계가 있으며 인간의 능력은 곧 바닥을 드러내게 된다.

오늘날 너무나 많은 주님의 종들과 성도들이 성령의 주되심을 외면하고 성공 지상주의에 사로잡혀 조급한 성공을 꿈꾸며 주님 보다 앞서감으로 흑암과 사망의 그늘에 앉으며 곤고와 쇠사슬에 매이게 된 것이다.(시 107:10) 주의 종과 성도들이 주인 되신 성령님보다 앞서가는 것은 본질에서 벗어난 것이며 하나님과의 약속 위반이다. 본질에서 벗어난 길은 결국 바벨탑이 무너지듯 허망하게 무너진다. 이 땅에서 안 무너지면 하나님의 심판대 앞에서 무너질 것이다. 그러므로 성공이 다 성공이 아니며 하나님보다 앞서간 성공은 불행한 성공이다. 바울은 고린도전서 3장 14~15절에서 "만일 누구든지 그 위에 세운 공적이 그대로 있으면 상을 받고 누구든지 그 공적이 불타면 해를 받으리니 그러나 자신은 구원을 받되 불 가운데서 받는 것 같으리라"고 했다 성도들과 종들은 이 말씀을 두려움으로 새겨들어야 한다. 우리는 차분히 내 자신을 돌아보며 오염된 마음과 영혼을 하나님의 말씀과 성령으로 씻어내고 본질로 돌아가야 한다. 그것이 더딘 것 같지만 바른길이다.

다윗의 생애가 아름다운 생애로 기억되는 것도 본질에서 벗어나지 않고 생명의 영에 이끌렸기 때문이요 다윗의 역사가 영광에 휩싸이게 된 것도 여호와의 영 곧 영광의 영에 이끌렸기 때문이다.

이 책이 전하는 메시지는 기름 부음은 금생과 내생에 약속이 있는 축복이므로 여호와의 기름부음을 받고 주의 영에 이끌리면 길이 예비되어 있고 축복이 예비되어 있다는 것을 시사한다. 고레스 왕이 여호와의 기름부음을 받고 주의 영에 이끌렸을 때 여호와께서 그에게 말씀하시기를 "내가 그의 오른손을 붙들고 그 앞에 열국을 항복하게 하며 내가 왕들의 허리를 풀어 그 앞에 문들을 열고 성문들이 닫히지 못하게 하리라 내가 너보다 앞서가서 험한 곳을 평탄하게 하며 놋 문을 쳐서 부수며 쇠 빗장을 꺾고 네게 흑암중의 보화와 은밀한 곳에 숨은 재물을 주어 네 이름을 부르는 자가 나 여호와 이스라엘의 하나님인 줄을 알게 하리라"(사 45:1~3)고 하셨다.

사람은 하나님이 만들어 놓으신 질서와 이치를 따라서 살면 일이 편하고도 쉽다. 그러나 그 이치를 거스리면 힘은 힘대로 들고 아무 것도 얻는 것이 없다.

종이 주인을 따라가는 것은 창조의 질서이자 자연의 이치이다. 그러므로 지금부터라도 기도 보다 앞서지 말고, 말씀보다 앞서지 말고, 성령보다 앞서지 말고, 주님을 따라가면 주의 영이 나를 일으켜 내 발로 세우시고(겔 2:2) 나를 천지간에 들어 올리시고(겔 8:3) 나를 높은 산 영광의 자리에 앉게 하신다.(겔 40:2) 그러므로 오늘 내가 여호와의 영 곧 영광의 영에(벧전 4:14) 이끌리면 내일은 눈이시리도록 황홀한 태양빛이 내 앞을 비춰 줄 것이다!!

—끝—

감사합니다.
주님께 영광!!